Heinrich Kupffer

Erziehung –
Angriff auf die Freiheit

Essays gegen Pädagogik, die den Lebensweg
des Menschen mit Hinweisschildern umstellt

Beltz Verlag · Weinheim und Basel

Über den Autor:

Heinrich Kupffer, geb. 1924, Prof., Dr. phil.; 1950 Promotion; 1954–1963 Lehrer und Erzieher an der Odenwaldschule; 1963–1968 Wiss. Assistent am Institut für Erziehungswissenschaft der RWTH Aachen; 1969–1971 Heimleiter im Landschulheim am Solling; seit 1971 Professor für Sozialpädagogik an der PH Kiel.

CIP-Kurztitelaufnahme der Deutschen Bibliothek

Kupffer, Heinrich:
Erziehung – Angriff auf die Freiheit : Essays gegen Pädagogik, d. d. Lebensweg d. Menschen mit Hinweisschildern umstellt / Heinrich Kupffer. – 2. Aufl. – Weinheim ; Basel : Beltz, 1984.
   ISBN 3-407-83030-0

1. Auflage 1980
2. Auflage 1984

© 1980 Beltz Verlag · Weinheim und Basel
Gesamtherstellung: Beltz, Offsetdruck, 6944 Hemsbach über Weinheim
Umschlaggestaltung: Eckard Warminski, Frankfurt/M.
Printed in Germany

ISBN 3 407 83030 0

Inhaltsverzeichnis

Aber es gibt ein Machtsystem, ... das nicht nur in den höheren Zensurinstan-zen besteht, sondern das ganze Netz der Gesellschaft sehr tief und subtil durchdringt. Die Intellektuellen sind selbst Teil dieses Machtsystems; die Vorstellung, daß sie die Agenten des ‚Bewußtseins‘ und des Diskurses sind, gehört zu diesem System. Heute kommt es dem Intellektuellen aber nicht mehr zu, sich an die Spitze oder an die Seite aller zu stellen, um deren stumme Wahrheit auszusprechen. Vielmehr hat er dort gegen die Macht zu kämpfen, wo er gleichzeitig deren Objekt und deren Instrument ist: in der Ordnung des ‚Wissens‘, der ‚Wahrheit‘ des ‚Bewußtseins‘, des ‚Diskurses‘.

Michel Foucault

Allgemeiner betrachtet scheint die realistische Einstellung den modernen *clercs* ... doch von den veränderten innen- und außenpolitischen Umständen ihrer Nation diktiert worden zu sein. So schwer diese Tatsache wiegt, man könnte sie um vieles leichter nehmen, sähe man die *clercs* sich bedauernd ins Unvermeidliche fügen, ihres eigenen Wertverlustes gewahr, und mit einem Bewußtsein dafür, wie ernstlich zugleich auch die Kultur bedroht und das Universum verunstaltet wird. Doch weit gefehlt. Man sieht sie vielmehr freudig mit der praktischen Entfaltung dieses Realismus beschäftigt; ihr nationalistischer Affekt verleihe ihnen Größe, meinen sie, diene der Kultur und ziere die Menschheit. Wir sehen uns also nicht etwa konfrontiert mit einem Stand, der von momentanen Umständen an der Ausübung seines Amtes gehindert wird –, nein, vor unseren Augen vollzieht sich ein kataklysmischer Umsturz der moralischen Begriffe bei den Erziehern der Welt.

Julien Benda

Das Dogma der individuellen Freiheit ist keinen Pfifferling mehr wert, sobald wir Nationalsozialisten die Macht im Staat übernehmen.

Adolf Hitler

Einführung: Pädagogik ist Problem, nicht Problemlösung

In diesem Buch geht es um die Frage, ob die immer perfekter werdenden Veranstaltungen der Erziehung, Bildung, Belehrung und Lebenshilfe dem modernen Menschen mehr Freiheit oder mehr Unfreiheit bringen. Sicherlich ist unsere Welt so kompliziert geworden, daß alles „gelernt" werden muß, da man sich nirgends mehr auf das natürliche Empfinden verlassen kann. Wie aber wird dieses lernende Wesen gesehen, und wie versteht es sich selbst? Ist ein Lernvorgang gemeint, der eine Trennung in Lehrende und Lernende, in Aktive und Aufnehmende, in Anweisende und Ausführende voraussetzt? Ist es so, daß sich jedes gewünschte Verhalten herstellen läßt? Befolgen wir beflissen die uns allenthalben aufgenötigten Weisungen und Maßregeln? Oder besteht die Chance, Vorgänge auf dem Erziehungsfeld als Auseinandersetzung zu begreifen? Wenn sie besteht, dann liegt es an uns selbst, den pädagogischen Angriff auf die Freiheit abzuwehren.

Zum besseren Verständnis des ganzen Buches zwei Hinweise: Erstens wird der Begriff „Pädagogik" meist in einem weiten Sinne so angewendet, daß er die Gesamtheit der erziehenden, beratenden und therapeutischen Maßnahmen umfaßt; es geht daher nicht lediglich um die Erziehung von Kindern, sondern ebenso um die pädagogische Beeinflussung der Erwachsenen. Zweitens beziehen sich alle Aussagen vorwiegend auf das deutsche Lebensklima und die deutsche Pädagogik. Damit bleibt dahingestellt, ob sich das Verhältnis von Erziehung und Gesellschaft in anderen Ländern und Kulturkreisen von dem hier skizzierten unterscheidet. Diese Konzentration auf Phänomene und Strukturen, die vielleicht „typisch deutsch" sind, geschieht in der Vermutung, daß diejenige Haltung, Erwartung und Bereitschaft, die damals den Nationalsozialismus ermöglicht hat, auch heute lebendig ist. Ich versuche zu zeigen, wie ein undemokratisches, freiheitsfeindliches, durch Mangel an Selbstbewußtsein und kritische Schärfe gekennzeichnetes Denken sich gegenwärtig auf dem Erziehungsfeld bemerkbar macht und von dort aus unsere Grundeinstellung prägt.

Pädagogische Handlungen können von zwei verschiedenen Ansätzen aus interpretiert werden. Der erste Ansatz richtet sich auf die immanente Funktionsweise der Erziehung. Dort geht es im wesentlichen um Ursachen und Abhilfen. Man spürt auf, warum ein Erziehungsdefizit entstanden ist, und unternimmt dann die bewährten Schritte, um es zu beheben. Der Zusammenhang von Ursachen und Abhilfen scheint in sich schlüssig zu sein, denn niemand zweifelt daran, daß Pädagogik gerade auf diese Weise funktioniert. Ein Musterbeispiel für immanentes Denken in der Pädagogik ist § 64 des Jugendwohlfahrtsgesetzes: „Das Vormundschaftsgericht ordnet ... Fürsorgeerziehung an, wenn sie erforderlich ist, weil der Minderjährige zu verwahrlosen droht oder verwahrlost ist..." Hier ist offenbar alles bekannt. Man weiß bereits, wer für pädagogische Eingriffe zuständig ist, wozu sie gut sind, wann sie erforderlich werden, wie sich der Tatbestand der Verwahrlosung einwandfrei feststellen und wodurch er sich bekämpfen läßt. Diese scheinbare Klarheit wird damit erkauft, daß die gesellschaftliche Logik der Pädagogik unberücksichtigt bleibt.

Im Gegensatz zum system-immanenten vertrete ich einen system-logischen Ansatz. Mich interessiert nicht, wie die pädagogische Bearbeitung von Objekten durch Subjekte funktioniert, sondern die gesellschaftliche Logik der Pädagogik selbst: In welchem Zusammenhang spricht man von Erziehung? Welche sozialen Bedingungen und zwischenmenschlichen Konstellationen sind vorausgesetzt, wenn Pädagogik auf den Plan gerufen wird? Wie erfahren die Beteiligten den Auftrag der Pädagogik? Was bedeutet eine zielgerichtete Erziehung in der modernen Welt? Dieser zweite Ansatz widerspricht dem ersten. Je klarer die allgemeinen Bedingungen der Pädagogik werden, als desto weniger verläßlich erweist sich deren immanente Funktionsweise. Pädagogik steht nicht für den täglichen Gebrauch zur Verfügung, um entstandene Schäden durch äußeren Eingriff zu reparieren, denn pädagogisches Denken gehört ebenso zum Bewußtsein wie die Wahrnehmung solcher Schäden. Alles, was wir über Erziehung wissen, ist Bestandteil unserer gesellschaftlichen Existenz und liegt in demselben Horizont wie unser Denken insgesamt. Auch in der Pädagogik finden wir immer nur unseren durch Gewohnheit und Umstände beschränkten Gesichtskreis.

Ein historischer Wandel der Gesellschaft bedeutet einen Wandel des ganzen Systems einschließlich seiner Pädagogik. Nicht nur das Gebaren der Jugend verändert sich, sondern auch das der Erwachsenen. Zu ihm gehört die Beurteilung der Jüngeren durch die Älteren ebenso wie die Perspektivverschiebung in der Beurteilung selbst. Wie die Menschen in einer Gesellschaft miteinander umgehen, ist Ausdruck dieser Gesellschaft. Deswegen kann man – um einen gängigen Befund herauszugreifen – nicht ohne weiteres sagen, die Jugendkriminalität steige an: als ob alle anderen Faktoren, zu denen die Jugendkriminalität in Relation steht, konstant geblieben wären. Vielmehr gilt es zu erfassen, daß sich die gesamte „Lebensform" mit allen ihren Problemen, Maßstäben und Kontrollmechanismen fortentwickelt. Die Art, wie wir unsere Probleme pädagogisch zu lösen suchen, ist selbst ein Ausdruck dieser Probleme. Und eben dies, daß wir in der Erziehung nicht von außen ein und dasselbe Problem immer „besser" lösen, sondern mit unseren pädagogischen Fragen und Antworten unser wirkliches gesellschaftliches Leben aktualisieren, kennzeichnet die uns verbliebene relative Freiheit.

Pädagogik ist ein fast selbständiges, komplexes Kulturgebiet geworden, das wie andere Gebiete dem Gesetz des Wachstums und der Eigendynamik folgt, sich immer weiter differenziert, vielfältige Verfahrensweisen entwickelt und laufend neue Kenntnisse über bisher verborgene Zusammenhänge liefert. Gerade wegen dieser Vielfalt läßt sie sich nicht als Phalanx ordnen, die dem Menschen militant gegenübertritt. Aber die Adressaten selbst laufen Gefahr, solche Komplexität zu verkennen und pädagogische Aussagen zu handlichen Anweisungen zu bündeln. Anstatt den Wachstumsprozeß aller Sparten der Pädagogik kritisch zu begleiten und im Bewußtsein mit ihm Schritt zu halten, neigen sie dazu, Aussagen der Pädagogik als verbindlichen Weisungszusammenhang aufzugreifen und direkt „anzuwenden". Damit setzen sie aufgrund eines Mißverständnisses ihre relative Freiheit aufs Spiel.

Pädagogische Maßnahmen und Empfehlungen sind nur dann hilfreich, wenn der Adressat ihnen aktiv entgegentritt. Sie profilieren sich am Widerspruch, an der Auseinandersetzung, an der Interaktion. Wenn sie sich selbst nur als Eingriffe verstehen, die an passiven Erziehungsobjekten vorgenommen werden, bringen sie nicht Freiheit, sondern Unfreiheit. Pädagogik ist zwar ein komplexes, aber doch kein völlig selbstgenügsames Aggregat von Normen und Werten, Kenntnissen und Handgriffen. Es kommt darauf an, wie man mit ihr umgeht. Um das, was Pädagogik zu bieten hat, aktiv aufnehmen und verarbeiten zu können, muß der Educandus mit dem Erzieher auf der nämlichen Basis stehen. Sich erziehen zu lassen, setzt in gewissem Sinne Erzogenheit schon voraus: diese Dialektik bildet das Herzstück aller Pädagogik. Kennzeichen einer „fortschrittlichen" Erziehung ist daher nicht, daß sie das Widersprechen-Können hervorbringt, sondern die Erkenntnis, daß eine pädagogische

Absicht überhaupt nur am Widerspruch der Adressaten sinnvoll wird.

Dem Menschen wird heute vieles aufgenötigt, was er nicht verkraften kann. Das betrifft nicht nur die Quantität, sondern auch die Qualität. Pädagogische Maßnahmen, die „an sich" vernünftig sein könnten, werden oft aus Mangel an Bildung nicht vernünftig rezipiert. Sie wollen zwar Bildung allererst vermitteln, können sich aber nur entfalten, wenn ein Klima der Bildung schon besteht. Das Problem liegt also nicht an der Pädagogik selbst, sondern an ihrer Aufnahme durch Unkundige, die glauben, es gehe hier bereits um die Problemlösung und nicht um die Beteiligung am Erfassen von Problemen. Könnte Pädagogik das, was man von ihr erwartet, wirklich leisten, dann wäre sie bald ausgeschöpft. Sie hätte dann ihre Schuldigkeit im Lösen der Probleme getan und würde nicht länger benötigt werden.

In der Wirklichkeit herrscht hier ein dialektischer Vorgang. Wir nehmen die verfügbaren pädagogischen Kenntnisse auf, die uns jetzt gerade zur Klärung unserer Situation zu Gebote stehen. Unser Wissen über Sexualität und Pubertätskrisen, über Entwicklungsbedingungen und Lernvorgänge, über Verwahrlosung und Identifizierung wächst rasch. Aber dieses Wissen erledigt nicht die damit verbundenen Erziehungsprobleme selbst, sondern versetzt uns lediglich in einen anderen geistigen Aggregatzustand. Auf einer neuen Ebene des Bewußtseins entstehen auch neue, vorher noch gar nicht sichtbare Probleme, die uns nun herausfordern. So bleiben wir aktiv im Spannungsfeld. Unsere Sehnsucht, alle Probleme auf dem kurzen Wege zu lösen, erfüllt sich nicht. Und das ist gut so, denn sonst wäre es um unsere Freiheit geschehen; wir wären dann nicht mehr Beteiligte, sondern Empfänger von anwendbaren Ergebnissen. Nur wenn wir die Fixierung auf die Lösung von Problemen überwinden, können wir das, was uns Erziehung, Beratung und Therapie zu bieten haben, sinnvoll nutzen.

Wenn wir vom pädagogischen Angriff auf die Freiheit sprechen, so bedeutet das nicht, wir seien von Hause aus absolut frei und würden nun auf einmal durch einen Aggressor von außen bedroht. Wir können die „Schuld" an der Beeinträchtigung unserer Freiheit nicht auf unsere Pädagogik schieben, denn wir machen uns unsere Pädagogik selbst und liefern uns ihr nur aus, wenn wir uns nicht mehr unter Kontrolle haben. Besonders die weitverbreitete populärwissenschaftliche pädagogische Ratschlagsliteratur zwingt uns chronisch eine bestimmte Karte auf, die wir ziehen sollen. Aber das müssen wir nicht. Wir dürfen auch andere Karten ziehen oder uns gar nicht an dem Spiel beteiligen. Erst wenn wir diese Nötigung abweisen, können wir die Logik der menschlichen Beziehungen erfassen.

Freiheit ist im praktischen Leben eine relative Größe. Sie drückt sich in den persönlichen und sozialen Beziehungen aus, ist also keine Eigenschaft von Individuen. Eine sich selbst überlassene Pädagogik, von der wir gültige Sachauskünfte und bindende Weisungen erwarten, kann sich als ein von uns selbst verschuldeter Angriff auf die Freiheit auswirken. Dieser Angriff beruht nicht auf der Absicht, Unfreiheit zu verbreiten, wo Freiheit war, sondern darauf, daß die Beteiligten unversehens nicht mit freien, sondern mit unfreien Menschen rechnen.

Sicherlich ist es für die Pädagogik selbst schwer, die an sie gerichteten Erwartungen abzuwehren und das Publikum zu einer realistischen Denkweise anzuhalten. Sie erliegt daher gelegentlich der Versuchung, sich tatsächlich als eine Art Heilslehre zu präsentieren. In diesem Fall macht sie sich anheischig, über alles eine „richtige" Aussage zu liefern, und gibt vor, die Wirklichkeit erkennen und formulieren zu können. Wenn wir das glauben, vergessen wir, daß die Schöpfer der Pädagogik Menschen sind wie alle anderen, daß wir selbst die Schöpfer unserer Pädagogik sind, daß Pädagogik den Umgang zwischen Menschen betrifft. Sie verstellt die Freiheit, wenn sie aufgrund unserer falschen Annahmen selbst nicht frei ist; wenn sie sagt, sie besitze sicheres Wissen über die menschlichen Beziehungen; wenn sie nicht erkennt oder verschweigt, daß es hier ein sicheres Wissen niemals geben kann, weil Beziehungen nicht ohne Zutun der Beteiligten als gegenständliche Funktionen existieren, sondern von Menschen selbst gestaltet werden. Solche Ansprüche der Pädagogik müssen zurückgewiesen, sie selbst muß entzaubert werden.

Dieses Vorhaben ist nicht mit „Antipädagogik" zu verwechseln, denn es liegt auf einer anderen Ebene. Ich sage nicht, daß Pädagogik abgeschafft werden muß, weil jede Erziehung nur eine unnötige, vergebliche und menschenfeindliche Vergewaltigung von Wehrlosen darstellt. Ich glaube nicht, daß die Welt in Ordnung kommt, wenn man nur die Erziehung aus ihr entfernt, denn ich zweifle daran, daß die unverbildete Menschlichkeit sich nur deswegen nicht entfalten kann, weil der pädagogische Druck sie niederhält. Vielmehr beschäftigt mich, wie ein statisches und unfruchtbares Denken auf dem Erziehungsfeld vermieden werden kann. Dazu gehört, daß die Kategorien des Erfolgs, der meßbaren Resultate, aber auch der rein subjektiven Zufriedenheit in Frage gestellt werden. Abzulehnen ist nach meinem Urteil eine Pädagogik, die planvoll Ziele verfolgt und den Menschen mit Beschlag belegt, die in alle noch freien Nischen schlüpft und den Lebensweg jedes Individuums mit Hinweisschildern umstellt. Was ich für wichtig halte, ist eine aktive Auseinandersetzung mit der Tatsache, daß es eine sich immer weiter ausbreitende Pädagogik gibt. Ich will die Chancen dafür erkunden, daß wir von ihr nicht überwältigt werden und uns als relativ freie Wesen in einer sich wandelnden Welt behaupten können.

Der schwer erfaßbare Zusammenhang von Pädagogik und Freiheit wird unter verschiedenen Aspekten untersucht. Im I. Teil geht es darum, wo der Einzelne heute seine Rolle in der Gesellschaft findet, welche Position ihm durch zweckorientierte pädagogische Maßnahmen zugewiesen wird, wie er aus Unbildung zum Opfer solcher Nötigungen werden kann. Der II. Teil behandelt Bestrebungen, die eine harmonische, konfliktfreie, in sich ruhende Welt als Normalfall voraussetzen und dazu führen können, daß die Freiheit der Sicherheit geopfert wird. Der III. Teil faßt einige ausgewählte Untersuchungen zusammen, die den Intellekt und die Moral betreffen; sie fragen nach der Möglichkeit, auf dem Erziehungsfeld Widerstand zu leisten und dadurch die pädagogische Auseinandersetzung weiterzuführen. Alle diese Beiträge haben die Form von Essays, nicht von streng akademischen Aufsätzen. Sie wollen Diskussionsbeiträge sein und zum Widerspruch reizen, so wie sie selbst den Widerspruch gegen einen herrschenden Trend zum Ausdruck bringen. Es handelt sich um eine „Kampfschrift", die einen Angriff abwehren will. Allerdings richtet sich der hier vorgetragene Gegenzug nicht auf einen fremden Widersacher, sondern auf massive Verlockungen in unserem eigenen Denken.

I. Entmündigung des Individuums

1. Mißverständnisse über Erziehung: Auf dem Wege zur pädagogischen Gesellschaft?

I

Nicht nur die Inhalte oder Ziele der Erziehung sind zu untersuchen, sondern vor allem deren gesellschaftliche Aufgabe. Es geht darum, was pädagogische Bemühung in der Existenz des modernen Menschen bedeutet: Wollen wir diesen Menschen als freies Wesen, so daß auch die Erziehung erst als Funktion von Freiheit sinnvoll wird? Oder machen wir seine mögliche Freiheit von seiner Erziehung abhängig? Mit welcher Grundkonzeption arbeitet unsere Pädagogik, in wessen Interesse wird sie eingesetzt, wie sieht ihre anthropologische Basis aus? Kommt der „Freiheit" die oberste Priorität zu, oder gilt die durch Erziehung herzustellende „Richtigkeit" als noch wichtiger? Erfahren wir von der Pädagogik, was gemacht werden soll, oder weist sie uns darauf hin, was nicht gemacht werden darf? Ist sie eine Summe gezielter Veranstaltungen zur Beeinflussung von Unmündigen, oder hat sie den Charakter eines Gesetzes, das lediglich die Grenzen eines Freiraums absteckt?

Für die Erwartungen, die wir an erzieherische Praxis zu richten pflegen, lassen sich zwei Ansätze erkennen, die sich in ihren Konsequenzen gegenseitig ausschließen. Der erste ist der klassische Ansatz: Der junge Mensch wird am Status des Erwachsenen gemessen. Unter diesem Blickwinkel hat er alles das noch nicht, was der Erwachsene bereits zu haben scheint. Jungsein wird als defizienter Modus des Erwachsenseins und damit des Menschseins begriffen. Daraus folgt, daß der junge Mensch auf den Aggregatzustand des Educandus festgelegt ist. Da Erziehung ihn erwachsen macht und auf den richtigen Weg führt, erfüllt sie sich als Einsicht in Notwendigkeit. Eine solche Erziehung begleitet den Fortschritt des jungen Menschen; sie erläutert ihm das, was er tun muß; sie verfolgt, kommentiert und reproduziert seine gesamte menschliche und soziale Entwicklung.

Der Heranwachsende hat in der Tat vieles zu lernen, weil er sonst in der modernen Welt nicht existieren kann. Aber das meiste von dem, was er sich aneignen muß, ergibt sich aus den generellen Anforderungen der Gesellschaft, wirkt als unausweichlicher Zwang und bedarf daher keiner besonderen pädagogischen Überlegung. Jedermann muß zur Schule gehen, Examina machen, einen Beruf lernen und arbeiten. Um das tun zu können, muß er die elementaren Sozialtechniken beherrschen: sich auf der Straße, in Verkehrsmitteln, auf Flughäfen und Bahnhöfen, in Banken und Behörden zurechtfinden; telefonieren, einkaufen, verhandeln können; sich auf andere einstellen, die Arbeitsweise von Institutionen begreifen, sich durch Medien informieren; Konflikte ertragen, keine Gewalt anwenden, die eigene Position realistisch einschätzen. Das alles muß gelernt werden; aber es wird gelernt als Einsicht in Notwendigkeit. Wenn das schon „Erziehung" ist, dann ist Erziehung banal, betrifft nicht die menschliche Person, erschöpft sich in bloßer Hilfe beim Einüben unentbehrlicher Fertigkeiten. Diese Art der Erziehung operiert als Teil der äußeren Sozialisation. Alles, was es hier zu lernen gibt, ist zwar lebenswichtig, aber erzieherisch uninteressant.

Wo Erziehung als Hilfe zur Einsicht in Notwendigkeit veranstaltet wird, dort beruht auch das Selbstverständnis des erziehenden Erwachsenen auf Einsicht in die Notwendigkeit der bestehenden sozialen Hierarchie. Ich werde vielleicht durch Kinder nicht mehr behelligt als durch andere Erwachsene, die mir als Nachbarn, Konkurrenten, Vorgesetzte, Funktionäre das Leben schwer machen. Aber über Kinder habe ich Macht, über Erwachsene nicht. Deswegen werden die Spannungen unter den Erwachsenen als unumgängliche Ordnungsfaktoren verinnerlicht. Wir wissen zwar, daß wir uns nicht alles gefallen zu lassen brauchen, wehren uns aber nur dort, wo Aussicht auf Erfolg besteht. Unser Bemühen, Kinder durch Erziehung dahin zu bringen, daß sie sich mit den Zwängen des öffentlichen Lebens arrangieren, ist ein Ausdruck unseres eigenen tiefer liegenden Arrangements. Indem wir die Einübung in lebensnotwendige Fertigkeiten als Erziehung ausgeben, zeigen wir, daß in unserer eigenen sozialen Existenz ein Spielraum für freiheitliche pädagogische Erwägungen und für einen nicht schon vorgestanzten zwischenmenschlichen Umgang gar nicht vorgesehen ist.

Erzieherisch interessant ist erst der *zweite* Ansatz. Von ihm aus versteht sich Erziehung nicht als Übung zur Einsicht in Notwendigkeit, sondern als Interaktion im schmalen Spielraum der Freiheit. Erziehung in diesem Sinne erscheint nur dort, wo es überhaupt mehrere Möglichkeiten gibt. Freiheitliche Erziehung besteht demnach nicht darin, die ohnehin wirksamen Zwänge optisch etwas zu lockern, wie eine wohlmeinende liberale Strömung in der Pädagogik es immer wieder versucht hat. Freiheitliche Erziehung ist nicht Zwangserziehung minus Zwang, sondern die Verwirklichung einer ganz anderen Denkweise. Wo Notwendiges geschieht, dort bedarf es der Einsicht in Notwendigkeit. Aber nicht alles, was im Leben des jungen Menschen geschieht, ist notwendig. Erziehung jenseits von Notwendigkeit vollzieht sich als Auseinandersetzung zwischen den Erziehungspartnern an Punkten, wo es Alternativen gibt – also dort, wo Beziehungen zu pflegen, Interessen abzuwägen, Handlungsweisen zu diskutieren, Meinungen zu bilden, Konsequenzen zu bedenken, Entscheidungen zu treffen sind. Erzieher, die das erfassen, begnügen sich nicht damit, das sowieso nötige Hineinwachsen des Kindes in die Gesellschaft als „Sozialisation" hochzustemmen, denn sie haben es mit dem Umgang unter Menschen in realen Lebenssituationen zu tun.

Dieser zweite Ansatz geht nicht von der Natur, sondern von der Rechtsstellung des Menschen in der Gesellschaft aus. Hier tritt das, was „natürlicherweise" schon vorliegt, als weniger wichtig hinter der Willensbildung und Einstellung zurück. Ein Zwergstaat mit hunderttausend Einwohnern ist im natürlichen Vergleich einer Großmacht unterlegen. Daß er dennoch in den Vereinten Nationen ebenso seine Stimme hat wie jede Großmacht, ergibt sich nicht aus der Natur der Sache, sondern ist Ergebnis einer politischen Entscheidung, die das gegebene Machtgefälle neutralisiert. Man ist übereingekommen, so zu verfahren und diesem einmal gewählten Prinzip Rechnung zu tragen. Nicht anders verhält es sich in der Erziehung. Im Zentrum steht jetzt die Frage, welche rechtliche und gesellschaftliche Stellung junge Menschen haben sollen. Die Kenntnisse der natürlichen Entwicklung können zwar im Zweifelsfall eine gewisse Entscheidungshilfe bieten, aber die Frage selbst liegt auf einer anderen Ebene. Sie lautet: Was wünschen wir, woran wollen wir uns halten, welche Konstellation zwischen ungleichen Partnern halten wir für angemessen? Wenn wir so vorgehen, wird sich auch zeigen, daß viele der scheinbar natürlichen Daten in Wirklichkeit gesellschaftliche Daten sind, die lediglich seit jeher als naturbedingt präsentiert wurden. Die Freiheit des jungen Menschen ergibt sich nicht von selbst; sie muß gewollt, beschlossen und gestaltet werden.

Der pädagogische Angriff auf die Freiheit richtet sich nicht nur gegen unsere Kinder, sondern auch gegen uns selbst. Wir liefern uns seiner Wucht aus, weil wir in einer absurden Vorstellung von den Möglichkeiten der Erziehung verharren. Wie andere Kulturgebiete hat auch die Pädagogik den begreiflichen Drang, sich auszudehnen und zu differenzieren. Fragwürdig wird dieser Drang erst, wenn die

Gesellschaft den Pädagogen als herausragende Figur, als versierten Fachmann sieht, der Störungen des normalen Ablaufs wirkungsvoll verhindern kann. Diese Erwartung ist paradox und beruht auf einer Täuschung. Man traut dem Pädagogen zwar besondere Fähigkeiten zu, aber das, was er machen soll, ist gerade nichts „Besonderes", sondern nur die Gewährleistung dessen, was sich ohnehin versteht. Er soll den Kindern zur Einsicht in Notwendigkeit verhelfen und damit die Selbstreproduktion des Notwendigen sichern.

Bei realistischer Betrachtung würde sich indessen zeigen, daß sich die Schwerpunkte auf dem Erziehungsfeld umgekehrt verteilen. Der Erzieher ist keine herausragende Figur; er kann nicht besser, tüchtiger, weiterblickend sein als die ihn tragende Gesellschaft. Aber das, worauf es in seinem Tun ankommt, ist nicht das Notwendige, sondern die Gestaltung der spezifischen Situation, die Wahrnehmung des Spielraums, das Ausschöpfen von Freiheit, der Umgang mit dem wirklich vorhandenen Mitmenschen. Im Hinblick auf diese Aufgabe unterscheidet sich aber der Erzieher nicht grundsätzlich von jedem vernunftbegabten Mitglied der Gesellschaft. Insofern ist er als Erzieher nicht der Experte für das Notwendige, sondern der Nicht-Experte für das Besondere.

Mißverstandene Pädagogik beeinträchtigt die Freiheit auf mehreren Ebenen. Ihr Angriff wendet sich

1. gegen das kritische Denken, indem er die Einsicht in die Dialektik pädagogischer Vorgänge versperrt;
2. gegen die Möglichkeit der Primärerfahrung, indem er dem Menschen nur noch ein sekundäres System als Lebensraum zuweist;
3. gegen die Qualität persönlicher Entscheidung, indem er auf Quantifizierung und Verallgemeinerung pädagogischer Befunde drängt;
4. gegen das Reifwerden in der „Zeit", indem er darauf abzielt, den Menschen chronisch durch Erziehung zu beschlagnahmen;
5. gegen das selbständige Voranschreiten im „Raum", indem er immer von vorn kommt und dem Adressaten die Pädagogik „ins Gesicht bläst".

II

(zu 1) Das Verhältnis von Erziehung und Freiheit läßt sich nicht klar bestimmen. Nichts ist eindeutig, immer kann auch das Gegenteil des Gewünschten eintreten. Zweifellos ist die progressive Richtung in

der modernen Pädagogik mit dem besten Willen angetreten, den jungen Menschen freier zu machen. Aber sie glaubte, mit dieser Zielsetzung gradlinig voranschreiten zu können, ohne die unbeabsichtigten möglichen Folgen kalkulieren zu müssen. Diese Dialektik einer geplanten Freiheits-Pädagogik sei an einigen Beispielen verdeutlicht.

– Man wollte in der Jugendstrafe nicht die Tat isoliert betrachten, sondern die Persönlichkeit des Täters würdigen; dies machte es möglich, den ganzen Menschen aus der Verantwortung herauszunehmen und als erziehungsbedürftig zu klassifizieren.
– Man wollte um der Freiheit willen „Erziehung statt Strafe"; dies erlaubte eine chronische Pädagogisierung und ein Festhalten des Jugendlichen im Status der Unmündigkeit.
– Man wollte pädagogische Vorbeugung, um Delinquenz zu verhüten und dem potentiellen Fürsorge-Kandidaten das Erziehungsheim zu ersparen; dies brachte eine dichtere soziale Kontrolle und damit mehr Unfreiheit.
– Man wollte zur Emanzipation erziehen; dies führte praktisch zu einer Verkürzung der Emanzipation, da nur die pädagogisierte, durch Erziehung gewährte Freiheit wahrgenommen wurde.
– Man wollte freiheitlich erziehen und zur Kritik gegenüber der Autorität führen; das sollte aber so geschehen, daß der Erzieher selber als Autorität unangetastet blieb.

Diese Dialektik gehört zum Bemühen um Freiheit. Wir können Freiheit nicht in reiner Form verwirklichen; wo wir das versuchen, schlägt sie in Unfreiheit um. Weil der Umgang mit der Freiheit nicht sicher, sondern frei ist, erweist sich die Dialektik gerade als Kennzeichen der Freiheit. Nur von einem meta-pädagogischen Standort aus können wir erkennen, daß das Gelingen oder Mißlingen erzieherischer Freiheit selbst „frei" ist. Wer diese Widersprüchlichkeit begriffen hat, muß allerdings nicht untätig bleiben, nur weil er des Ergebnisses nicht gewiß sein kann. Sich um offene menschliche Beziehungen bemühen, den Partner als gleichberechtigt achten, auf geborgte Autorität verzichten – das ist immer möglich. Nicht möglich ist es, bestimmte Veranstaltungen zu treffen, die mit Sicherheit die Freiheit hervorbringen, denn ein solches Unterfangen wäre schon in seinen Prämissen unfrei. Der pädagogische Angriff auf die Freiheit ist der Versuch, solche Prozesse, die nur frei ablaufen können, zu kontrollieren und in ein System zu zwingen. Dies geschieht von der Voraussetzung aus, daß man schon weiß, worauf es im menschlichen

Leben insgesamt und also auch in der Erziehung ankommt. Auf dem Boden vermeintlicher Gewißheit beschneidet man dem „Erziehungsobjekt" die jetzt schon mögliche Freiheit, indem man sie als überflüssig und sogar als störend erklärt.

Der Mangel an Einsicht in diese Dialektik kennzeichnet selbst so bekannte Aussagen zur Zukunft unserer Welt wie die Schriften Erich Fromms oder der im Auftrage des „Club of Rome" wirkenden Autorenteams. Die dort präsentierte Argumentation folgt stets dem gleichen Prinzip: aus scharfsinnigen Analysen werden fragwürdige Konsequenzen abgeleitet, die ebenso totalitär ausfallen wie die kritisierte Gesellschaft. Der Irrtum besteht darin, daß analytisches und zweckrationales Denken nicht als zwei radikal verschiedene geistige Akte auseinandergehalten werden. Man glaubt, das Ergebnis der Analyse nunmehr in praktische „Pädagogik" für die Ausrichtung und Steuerung der Zukunft umsetzen zu müssen. Das als falsch Erkannte soll künftig mit Sicherheit ausgeschlossen, das als richtig Erkannte mit allen verfügbaren Mitteln der Sozialtechnologie durchgesetzt und verstärkt werden. Aber der Versuch, Freiheit zum Programm zu machen, zerstört sie. Die Analyse als kritische Stellungnahme ist selber schon ein Akt der Befreiung. Wer aus ihr programmatische Folgerungen zieht, gibt die eben erst errungene Emanzipation wieder preis. Kritisches Denken wirkt als Korrektur zu jeder Form von Verdinglichung, Erstarrung und Mechanisierung: aus ihm kann keine zielgerichtete Planung folgen, sondern nur eine freie Entscheidung.

(zu 2) Der pädagogische Angriff auf die Freiheit macht ernst mit der Stabilisierung des „sekundären Systems". Hans Freyers Bild vom Eisenbahnzug, der nachts durch ein System von Lichtsignalen über das Schienengewirr in den Bahnhof gesteuert wird, läßt sich auf das Erziehungsfeld übertragen. Der Educandus wird auf den Status des Rekruten zurückgeschraubt, der weder gehen noch stehen, weder sprechen noch grüßen kann. Die sekundäre Existenz verwirklicht sich nicht mehr nur im technischen und öffentlichen Bereich, sondern auch in der Erziehung. Alle pädagogischen Hilfsmittel (Medien, Zielkataloge, Pläne, Therapieformen, Lernhilfen, Kommunikationstechniken) werden zu Signalen und Hinweisschildern, die das Verhalten sachadäquat regeln, ohne daß eine persönliche Entscheidung noch sinnvoll oder überhaupt möglich ist.

Signale werden notwendig, wo man sich auf die eigene Orientierung nicht mehr verlassen kann. An einem Autobahnkreuz kommt niemand auf den Gedanken, seinem „natürlichen" Richtungssinn zu folgen, weil er weiß, daß er das ganze System nicht überblickt; er ist hier auf die Hinweisschilder angewiesen, die ihn um die nächste Biegung, vor die nächste Abzweigung, an der nächsten Ausfahrt vorbei geleiten. Solche an ihrem Ort sachlich notwendige Fremdbestimmung dringt nun auch in das Erziehungsfeld ein und wird damit zum Prinzip menschlicher Orientierung schlechthin. Der Educandus bewegt sich im Signalsystem. Dort gibt es, ähnlich wie im Verkehr, nur ein einziges richtiges Verhalten, das sich steuern, einüben und kontrollieren läßt. Menschliche Existenz schrumpft zusammen auf Reflexe, auf Reaktionen, auf gelernte Vollzüge in einem vorgegebenen System.

Dieser Befund gilt nicht nur für den Empfänger einer zur Manipulation degenerierten Pädagogik, sondern auch für den Vermittler. Er vermittelt nicht frei, was ihm das Richtige zu sein scheint, sondern erfüllt eine gestellte Aufgabe im Rahmen seiner Funktionsbeschreibung. Ein gewisses Kontingent an Pädagogen (Beratern, Therapeuten, auch Seelsorgern) gehört zur Ausstattung eines renommierten sozialen Unternehmens. Man hat die Experten für Kommunikation und Ausgleich des seelischen Haushalts auf alle Fälle dabei; sie gehören zu den unerläßlichen „Bordmitteln", mit denen sich ein Schiff, das eine Fahrt antritt, eindecken muß. Die Lösung menschlicher Probleme scheint bereits durch die Stellenbeschaffung gewährleistet zu sein. Sobald die Stelle besetzt ist, kann eigentlich gar kein Problem mehr auftreten; denn das Problem liegt nicht im Klienten und besteht nicht darin, daß er in Bedrängnis ist, sondern betrifft die Organisation des Stellenplans.

Ein kurioses Beispiel für dieses Ausweichen auf sekundäre Lösungen wurde darin weltweit sichtbar, daß die deutsche Fußball-Nationalmannschaft in Argentinien einen Pfarrer mithatte. Diese vorsorgliche Maßnahme war – streng genommen – nur unter der Voraussetzung möglich, daß es so etwas wie Religion als primäre Erfahrung gar nicht mehr gibt. Zur religiösen Existenz gehört, daß der Mensch nicht glatt in seiner Welt aufgeht, sondern in Spannung zu ihr tritt; daß er persönliche Erlebnisse haben kann, die ihn erschüttern und seinen Weg prägen oder verändern; daß er sich mit Problemen konfrontiert sieht, die ihm die Fragwürdigkeit und Vielschichtigkeit des Daseins andeuten. Dies alles gehört zur Freiheit des Menschen. Wenn also Religion überhaupt einen Sinn hat, dann den, die menschliche Freiheit mit ihrem Risiko und ihren Schwierigkeiten zu achten. Ein Pfarrer, der dafür da ist, daß Spannungen nicht auftreten, damit optimale psychische Bedingungen für die physische

Höchstleistung der zu betreuenden Mannschaft gewährleistet sind, nimmt keinen religiösen Auftrag wahr.

In eine ähnliche Situation kann der Pädagoge geraten. Wenn er für jedes denkbare „Bedürfnis" zur Verfügung steht, um system-dysfunktionale Spannungen gar nicht erst aufkommen zu lassen, dann zeigt er, daß er den Menschen, für den er einzutreten scheint, nicht kennt. Würden nämlich Worte wie „Selbstverwirklichung", „Freiheitlichkeit", „Personalität" ernst genommen, dann müßte man den Klienten das alles selber erfahren lassen. Wer als Pädagoge den Weg des geringsten Widerstandes und der maximalen Effektivität geht, hat immer schon einen Menschen vor Augen, der die vielberufene Freiheit in Wirklichkeit nicht haben soll. Freiheitliche Erziehung oder Erziehung „zur Freiheit" – das ist die Alternative.

(zu 3) Das genannte Problem weist auf das Zentrum der Pädagogik als Wissenschaft. Es läßt sich mit der Logik allein nicht lösen, denn diese führt zu Zirkelschlüssen. Einerseits ist es richtig zu sagen: Wenn es pädagogische Hilfen für jedes einzelne Kind geben soll, dann können sie nicht spontan nach dem bloßen Dafürhalten des gerade anwesenden Erziehers ablaufen, sondern müssen begründet und strukturiert sein; das ist aber nur möglich aufgrund wissenschaftlichen pädagogischen Denkens, das auf der Verallgemeinerung von Erkenntnissen beruht. Andererseits droht aber das, was allgemein und für alle gilt, gerade an den Schwierigkeiten des einzelnen Kindes vorbeizugehen; quantifizieren lassen sich offenbar nur bestimmte Sektoren der menschlichen Existenz, andere nicht. Gerade eine szientistisch ausgerichtete Pädagogik läuft Gefahr, diese Schwierigkeiten zu unterschätzen, denn sie drängt auf Verallgemeinerung, indem sie immer nach dem nämlichen Schema verfährt: sie findet eine Korrelation zischen zwei Phänomenen, sie erkennt einzelne Bedingungen für auffällige Verhaltensweisen, sie stellt fest, daß ein konkreter Fall so oder so gelöst wurde. Daraus zieht sie den Schluß: Wenn es so ist, dann müssen wir die erkannten Zusammenhänge quantifizieren und ein für allemal herstellen.

Betrachten wir einige Beispiele für dieses Denken, in denen jedesmal die Prämisse durch Beobachtung einzelner Fälle gewonnen und die Folgerung als gültige pädagogische Weisheit empfohlen wird:

– Ein junger Mensch „braucht" Freiheit; also organisieren wir die Freiheit des jungen Menschen.
– Eine Frau will mit ihrem Mann gleichberechtigt und nicht auf den Haushalt beschränkt sein; also müssen wir Gleichberechtigung herstellen, indem wir die Hausarbeit auf beide Partner verteilen.

- Ein Kind entwickelt sich zu langsam, weil es in einem Kinderheim ohne Mutter lebt; also schaffen wir die Heime ab und lassen Kinder nur noch in der Familie aufwachsen.
- Ein Jugendlicher kann seine Probleme nur dadurch bewältigen, daß er sich schroff von seinen Eltern löst; also bewerkstelligen wir in der Erziehung die schroffe Lösung vom Elternhaus.
- Eine Erzieherin hilft einem körperbehinderten Kind beim Masturbieren und befördert damit seine psychosexuelle Entwicklung; also müssen Erzieher die Sexualität ihrer Zöglinge regeln.
- Ein Kind entfaltet sich durch Wettbewerb, indem es sich mit anderen mißt und seine Möglichkeiten entdeckt; also bauen wir für die Entfaltung von Kindern ein System der Konkurrenz auf.

Die Reihe derartiger Beispiele ließe sich fortsetzen. Der pädagogische Schluß folgt stets demselben Lauf: Weil die Lösung eines Problems unter einem einzelnen Aspekt gerade diese Gestalt annimmt, wird der Einzelaspekt zum Gesamtaspekt erklärt. Dabei wird unterschlagen, daß im Bereich menschlicher Beziehungen eine Dialektik zwischen objektiven Bedingungen und subjektivem Handeln besteht; daß auf dem Erziehungsfeld Entscheidungen getroffen werden müssen, die in der einzelnen Situation „richtig", in der Quantifizierung jedoch „falsch" sein können; daß Erziehungswissenschaft nicht nur eine Wissenschaft der Wenn-Dann-Relationen ist, sondern die Komplexität der sozialen und individuellen Existenz erfaßt.

(zu 4) Die Initiatoren pädagogischer Maßnahmen haben in der Regel den chronisch zu fördernden Menschen vor Augen, dem sie zur Identität verhelfen wollen. Sie versichern ihm: er sei noch nicht so, wie er eigentlich sein müßte, und deswegen auf Unterstützung angewiesen. Nicht erst der auffällige, sondern bereits der „normale" Mensch erscheint immer schon als das lenkungsbedürftige, zu beratende, formbare Objekt. Aus dieser Anthropologie folgt das Diktat des life-long-learning: der Mensch ist niemals fertig, sondern muß bis an sein Ende disponibel bleiben. Indem man chronisch damit beschäftigt ist, ihn „entscheidungsfähig" zu machen, hält man jede wirkliche Entscheidung von ihm fern. Wer Pädagogik in dieser Form „einsetzt", überspielt den Zeitpunkt des Erwachsenwerdens; er bietet dem anderen in jeder Lebensphase eine neue Variante der „Betreuung", so daß ihm die Strukturierung seines Lebensweges nicht erleichtert, sondern erschwert wird; so trägt er dazu bei, die Kinder- und Jugendzeit fast beliebig zu verlängern.

Welchen Schluß muß der junge Mensch aus diesen Vorgängen ziehen? Er gewöhnt sich an den Anspruch darauf, daß ihm geholfen wird, sieht sich aber keineswegs zu der Folgerung genötigt, daß auch andere Menschen Ansprüche an ihn haben könnten. Er lernt ein bestimmtes Verhältnis des Individuums zur Gesellschaft, das selbst einen Bestandteil des life-long-learning ausmacht; wenn er schon sein ganzes Leben lang lernen soll, dann will er dabei auch sein ganzes Leben lang unterstützt werden. Die Konstellation von unreifen Lernsubjekten und objektiver Welt ändert sich also nicht. Durch diese strukturelle Anspruchshaltung bekommt der junge Mensch kaum Gelegenheit dazu, die Konsequenzen eigener Entscheidung zu spüren. Ebenso wenig erfährt er, daß die Zukunft offen ist und von ihm selbst gestaltet werden muß. So kann er zwischen dem, was jetzt gilt, und dem, was später gelten könnte, keinen Unterschied wahrnehmen.

Die Zukunft wird in der Annahme, daß das Individuum sich selbst mit seinen Bedürfnissen, Wünschen und Orientierungen niemals ändert, in kurzschlüssigem Zugriff vorweggenommen. Alle Bedürfnisse des Einzelnen gelten in der Gegenwart und damit zugleich so, als hätten sie schon immer gegolten und würden auch in Zukunft gelten. Wenn Eheleute einen Vertrag schließen, in dem sie die Erfüllung ihrer Bedürfnisse regeln, dann gehen sie davon aus, daß diese festliegen und sich auch durch gemeinsames Leben nicht ändern werden – mit einem Wort: daß sie „Ehe" im Grunde gar nicht wollen. Die Möglichkeiten des gemeinsamen Lebens im Laufe der Zeit sind ausgeblendet. Es gibt keine Zukunft, sondern nur eine jetzt schon formulierbare, beliebig zu verlängernde Gegenwart. Die Perspektive der dialektischen Selbsttätigkeit, der verantwortlichen Gestaltung des Lebens verschwindet hinter der Anmeldung und Durchsetzung von Ansprüchen. Der sein Leben lang von der Erziehung beschlagnahmte Mensch ist zwar der chronisch unfertige, zugleich aber auch der immer schon fertige, entwicklungsunfähige und keiner Entwicklung bedürftige Mensch.

(zu 5) Freiheit wird dort interessant, wo der handelnde Mensch in eine kritische Situation kommt. Mit der Freiheit ist es ähnlich wie mit dem Recht, von dem Kurt Tucholsky sagt: „Recht kann man nur in bedrohten Lagen erkennen; wenn es da nicht gilt, taugt es nichts." Freiheit ist eine relative Größe. Sie steht nicht als absoluter Freiraum zur Verfügung, sondern existiert nur als das, was von Individuen oder Gruppen in Anspruch genommen, ausgeschöpft, erprobt und verwirklicht wird. Insofern ist Freiheit kein formaler Zustand des

Freiseins, sondern ein Element des Handelns; sie zeigt sich als das Eigene, das durch die Person verantwortet wird, auch wenn dabei nichts Spektakuläres herauskommt. Dies ist in gewissem Sinne ein Problem des „Raumes" oder auch des „Freiraumes". Von einer kunstvollen Plastik könnte man sagen, sie eröffne den Raum. Ebenso ließe sich von der geformten Handlung sagen, sie eröffne einen Freiraum, mache das, was als Potenz vorhanden war, konkret spürbar, lasse die Dimension der Freiheit hervortreten. Damit das gelingen kann, muß der Einzelne „nach vorn" schauen und sich bewegen können, ohne dauernd auf Anweisungen, Belehrungen und Richtungsweiser zu stoßen.

Die Konsequenzen der jeweils zu treffenden Entscheidung sind in diesem Fall offen. Keiner der Erziehungspartner weiß mit Sicherheit, wie die weiteren Ereignisse ablaufen werden. Die Beteiligten haben nichts als ihre Erfahrung, ihre Vernunft und ihren Willen. Die Erfahrung belehrt sie darüber, was wahrscheinlich eintreten wird; die Vernunft läßt sie zu einem relativ realistischen Durchblick kommen; der Wille motiviert sie darin, zu praktikablen Lösungen vorzudringen. Ohne diesen „Raum" ist Erziehung tot. Wenn der Erzieher den Weg des Kindes schon geplant hat, wenn er ihn klar voraussieht und dem Kind „Umwege" ersparen will, dann ist selbst der kürzeste Weg von vornherein vergeblich. Die Dialektik der Erziehung besteht auch darin, daß alle Beteiligten wirklich einen Weg gemeinsam gehen, den sie in jedem Abschnitt erst gemeinsam erkunden müssen.

III

In allen seinen Varianten rechnet der pädagogische Angriff auf die Freiheit mit dem Grundbedürfnis der modernen Gesellschaft nach Sicherheit. Die Sicherheit scheint gewährleistet zu sein, wenn die Organisation stimmt. Gleichwohl breitet sich ein immer stärker werdendes Unbehagen aus. Die Gesellschaft ist zwar stark sicherheitsorientiert, aber mit der äußeren Sicherheit steigen auch die Ängste. Erziehung bemüht sich um Klärung und Ausgleich, unterliegt jedoch dem nämlichen Dilemma: sie will immer mehr leisten und ihre Instrumente immer effektiver einsetzen, erreicht aber ihre Klientel immer schwerer. Es nützt daher auch nichts, wenn eine scheinbar verfügbare Pädagogik dafür eingespannt wird, die Gesellschaft wieder in Ordnung zu bringen. Wo es keinen Konsens in Grundfragen gibt, wo kein verbindliches Wertempfinden herrscht, wo Pluralität der Interessen besteht, dort läßt sich auch erzieherisch keine Einheitlichkeit herbeizaubern. Betrachtet man die gegenwärtige Situation als krisenhaft, dann ist auch unser pädagogisches Denken selbst in dieser Krise.

Wir sollten uns von dem Gedanken freimachen, Pädagogik sei als ein von außen einsetzbares Mittel handhabbar, um die Identität, den Konsens, das Gefühl der Geborgenheit wiederherzustellen. Das Zentrum des Problems liegt auch nicht hier, sondern an anderer Stelle. Fehler der Pädagogik bestehen weniger darin, daß sie die ersehnte Zusammenfassung nicht mehr leistet; denn ginge es nur darum, dann wäre der Ruf nach mehr und „besserer" Pädagogik gerechtfertigt. Die Crux ist vielmehr, daß wir nicht zu wenig, sondern zu viel Pädagogik haben. Gerade weil sie sich überall breit macht, blockiert sie eine Analyse unserer wirklichen Situation und beschneidet uns die Freiheit des Nachdenkens, der Entscheidung und des Handelns.

Pädagogisches Wissen ist nur zum kleineren Teil Wissen *vor* der Erziehung, zum größeren Teil Wissen, das erst *im* Prozeß der Erziehung gewonnen werden kann. Wäre pädagogisches Wissen auf Wissen vor der Erziehung beschränkt, dann brauchte sozusagen die Erziehung selbst gar nicht mehr stattzufinden, denn sie wäre in diesem Fall keine Quelle neuer Erkenntnis. Wo man so verfährt, als ließe sich alles einschlägige Wissen schon vor der Erziehung erwerben, dort macht Pädagogik unfrei. Wir könnten auch sagen: Pädagogisches Wissen ist im Schwerpunkt nicht Anwendungswissen, sondern Erfahrungswissen. Es wird zum Wissen erst durch Reflexion der Praxis, ist also im praktischen Vollzug angeeignetes Handlungswissen, nicht außerhalb des Erziehungsfeldes kumulierbares selbstgenügsames Sachwissen. So weit es sich theoretisch erfassen und systematisieren läßt, bleibt es doch auf den Erfahrungshorizont des Praktikers bezogen und kann nicht seinerseits zur Theorie werden, die „verwirklicht" werden soll. Eine Beschränkung des pädagogischen Wissens auf instrumentelles Wissen kommt einem Angriff auf die Freiheit gleich.

Insgesamt gilt es zu erkennen, auf welcher Ebene Pädagogik ansetzt, wo sie ihren Platz in der Gesellschaft findet, wie sie den Menschen sieht. Der Verdacht, daß sie einen Menschen meint, aus dessen Existenz die Dimension der Freiheit schon gestrichen ist, wird auch durch das Stichwort „Veränderung" bestätigt. Daß sie Kinder und Jugendliche nicht nur verändern soll, sondern mit ihren spezifischen Instrumenten auch verändern kann, gehört zu den konstitutiven Faktoren im Eigenverständnis aller Pädagogik. Mit welcher Konzeption, innerhalb welchen Rahmens, zu welchem Zweck der Mitmensch zu verändern sei, wird zweitrangig. Ob irgendjemand überhaupt veränderungsbedürftig ist, wird gar nicht mehr geprüft. „Veränderung" ist daher vor allem ein Selbstausweis der Pädagogik: sie zeigt damit, was sie kann, wie effektiv sie arbeitet, welche Erfolge sie zu erzielen vermag.

Aber weil alle diese Maßnahmen die Gesellschaft gerade nicht wandeln, sondern befestigen sollen, vollzieht sich Veränderung durch Pädagogik nur scheinbar. In Wirklichkeit wird gar nichts verändert, sondern das Bestehende reproduziert. Verändern heißt lediglich: abweichende Neigungen, sprengende Gedanken, ordnungswidrige Verhaltensweisen so zu neutralisieren, daß das Ganze nicht gestört wird. Dafür gibt es in der Erziehung vor allem drei Grundformen:

- die Zwangserziehung in totalen Institutionen; das Wohlverhalten des Einzelnen dient dort der Aufrechterhaltung der Institution selbst und wird direkt erzwungen;
- die autoritäre Lern- und Drillschule; das Wohlverhalten des Einzelnen wird indirekt durch Leistungsdruck erzwungen; er muß hier und jetzt investieren, um später in den Genuß der gesellschaftlichen Früchte des Lernens gelangen zu können;
- die scheinliberale Erziehung in pädagogischen Experimentieranstalten; das Wohlverhalten des Einzelnen wird deswegen erzwungen, weil die Erwachsenen ein in Freiheit erreichtes Erziehungsziel vorweisen wollen.

In allen diesen Formen wirkt Erziehung als Hilfe zur Einsicht in Notwendigkeit, nicht als freiheitlicher Umgang zwischen Subjekten. Solche Erziehung verändert niemanden, weil sie gar nicht auf einem Gebiet operiert, das Veränderungen als möglich und erwünscht erscheinen läßt, sondern nur da, wo der Einzelne auf das Standardmaß hin zugeschnitten werden kann. Die pädagogische Gesellschaft ist eine statische Gesellschaft in dynamischer Verkleidung.

2. Primäre und sekundäre Existenz: Das Problem der fiktiven Identität

I

Der unbefangene Mensch mag annehmen, pädagogisches Wissen sei dazu da, erzieherische Probleme zu lösen. Im Vertrauen auf die Wissenschaftlichkeit dieser Disziplin meint er, ihr Instrumentarium diene der Klärung praktischer Einzelfragen. So akzeptiert er ohne Widerspruch

- daß niemand andere gut erziehen und unterrichten kann, wenn er nicht selbst gut für Erziehung und Unterricht ausgebildet ist (magischer Glaube an die wissenschaftliche Pädagogik);
- daß niemand anders zu Emanzipation und Freiheit gelangen darf als durch organisierte Bildungsveranstaltungen (Mißtrauen gegen alle nicht-curricularen Handlungen und Lernfelder);
- daß niemand Probleme und Kümmernisse haben soll, weil diese im Hinblick auf die harmonische, angepaßte Existenz dysfunktional sind (Sehnsucht nach unbeschädigter Identität);
- daß niemand etwas selbständig tun darf, wenn es dafür auch Experten und Berater gibt (Bereitschaft zur Selbstaufgabe als Preis größerer Sicherheit).

Diese Tabus lassen sich durch weitere ergänzen und in dem Merksatz zusammenfassen: Was dem Einzelnen nicht ausdrücklich empfohlen wird, das sollte er nicht auf eigene Faust versuchen. Schon hier wird deutlich, daß eine Pädagogik, die sich nicht selbst gegen solche Verkürzungen wehrt, die wesentlichen Probleme gar nicht mehr behandelt. Es fragt sich daher, ob sie de facto die Wissenschaft der wichtigen und nicht vielmehr die der banalen Probleme ist; ob nicht in der Formulierung ihrer Gegenstände, Ziele, Methoden und Möglichkeiten das, worüber sich zu reden lohnt, oft gerade unerwähnt bleibt; ob sie also nicht in ihrer durchschnittlichen Wirklichkeit eher ein Defizit als eine produktive Hilfe signalisiert. Wir können uns diesen Vorgang etwa so vorstellen: Wenn ein Problem in den

Ausstrahlungsbereich der Pädagogik hineinkommt, dann bedeutet dies, daß über seine mögliche Lösung kein Konsens mehr herbeizuführen ist. Das Problem wird damit jedem unqualifizierten Urteil preisgegeben; es ist unlösbar, vielleicht auch gleichgültig geworden. Um nicht mißverstanden zu werden: es geht darum, wie die Gesellschaft mit der Pädagogik umzugehen pflegt, wenn diese in ihrer kritischen Fähigkeit erlahmt. Was im folgenden beschrieben wird, ist also lediglich das faktische Funktionieren der Pädagogik, nicht ihr „Charakter". Eine so verkürzte Pädagogik legt Probleme ab, weil sie zu kompliziert sind, und erweckt doch den Anschein, als seien sie noch immer aktuell und in Bearbeitung. Was aber vor aller Augen mit beträchtlichem Aufwand weiter betrieben wird, ist nur der verdinglichte, unerhebliche, entfremdete Aggregatzustand der Probleme. Wo Pädagogik das nicht sagt, verfährt sie unredlich. Anstatt darüber aufzuklären, inwiefern sich die komplexen Fragen der Erziehung in der modernen Gesellschaft nicht mehr klären lassen, präsentiert sie Scheinlösungen von Scheinproblemen. Sie bemäntelt die Verlegenheit der Gesellschaft, die Lösungen von Problemen wünscht, denen sie sich doch nicht ernstlich stellen will, und reproduziert hektische Aktivitäten, die sich in derselben Gesellschaft als Problemlösungen ausgeben dürfen. Unkritische Pädagogik bringt die Gesellschaft keineswegs zur Selbsterkenntnis, sie verhilft ihr nicht zu der „Wahrheit", deren sie bedarf, sondern beteiligt sich daran, die Symptome der tiefen gesellschaftlichen Ratlosigkeit an die Oberfläche zu treiben.

Wenn Pädagogik ihren Ort in der Gesellschaft nicht hinreichend reflektiert, läßt sie sich bestimmte Fragen aufdrängen, die von der Öffentlichkeit als wichtig erkannt sind (Beispiel: Devianz), kann sie aber trotz aller Bemühung nicht beantworten. Solche Fragen sind allgemeine gesellschaftliche Strukturfragen (wie auch Devianz als Möglichkeit in der Struktur unserer Gesellschaft angelegt ist), die sich entweder wegen ihrer Komplexität wirklich nicht lösen lassen oder gar nicht erst auf mögliche Lösungen hin geprüft werden. In diesem Fall macht Pädagogik wider Willen auf die ausgeklammerten Probleme aufmerksam: sie behandelt etwa die Devianz (ebenso wie andere aktuelle Phänomene), aber sie tut dies in einer Form, die nur das Phänomen begreift, nicht dessen gesellschaftliche Quellen. Die Vergeblichkeit der ergriffenen Maßnahmen läßt erkennen, daß sie sich auf solche Probleme konzentriert, die quasi zur Bearbeitung freigegeben werden, nicht auf die gesellschaftlichen Strukturprobleme selbst. Sie kommt jedoch von diesen ausgeklammerten Problemen nicht los; denn gerade durch ihre Mißerfolge in der Bearbeitung der freigegebenen Probleme stützt sie die Vermutung, daß die wirklichen Erziehungsprobleme noch gar nicht freigegeben sind. Demnach setzt eine in dieser Weise gebrauchte Pädagogik nicht um, was die Gesellschaft „will", sondern sie bewahrt auf, was entweder kontrovers oder uninteressant ist. Man wünscht in der Schule Moral-Unterricht, Sexualkunde und pädagogische Propädeutik. Damit bringt man zum Ausdruck, daß alle diese Dinge nicht funktionieren, daß niemand sie im Griff hat, daß man an ihrer wirklichen Klärung praktisch resigniert. Was aber niemand sonst vermag, das kann auch der Pädagoge nicht machen. Ähnliches gilt für die vielfältigen Formen von Therapie und Beratung. Dort wird oft genug Hilfe nur scheinbar gewährt, denn die Probleme werden zunächst auf eine Ebene herabgeholt, auf der die Hilfe überhaupt möglich erscheint. Das bedeutet eine Reduktion der wirklich bestehenden Fragen auf lösbare Vordergrundfragen. Die nicht lösbaren Hintergrundfragen werden ausgeklammert. So enthalten pädagogische und therapeutische Programme nicht selten einen Negativ-Katalog von Fragen der modernen Gesellschaft. Dafür einige Beispiele:

Wenn mit erheblichem Aufwand ein Abenteuerspielplatz gebaut wird, dann mag das für die Kinder schön sein; unter pädagogischem Aspekt ist ein solches Unterfangen eher ein Zeichen dafür, daß es in der Gesellschaft keine Abenteuer mehr gibt. Der Begriff „Abenteuer" ist hier eine negative Kennzeichnung und markiert einen Mangel. – Nicht anders steht es beim Begriff „Startchancen": einem Wort aus der Wettkampfsprache, das im Grunde nicht Gleichheit, sondern Ungleichheit voraussetzt; denn die Ungleichheit im Ergebnis, auf die es beim Wettkampf allein ankommt, beruht auf der Gleichheit der Startchancen. Erst wenn die Kämpfer am Start gleich sind, kann die Ungleichheit, die herausgefunden werden soll, evident werden. Auf das Leben von Kindern übertragen, ist dieses Bild mehr verwirrend als klärend. Denn auf dem Erziehungsfeld kommt es nach Versicherung wohlmeinender Experten ja keineswegs darauf an, wer als erster durchs Ziel geht, sondern auf akzeptable und sozial gerechte Lebensumstände im ganzen – gerade auch für diejenigen, die den Sinn des Lebens nicht nur in Wettkampf und Konkurrenz erblicken. Der Begriff „Startchance" ist gut gemeint; indem er die Kinder dem Wettkampf ausliefert, besiegelt er aber, daß soziale Gerechtigkeit gar nicht mehr für möglich gehalten wird. – Schließlich ist für die oft genannte Erziehung zur Kritikfähigkeit, zum Widerstand, zur Abwehr des Massendaseins Fehlanzeige zu melden. Diese Tugenden sind nur solange wünschenswert, als sie formal bleiben. Wo mit ihnen inhaltlich ernst gemacht wird, enthüllen sie sich eher als Eigenschaften von Außenseitern. So weisen diese Erziehungsziele darauf hin, daß es sie gerade im positiven, für die Gesellschaft fruchtbaren Sinne nicht gibt.

Erziehung als negative Aussage kennzeichnet ein emotionales, ein kognitives und ein politisches Defizit. Das emotionale Defizit drückt sich aus in Existenzangst und Furcht vor Isolation: man flüchtet sich in die Erziehung und träumt dort die ursprüngliche Geborgenheit, die klaren menschlichen Verhältnisse, die heilen Beziehungen (Beispiel: Familie). Das kognitive Defizit besteht in der Unfähigkeit des Pädagogen, seine Stellung und Aufgabe nüchtern zu interpretieren: daher verengt sich sein Gesichtskreis so, daß gesellschaftliche Probleme nur noch als pädagogische erscheinen (Beispiel: „Alternative Erziehung"). Das politische Defizit wird in dem Anspruch deutlich, die Pädagogik solle bewältigen, was sich nur politisch bewältigen läßt (Beispiel: Gesamtschule). So ist pädagogisches Denken und Handeln von einem Verlust an Wirklichkeit bedroht. Wo Pädagogik diese Gefahr nicht erkennt, nimmt sie das, was sie selbst sagt und leistet, als Ausdruck von tatsächlich vorhandener Substanz, nicht als Signal von Defiziten.

Eine Pädagogik, die sich an der Ausklammerung von Problemen beteiligt, zerstört sich selbst. Das mag paradox klingen, da sie doch äußerst aktiv ist und Konkretes leistet. Aber sie leistet immer auch anderes als das, was man auf den ersten Blick wahrnimmt. Sicherlich sind die meisten Fachleute besten Willens, die Erziehungsprobleme der Gesellschaft zu klären. Doch alles, was sie anpacken, gerinnt ihnen zu technischen Veranstaltungen, die nur das bewältigen, was auf ihrer Ebene liegt. Pädagogisches Forschen und Handeln kann der Gesellschaft nicht entrinnen, sondern wird von deren industrieller Struktur immer wieder eingeholt. Damit spiegelt es die Gesellschaft, in der es sich vollzieht. Aber auch die ungelösten ernsthaften Erziehungsprobleme spiegeln sich in der Pädagogik. Sie gibt indirekt Auskunft über das, was unklar bleibt. So ist sie nicht nur die Wissenschaft der behandelten, sondern zugleich die der ausgeklammerten Probleme. Sie liefert dem aufmerksamen Beobachter eine Ahnung davon, welche Schwierigkeiten Erziehung in der modernen Gesellschaft mit sich bringt.

Pädagogik, wie sie praktisch ausgeübt und von der Gesellschaft in Anspruch genommen wird, operiert in breiten Bereichen mit Fiktionen. Man verabredet sich zu erzieherischen Veranstaltungen schon unter der stillschweigenden Abmachung, das eigentliche Problem auf sich beruhen zu lassen und nur sekundäre Teilprobleme abzuwickeln, sich also auf diejenigen zu beschränken, die sich ohne Schwierigkeiten abwickeln lassen. Die Kooperation wird dadurch möglich, daß man ein sekundäres Problem zum primären stilisiert (Beispiel: Änderung des „Verhaltens" in der Familie). Auch das sekundäre Problem kann zwar wirklich ein Problem sein; es ist nicht als Problem fiktiv, sondern die Fiktion besteht darin, daß man sich daran gewöhnt, es für ein primäres Problem zu halten. Alle Beteiligten sind schließlich damit einverstanden, daß die Fragen nur auf dieser sekundären Ebene erörtert werden. Man nimmt mit derjenigen Maßnahme vorlieb, die gerade hier angeboten werden kann. Das ist so, als ob man eigentlich über Kopfschmerzen reden möchte, sich aber von vornherein der Spielregel unterwirft, ausschließlich über Aspirin zu reden.

Deswegen ist etwa bei gruppenpädagogischen und -therapeutischen Vorhaben auch nicht der Inhalt wichtig, sondern die Form. Diese präsentiert sich als ein fester Ritus, von dem man eine automatische Wirkung erwartet. Der Ritus gibt den Teilnehmern Sicherheit. Sie haben das Gefühl, daß sie jetzt auf der richtigen Spur sind. Ihnen werden Spielregeln vorgesetzt, die sie willig befolgen. Und bereits diese Befolgung bringt ein hohes Maß an Zufriedenheit, denn man findet hier eben das, was man vermißt hatte: eine geordnete Kommunikation unter wohlwollenden Mitmenschen. Die Veranstalter rechnen damit, daß die Klientel diesen Ritus wünscht und durch die ihm innewohnende Verbindlichkeit fasziniert ist. Die Klientel hingegen kann glauben, sie habe ihre Probleme nur deswegen bisher nicht richtig in den Griff nehmen können, weil sie nicht in den einschlägigen Ritus eingeweiht war. Je besser man sich in den immanenten Strukturen solcher Veranstaltungen zurechtfindet, desto schwerer kommt man auf den Gedanken, daß vielleicht der ganze Zusammenhang nicht mehr stimmt, daß die besondere Betonung des Rituals die Abwesenheit von Inhalten und die geistige Lehre verbirgt.

Dies alles wird möglich durch die Mannigfaltigkeit und Plastizität der Sprache. Auf den Gebieten der Erziehung und Therapie werden Worte verwendet, die bestimmte emotive Assoziationen auslösen:

Echtheit, Kreativität, Selbständigkeit, Mündigkeit, Ehrlichkeit; ihnen entsprechen in den Massenmedien Ausdrücke wie „Bürgernähe", „unbürokratische Hilfe", „verehrte Zuschauer". Solche Worte erscheinen so, als ob sie ihren früheren qualitativen Sinn nicht längst eingebüßt hätten. Dadurch bleibt versteckt, daß diese Szenarien auf dem Prinzip der Organisation und Quantifizierung beruhen. Es kommt dann nur noch auf die Wirkung des Wortes an, nicht mehr auf seinen Sinn. So wird laufend auf zwei Ebenen verhandelt. Wenn der Adressat das nicht erkennt, betrügt er sich selbst, denn er bezieht die Worte auf eine primär-qualitative Ebene, nimmt sie also für bare Münze, während de facto nur die sekundär-quantitative Ebene gemeint war. Auf demselben Prinzip beruht die politische Propaganda totalitärer Systeme; sie unterscheidet sich von der aktuellen „pädagogischen" Manipulation nur durch die viel weitergehende Absicht, nicht durch die kommunikative Struktur.

Eine um ihre kritische Dimension amputierte Pädagogik wird – um ein Wort von Henri Lefebvre zu verwenden – zu einem riesigen „Spektakel". Ihr Adressat blickt als Konsument und Zuschauer auf eine Bühne, wo er sich selbst wiedererkennt. Ihm wird versichert, er müsse und könne seine Bedürfnisse befriedigen, sich selbst verwirklichen, Orientierung gewinnen, von anderen anerkannt werden. Indem er die dafür empfohlenen Maßnahmen aufgreift, distanziert er sich von sich selbst, beobachtet sich, läßt seine „Emanzipation" geschehen, als ob sie gar nicht an ihm selbst, sondern an einem anderen geschähe. Je fasziniert er von sich selbst ist, je mehr er sich selbst als Filmheld gegenübertritt, je größer die vermeintliche „Veränderung" ist, die an ihm vorgeht, desto blinder wird er für den Eintrittspreis, den er für diese Vorstellung zahlen muß; er besteht darin, daß der Betroffene auf die Lösung seiner eigenen, nur ihm gehörenden Probleme verzichtet und in eine zweite Existenz schlüpft. Dort ist er einer von vielen und gewinnt eine Identität von der Stange, die ebenso gut die Identität jedes anderen sein könnte. Fazit auch hier: unkritisch in Anspruch genommene pädagogische Aktivitäten erweisen sich bei näherem Hinsehen als Skizzierung eines Defizits.

An diesem Punkt betreten wir den Problemkreis von „Identität" und „Entfremdung". Wer Identität anstrebt, strebt einen Zustand seiner Person an und stellt sein Ich ins Zentrum seiner Welt. Wo aber Existenz als Selbstvollendung des Einzelnen verstanden wird, muß jedes Abweichen des Einzelnen von seinem Zentrum als Selbstentfremdung wirken. Vorausgesetzt ist die Identität als der eigentliche, erstrebenswerte oder wiederherzustellende Normalzustand. Doch kommt es wirklich darauf an, in welchem „Zustand" Menschen sich befinden? Ist es nicht wichtiger, wie sie sich begegnen, in welchen Beziehungen sie miteinander leben, wie sie selbst ihre Situation gestalten?

Zustandsschilderungen beruhen auf einem Urteil, das nur nach einem einzigen Maßstab gefällt werden kann. Beurteile ich den anderen im Hinblick auf seine Identität, dann verdingliche ich ihn, mache ihn zum Gegenstand meiner Betrachtung. Das reine Subjekt wird zum reinen Objekt, denn der Mensch kann überhaupt nicht anders als „entfremdet" leben. Wäre er in vollem Sinne „bei sich" und nur auf sich selbst bezogen, so führte er die Existenz von einfach strukturierten Tieren oder Pflanzen. Der Kampf des Menschen gegen die Entfremdung kann nicht bedeuten, daß er als Ziel eine in sich geschlossene und von niemandem abhängige Daseinsform gewinnt, die er nicht mehr transzendiert. Die Entfremdung überwinden, kann vielmehr nur heißen: jede Handlung daraufhin prüfen, ob es nicht auch andere Möglichkeiten gibt; sich nicht mit dem Bestehenden abfinden; die wechselhaften Beziehungen zu anderen Menschen erkennen und gestalten.

Für den Erzieher folgt daraus die Aufforderung: mit seinem Partner zu kommunizieren, so gut es geht, und nicht zu warten, bis der andere „reif" ist oder die entsprechenden Entwicklungsphasen durchlaufen hat. Es geht um ein neues Verständnis von Beziehung, das sich gerade auch in der Erziehung niederschlagen müßte. Urteile darüber, wer identisch ist und wer nicht, können niemals mit Sicherheit gefällt werden, weil es dafür keine objektiven Kriterien gibt. Identisch womit? Mit sich selbst? Aber womit ist das Selbst identisch, um als identisch erkannt zu werden? Diese Fragen lassen sich ad infinitum fortsetzen und werden damit uninteressant. Hinter meiner Identität herzujagen verführt mich dazu, vor der jeweiligen Verpflichtung auszuweichen.

Eine kritische Existenzform wäre demnach etwas ganz anderes als die monotone Klage über die Entfremdung und den Mangel an Identität. Der Begriff der Entfremdung selbst müßte seines metaphysischen Charakters entledigt werden. Reine Beziehungen unter Menschen kann es nicht geben, denn damit würde das Paradies vorweggenommen; es gibt immer nur gebrochene Beziehungen, die bis zu einem gewissen Grade objektiviert und entfremdet sind. „Entfremdung" bezeichnet nicht das Gegenteil einer idealen Existenz, in welcher der Mensch frei tut, was er will, von jedermann geliebt wird und aller Probleme enthoben ist. Wenn dieser Begriff einen guten Sinn hat, dann nur den eines Appells zu nüchterner

Einsicht in die Komplexität der menschlichen Beziehung. Das Auftreten von Widersprüchen in der Gesellschaft ist in diesem Sinne des Begriffs nicht Ausdruck von Entfremdung. Denn warum sollte es keine Widersprüche geben? Eine Gesellschaft ohne Widersprüche wäre eine statische, im Endzustand der Geschichte angelangte Gesellschaft, deren Mitglieder voraussichtlich an Frustration und Langeweile erstickten.

Wenn wir noch einen Schritt weiter gehen, können wir darauf kommen, daß sich „Entfremdung" als feste Größe nirgends ausmachen läßt. Um entscheiden zu dürfen, ob der Mensch sich selbst fremd ist, müßte man wissen, wie der nicht-entfremdete Mensch im Normalzustand aussieht. Einen solchen Menschen hat aber noch niemand gesehen. Die Behauptung, daß der Mensch seine Selbstverwirklichung verfehlen muß, weil die Umstände ihn dauernd von seiner ursprünglich schon erreichten Position wegdrängen, ist daher wenig sinnvoll. Diese Deutung der Entfremdung könnte ein verschleierndes und entschuldigendes Argument sein. Es geht vielleicht gar nicht um die Gefahr der Abweichung von einem feststehenden Menschenbild, sondern um die Struktur der menschlichen Beziehungen. Diese Beziehungen überlagern sich, denn es gibt immer teils rein persönliche, teils mehr sachliche, teils herrschaftsbedingte; keine ist rein, ohne Beimischung der anderen, zu verwirklichen. Man kann daher auch niemals mit Sicherheit sagen, die Wirklichkeit sei entfremdet.

Wer sich anheischig macht, den Menschen vor sich selbst zu führen, ihm zur Identität zu verhelfen, sein Ich zu stärken, der will das gesamte Gebaren seiner Klientel mit demjenigen Bild zur Deckung bringen, das die Gesellschaft für den adäquaten Ausdruck eines wünschenswerten Gebarens hält. Dieses Bild des heilen Menschen in der heilen Welt ist jedoch eine Abstraktion. Die Wissenschaft bietet uns zwar eine recht genaue Kenntnis der durchschnittlichen sozialen Verhaltensweisen, Entwicklungsprozesse, Kommunikationsformen und Reaktionsmuster an; aber sie sagt wenig aus über das wirkliche Schicksal der Betroffenen, über den dialektischen Bezug zwischen der Person und ihren sozialen Bedingungen, über die Konstellation im gesellschaftlichen Spannungsfeld.

III

Die konventionelle Sozialwissenschaft verfährt nicht wesentlich anders, als das Publikum es erwartet. Zu diesen Erwartungen gehört, daß man sich durch Erziehung des „Ganzen" bemächtigen und eine übersichtliche Welt schaffen kann, in der wirklich alles in Ordnung ist. In dieser naiven Einstellung liegt eine totalitäre Tendenz: Erziehung als Macht fasziniert den pädagogischen Laien, der von „education permanente" spricht, den Menschen als „animal educandum" erklärt und alle Lebensbereiche so pädagogisiert, daß sie sich immer ähnlicher werden. Unter dem Druck des Laien verschreibt sich auch der Fachmann einer Expansion des Erziehungsfeldes, einem pädagogischen Imperialismus, der darauf bedacht ist, alle nur denkbaren Widerstände, Spannungen und Unebenheiten auszugleichen. So entsteht ein riesiges Gebäude der Erziehung, in dem alle Bewohner die gleichen Interessen haben.

Indem so die heile Welt zum Grundmuster sozialwissenschaftlicher Deutungsversuche wird, sieht sich jedermann in den Status der Unfertigkeit, der potentiellen Erziehbarkeit und der Erziehungsbedürftigkeit versetzt. Man läßt keinen Zweifel daran, daß dem Menschen immer und überall geholfen werden muß. Ohne diese Hilfe befindet er sich in einem defizienten Status der Existenz, ist noch nicht zu sich selber gekommen, kann sich nicht als Mitglied der erträumten Gesellschaft begreifen. Auch der „normale" Mensch lebt danach immer schon in einem Zustand der Devianz; denn vom Standard der idealtypischen ursprünglichen Existenz müssen alle wirklich lebenden Menschen mehr oder weniger abweichen.

Diese im Ansatz Devianten sind entweder vom rechten Wege abgekommen oder noch gar nicht auf den rechten Weg gelangt. Das gilt vor allem für die in das Erziehungsfeld eingedrungenen herrschenden Devianztheorien. Man geht aus vom Normalfall, von der harmonischen Grundstruktur, auf der sich der intakte Mensch in der intakten Umgebung verwirklicht. Dieser Mensch als das mit sich selbst in Eintracht lebende Wesen entfaltet sich natürlich, entwickelt sich, wird sozialisiert, lernt das Notwendige, gliedert sich reibungslos in die Gemeinschaft ein. Jede individuelle Profilierung kann dann als erster Schritt zur Devianz wirken: wer es wagt, eigenständig zu leben und von dem generell gültigen Muster abzuweichen, muß mit einer gewissen Notwendigkeit zum Abweichler werden.

Hier zeigt sich eine scharfe Dissonanz in den Ansprüchen, mit denen Erziehungswissenschaft auftreten kann: einerseits verficht sie das Modell der ausgewogenen Welt, in der nichts Böses vorkommt und alle Schwierigkeiten gemeistert sind; andererseits verkündet sie Erziehungsziele wie „Kreativität" und „Selbstbestimmung". Würde aber mit solchen Vorhaben ernst gemacht, so müßten sie den Rahmen der ausgewogenen Welt sprengen. Hier liegt der Widerspruch. Man kann nicht auf der einen Seite alle Kraft dafür einsetzen,

Konflikte auszuräumen, Spannungen abzubauen und unangenehme Situationen schon im Keim zu ersticken, auf der anderen Seite aber unbefangen zur Profilierung des selbständigen und schöpferischen Individuums aufrufen; es sei denn, man verstünde auch „Kreativität" nur noch im abgeleiteten Sinne als Findigkeit bei der rationellen Ausführung untergeordneter Tätigkeiten oder als Domestikenschläue.

Manche Sozialwissenschaftler, die sich vor allem für Systematisierung interessieren, sind versucht, diesen Widerspruch zu ignorieren. Das zeigt sich etwa an der mit naiver Sicherheit vorgetragenen Unterscheidung von „Sozialisation" und „Erziehung". Die offizielle Version lautet: „Sozialisation" ist Inbegriff der gesellschaftlich gegebenen Einflüsse, Strömungen und Trends, die auf die Entwicklung des jungen Menschen einwirken; als „Erziehung" gilt dagegen nur der bewußt geplante und organisierte Teil dieser Einflüsse. Der Unterschied zwischen Absicht und Unabsichtlichkeit besteht nach dieser Definition also nur auf der Seite der Kraftquellen, nicht beim Adressaten selbst: daß er beeinflußt und verändert werden soll, wird keinen Augenblick bezweifelt, denn ihm scheint eine grundsätzlich passive und empfangende Position bereits angestammt zu sein.

Für den kritischen Blick wird die Differenzierung zwischen Erziehung und Sozialisation irrelevant. Die wirkliche Trennungslinie verläuft nicht zwischen unbeabsichtigten und beabsichtigten Einflüssen, denn dieser Unterschied ist gar nicht mit Sicherheit festzustellen und hat daher auch nur rein akademischen Charakter. Die zwar latente, aber tatsächlich wirksame Scheidung spielt sich auf einer anderen Ebene ab. Sie sondert die Objektstellung und die Subjektstellung des jungen Menschen. Alle bisher vorliegenden offiziellen Befunde der Pädagogik setzen eine Objektstellung voraus, während für eine Subjektstellung überhaupt noch keine Konzeption besteht. Noch immer herrscht unwidersprochen die Auffassung, daß es im Prinzip ein „richtiges" Verhalten gibt. Sollte jemand sich nicht richtig verhalten, so vermutet man als erstes, er sei fehlerhaft erzogen worden oder weise bestimmte „Sozialisationsmängel" auf.

Auch in dieser Art, die Dinge zu interpretieren, ist stets das Modell der heilen Welt vorausgesetzt: meint man doch, wenn die Menschen nur normgerecht erzogen oder sozialisiert wären, dann würden sie sich mit einer gewissen inneren Notwendigkeit auch richtig verhalten. Dieser Mensch auf dem vorgezeichneten Wege mit dem normgerechten Gebaren ist aber der abhängige Mensch, der nicht profilierte, fremdbestimmte, harmonische, unauffällige Durchschnittsmensch, der sich jederzeit und von fast jedermann manipulieren läßt und froh ist, wenn ihm jemand sagt, was er zu tun und zu lassen hat. An diesem Punkt setzen auch die Therapien ein: der Behandlungsbedürftige muß wieder auf den Pfad der Gesundheit zurückgebracht werden, den er aus Schwäche, Unachtsamkeit, Verblendung, falscher Behandlung oder als Folge sonstiger Einflüsse verlassen hat. Seine „Störung" soll möglichst rasch wieder beseitigt werden.

Erstaunlich ist die Unbefangenheit, mit der eine gewisse Strömung der sozialwissenschaftlichen Forschung ihre Möglichkeiten mißbraucht und ihre Ergebnisse ideologisch interpretiert. Ein solcher Fehlgriff ist nur möglich, weil die Forscher an der herkömmlichen Scheidung von erkennendem Subjekt und zu erforschendem Objekt festhalten und mit einem universalen Erklärungsanspruch auftreten, ohne ihr eigenes Tun kritisch zu prüfen. Erinnern wir z. B. an die bekannten Milgram-Experimente, durch die der potentiell autoritäre oder gar faschistoide Charakter des scheinbar harmlosen Durchschnittsbürgers enthüllt werden sollte. Die logische Schlußfolgerung schien auf der Hand zu liegen: die am Versuch Beteiligten führten willig grausame Befehle aus, obwohl sie bemerken konnten, daß ihre Opfer litten; also steckt offensichtlich in jedem „normalen" Menschen ein verborgener KZ-Wächter, ein gewissenloser Folterer, ein befehlshöriger Apparatschik.

Aber so einfach liegen die Dinge nicht, denn, wie so oft, ist auch in diesem Fall der nächstliegende Befund der falsche. Wenn es hier etwas kritisch aufzuhellen gibt, dann nicht erst das Verhalten der Versuchspersonen, sondern vor allem bereits die Anordnung und die Prämissen des Versuchs selbst. Wer aufgefordert wird, sich an einem wissenschaftlichen Experiment zu beteiligen, handelt in der Regel guten Glaubens. In dem Bewußtsein, etwas für Wissenschaft und Menschheit Nützliches zu tun, vertraut er dem Versuchsleiter und kommt gar nicht auf den Gedanken, daß das gesamte Vorhaben etwa nicht in Ordnung sein könnte. Die Versuchsperson ahnt nicht, daß der Versuch, an dem sie mitwirkt, in Wirklichkeit an ihr selbst vorgenommen wird.

Der Versuchsleiter aber weiß es. Er nutzt seinen Informationsvorsprung schamlos aus, läßt seine Mitarbeiter bewußt darüber im unklaren und sonnt sich im Vollgefühl seiner intellektuellen und moralischen Überlegenheit. Gutgläubige Menschen, die als Subjekte zu agieren meinen, werden vom Versuchsleiter in die Stellung von Objekten verschoben. Er bearbeitet sie, macht sie unfrei, manipuliert sie, degradiert sie zu Versuchstieren, die lediglich ein bestimmtes, schon im voraus anvisiertes Ergebnis bringen sollen. Daß die Subjekt-Objekt-Haltung angemessen, keineswegs unethisch und sogar in der Wissenschaft durchaus üblich ist, bedeutet für den Versuchsleiter überhaupt kein Problem.

Wer sind schon Versuchspersonen? Er geht mit ihnen um, wie sie mit ihren Opfern umgehen. Er nimmt die Unmenschlichkeit des ganzen Verfahrens in seinem Kopf vorsorglich vorweg, zögert aber nicht, das Verhalten der Versuchspersonen gleichsam aus diesem unmenschlichen Rahmen herauszunehmen und so anzuprangern, als ob es freier Entscheidung entsprungen wäre. Erst in ihrer „Bosheit" dürfen die Versuchspersonen plötzlich verantwortliche Personen sein. Ihnen werden Eigenschaften zugesprochen, die sie nach der Konzeption des Versuchs gar nicht haben können, denn die Verantwortung für ihr Tun ist ihnen ja durch ihre Objekt-Position schon genommen. So kommt es dann, daß der Versuchsleiter glaubt nachweisen zu können, alle Menschen seien potentielle Faschisten – außer ihm selbst.

In Wirklichkeit verteilen sich die Gewichte ganz anders. Der Versuchsleiter selbst ist es ja, der die faschistoide Struktur in den ganzen Versuch erst eingebaut hat; er selber reduziert seine Mitmenschen zu bloßen Organismen; er selber verteilt Moral und Unmoral nach eigenem Gutdünken und schwingt sich selbstherrlich zum unanfechtbaren Richter auf. Fazit: die fragwürdigste Person in diesem Versuch ist der Versuchsleiter. Hier ist eine Wissenschaft am Werk, die alle Dinge mit einem Instrumentarium untersucht, das angeblich von unbeteiligten Forschern an ihren Gegenstand herangebracht werden kann. Damit ist die heile Welt gerettet: es ist die reine Welt der Wissenschaft.

IV

Die größte Versuchung auf dem Erziehungsfeld ist der Glaube, die gewonnene Theorie sei direkt anwendbar. Deswegen wird gern mit einem Trick gearbeitet – wobei die Experten guten Glaubens handeln mögen und das Trickhafte ihres Vorgehens oft gar nicht erkennen. Der Trick besteht darin, daß ein Typus von Theorie, der als Resultat historisch gewordener Praxis zustande gekommen ist, in einen anderen Typus von Theorie umgedeutet wird. Dieser zweite Typus beruht auf dem naturwissenschaftlichen Theorie-Modell: er begreift Theorie als einen Erkenntniszusammenhang, der sich immer wieder herstellen läßt, wann und durch wen das Experiment auch veranstaltet wird. Die Verwirrung entsteht durch eine Verwechslung dieser beiden Typen von Theorie. Weil man sie für identisch hält, fordert man allenthalben, daß Erkenntnisse der Sozialwissenschaften

„praktisch" werden müssen – als ob sie nicht durch zusammenfassende Deutung der beobachteten Praxis erst zustandegekommen wären. Dieser Trick hat weitreichende Folgen, die das Denken vernebeln können. Er führt zu Beeinträchtigungen, Verflachungen und Reduktionen.

Die *erste* ist die Reduktion der Geschichtlichkeit menschlicher Existenz auf einen zeitlosen Moment, der sich beliebig wiederholen läßt. Die jeweilige Beziehung zwischen Menschen ist aber erst im Laufe der Zeit so geworden, wie sie jetzt ist. Sie kann daher auch nie außerhalb der Zeit begriffen und verändert werden. Nur wo die Zeitlichkeit des menschlichen Lebens mißachtet wird, gibt es den aussichtslosen Versuch, Verhältnisse und Beziehungen, die durch lange Jahre gewachsen sind, mit punktuellen Maßnahmen zu klären und in Ordnung zu bringen. Beispiel: Eheberatung. Hat der fachlich ausgebildete Helfer eine auseinanderbrechende Ehe vor sich, so erliegt er nicht selten einer perspektivischen Täuschung. Er verfährt so, als ob die Geschichte, die dem augenblicklichen Stand vorausliegt, den betroffenen Personen nur äußerlich wäre, sie also nicht als Personen geformt hätte. Die Komplexität und historische Bedingtheit der Entstehung oder des Verfalls menschlicher Beziehungen wird verkürzt und auf einen einzigen Punkt zusammengezogen.

Klarheit gewinnen wir hier erst, wenn wir Existenz wieder als geschichtlich erkennen. Das jeweilige Problem ist in historischem Prozeß zustande gekommen: sowohl in der Entwicklung des Individuums als auch durch die sozialen Umstände und gesellschaftlichen Einflüsse. Man kann zwar die Grundlinien vieler solcher Prozesse als ähnlich erkennen und wissenschaftlich unter Kategorien zusammenfassen oder in Formeln hinein übersetzen; aber man kann diese Formeln nicht wieder auflösen und in die komplexe soziale Wirklichkeit zurückübersetzen. Das heißt: auf diesem Feld sind theoretische Erkenntnisse nicht einfach anwendbar. Ein Komödiant kann einen Pfarrer nur lehren, wenn der Pfarrer ein Komödiant ist. Ein Berater kann in einer menschlichen Beziehung nur Rat geben, wenn diese bereits durch Ratgeber unterlaufen wurde.

Ist die Geschichtlichkeit erst einmal außer Kraft gesetzt, dann kann die Gestaltung von Beziehungen leicht auf die Anwendung von Sozialtechniken verkürzt werden. Das ist die *zweite* Reduktion. Da im zwischenmenschlichen Bereich jeder Fall gesondert liegt, ist kein Fall als Anwendungsfall einer allgemeinen Gesetzlichkeit zu verstehen. Sicherlich gibt es einige übergreifende Kenntnisse der Vorgänge und Strukturen, aber dieses Wissen eignet sich nur zum Verständnis aus Erfahrung bekannter Verhältnisse und läßt sich nicht zu einem handhabbaren Instrument abstrahieren. So haben wir in der Kommunikationsforschung allmählich erkannt, wie in den menschlichen Beziehungen Fallen aufgebaut und Wahrheiten verschleiert werden. Diese Erkenntnis schärft unseren Blick für unsere Umwelt und für unser eigenes Verhalten. Vielleicht stellen wir uns sogar vorausblickend auf entsprechende Vorkommnisse ein. Aber wir können niemals sagen, damit hätten wir nun den Schlüssel zum Freilegen verworrener und leidvoller menschlicher Beziehungen in der Hand.

Eine theoretische Auffassung, die sich nach und nach durch Reflexion der praktischen Erfahrungen gebildet hat, läßt sich nicht „anwenden". Das Wissen über Beziehungsformen ist durch langdauernde Bemühung aus einem großen Fundus von Beobachtung, Engagement und Menschenkenntnis entstanden. In Pädagogik, Therapie und Beratung neigt man jedoch dazu, das Ganze auf eine Formel zu verkürzen und gleichsam im Zeitraffer als „Methode" zu praktizieren. Man stellt dann „Verhaltensdefizite" fest, wie man Sachschäden an Apparaten feststellen kann, und macht sich unbefangen daran, die identifizierte Störung zu beheben. Ein Verständnis dafür, daß das, was hier als Defizit erscheint, nur Endzustand einer „Karriere" ist und im übrigen auch lediglich aufgrund langer sozialer Gewohnheit überhaupt als Defizit bezeichnet wird, ist verloren gegangen.

Eine *dritte* Reduktion findet sich dort, wo die Freiheit des Denkens an die „Wirklichkeit" festgenagelt und alle Reflexion dem Befehl der „Praxis" unterwofern wird. Das Argument von der Anwendbarkeit besagt ja, Theorie sei nur brauchbar, wenn sie sich in der Prxis verwirklichen lasse. Dieser Drang zur Praxis kann leicht darüber hinwegtäuschen, daß sich hier gerade eine besonders hartnäckige Theorie eingenistet hat. Ist nämlich die Praxis der einzige Maßstab, dann heißt das: recht hat das Übersichtliche, das Machbare, das schon Bekannte; Denken soll auf die vorhandene Wirklichkeit bezogen sein; es wird dem Vorhandenen untergeordnet und muß sich vor ihm ausweisen. Ein kritisches, über das Gegebene hinausgreifendes Denken ist dann gar nicht möglich. Kein Wunder, daß der Ruf nach „mehr Praxis" stets von solchen Instanzen erhoben wird, die daran interessiert sind, die Wirklichkeit nicht zu verändern und abstraktes „Theoretisieren" als gefährlich abzuwehren.

Am fragwürdigsten ist das Streben nach „Anwendung" in der Pädagogik. Kann man in Therapie und Beratung allenfalls noch gelegentlich sagen, es gehe um die Beseitigung bestimmter Symptome und um Veränderung in einem gegebenen Rahmen, so soll Erziehung ausdrücklich den Menschen als ganze Person ansprechen. Pädagogisches Wissen „anzuwenden" ist also ein Widerspruch in sich. Denn was soll da angewendet werden? Der ausgebildete Erzieher, der ein Repertoire erlernbarer Verfahrensweisen weitergibt, ist vorstellbar in einer höfischen, ständischen, hierarchisch geordneten Welt. Er denkt dort nicht frei, sondern wirkt als Experte, indem er einem jungen Menschen das gesamte Arsenal der standesgemäßen Formen beibringt und ihm die geistigen Grundlagen und das Ethos dieser gesellschaftlichen Gruppe einflößt. Der heutige Erzieher hat dagegen nichts Anwendbares in der Hand. Dies ist aber kein Nachteil, sondern vielleicht gerade eine Chance. Denn je weniger der Erzieher auf die bewährte Substanz fixiert ist, desto freier und weiträumiger müßte er denken können. Kann er auch das nicht, dann müßte man wirklich fragen, worin sein Beruf eigentlich besteht.

Die genannten Reduktionen werden in einer *vierten* zusammengefaßt. Gemeint ist die Reduktion der persönlichen Entscheidung auf Maßnahmen, die jederzeit und von jedermann anzuwenden sind. In Erziehung, Therapie und Beratung hängt fast alles an der Persönlichkeit des in Anspruch genommenen Menschen. Aber gerade von der Bindung an die Persönlichkeit wollte man wegkommen. Man hielt das für einen Mythos und dachte, die wesentlichen Faktoren müßten sich rationalisieren und systematisieren lassen. Von „Persönlichkeit" zu sprechen: das klingt irrational, ideologisch, mystisch. Daß dennoch der Rückgriff auf die Persönlichkeit hochaktuell ist, zeigt sich daran, daß deren Merkmale gleichsam durch die Hintertür der Erziehereigenschaften, Therapeutenvariablen und Führungsstile wieder eingeschleust werden. Zur selbstverschuldeten Unmündigkeit gehört, daß der Klient auf seine Persönlichkeit verzichtet, daß er sich bereitwillig einer Behandlung unterwirft, die eine Reifung der Persönlichkeit und ein authentisches Auftreten, eine eigene Entscheidung und die Übernahme von Verantwortung ausschließt.

Der Prototyp aller praktischen Ratschläge liegt im Samaritergleichnis: Geh hin und tu desgleichen! War damit „Anwendung" einer theoretischen religiösen Einsicht gemeint? Wollte Christus sagen: Wissen genügt nicht, man muß dieses Wissen auch praktisch verwirklichen? Nein, das Samariter-Gleichnis folgt einer anderen Logik. Es handelt sich um einen Beispielfall, an dem man sich orientieren kann. Tu desgleichen! – das heißt Veränderung der Grundeinstellung. Wie lebt der Mensch? Was ist der Schwerpunkt seiner Existenz? Worauf kommt es ihm wesentlich an? Er kümmert sich um andere, und eben das ist Handeln und Denken zugleich. Nur hier bin ich als Person gefordert; nur hier lebe ich authentisch; nur hier ist der dialektische Bezug von konkreter Einzeltat und Reflexion auf den ganzen Zusammenhang vollzogen.

Die Fangfrage „Wer ist mein Nächster?" ist eine typisch falsche Frage. Der Frager wußte das vielleicht und stellte sich nur dumm, weil er seinen Gesprächspartner in Verlegenheit setzen wollte. Aber heute werden Fragen dieses Typs von Fragern aufgeworfen, die sich keineswegs dumm stellen. Losgelöst von ihrem Zusammenhang ist diese Frage ebenso unangebracht wie die Frage „Wodurch vermeidet man Erziehungskonflikte?" oder „Wie werde ich beliebt?" In solchen Fällen fragt man so, als seien Bezugsrahmen, Normen, Lebensweisheiten immer schon klar, und als ginge es nur noch darum, wie auch ich als Einzelner mich da einfüge. Würde die Frage „Wer ist mein Nächster?" heute gestellt, so stünden sicherlich sogleich Erzieher, Berater oder Therapeuten bereit, um sie allen Ernstes, sachkundig und mit wissenschaftlichem Anspruch zu beantworten.

3. Selbsterziehung oder Erziehung des anderen: Strategien im Umgang mit pädagogischen Parolen

I

Nachdem die wichtigsten Befunde der Psychologie durch eine Fülle von populärwissenschaftlichen Publikationen in das Allgemeinwissen einer breiten Öffentlichkeit eingedrungen sind, gewinnen nun auch pädagogische Erkenntnisse einen hohen Grad an Bekanntheit. Fast jedermann hat schon einmal davon gehört und gelesen, wie wichtig die Pädagogik ist, wieviele „Fehler" man auf diesem Gebiet machen kann, welche Bedeutung der erzieherischen Komponente im Umgang zwischen Erwachsenen und Kindern zukommt. Je weiter sich das herumspricht, desto mehr stellen sich die Menschen allmählich darauf ein. Ein pädagogisches Argument ist durchaus von Gewicht; wer eins zur Hand hat, kann sich damit hören lassen und im Zweifelsfall auch auf die eine oder die andere Autorität berufen. Auf diese Weise geht pädagogisches Gedankengut in den Wortschatz und in das Gebaren des modernen Menschen ein. Auch wenn er es nicht begriffen hat, wird es ihm zur Argumentationshilfe.

Wir sollten diese Entwicklung nicht geringschätzen. Wenn die Pädagogisierung des öffentlichen Lebens eine größere Sensibilität für menschliche Beziehungen hervorbringt, wenn sie das Verständnis für Kinder vertieft und den Blick für die Stellung des Individuums in der Gesellschaft schärft; wenn sie dazu beiträgt, die Institutionen zu durchleuchten und die Rechte der Benachteiligten und Schwächeren wahrzunehmen, dann ist sie nützlich. Aber wir können nicht sicher sein, daß es wirklich so verläuft. Denn ein vermeintlich gesichertes Erziehungswissen als kommunikatives Volksnahrungsmittel, zu dem jeder täglich greift, fordert dem Publikum in der Regel kein Weiterdenken ab, sondern erlaubt ihm das Verharren auf dem konventionellen Bewußtseinsstand.

Gerade weil Pädagogik nicht allein aus harten Fakten besteht, sondern auch aus einer Fülle einzelner Untersuchungsergebnisse, aus Meinungen und Thesen, aus Strömungen und Plänen, gestattet sie dem Menschen eine selektive Rezeption. Sie eignet sich dazu, im

Individuum das zu reproduzieren, was es ohnehin schon immer gedacht und empfunden hat. Jedermann nimmt das auf, was ihn keinen besonderen seelischen und geistigen Aufwand kostet, was er sofort gebrauchen kann, worin er sich selbst bestätigt findet. Und er läßt das weg, was nicht glatt aufgeht, was Schwierigkeiten in den menschlichen Beziehungen andeutet, was sich nicht ohne weiteres in handliche Münze einwechseln läßt. Kurz: er eliminiert, was zur *Selbsterziehung* beitragen könnte, und eignet sich an, was wie ein praktisches Instrument für die *Erziehung des anderen* aussieht.

Der Begriff „Selbsterziehung" ist keineswegs eindeutig. Wir wenden ihn zwar im allgemeinen Sprachgebrauch noch immer an, geraten aber in Verlegenheit, wenn wir ihn erklären sollen, denn er klingt unmodern und scheint mehr auf Verpflichtung als auf Befreiung hinzuweisen. Soll dieser Begriff dennoch einen guten Sinn haben, dann könnten wir sagen: Durch Selbsterziehung gewinnen wir Identität, aber in einem anderen Sinne, als etwa in der „Humanistischen Psychologie" von Identität gesprochen wird. Der Unterschied läßt sich an drei Merkmalen zeigen: erstens liefert Selbsterziehung keine Identität von der Stange, sondern bezieht sich auf das Selbst einer bestimmten Person; zweitens fragt Selbsterziehung nicht danach, ob das betroffene Individuum sich wohl fühlt, ob es glücklich ist, ob es innere Harmonie verspürt; drittens gibt es für Selbsterziehung keine gängige Methode, denn sie realisiert sich in der wirklichen, nicht zuvor schon programmierten Auseinandersetzung mit dem anderen, die sowohl als Kooperation wie auch als Konflikt möglich ist. Selbsterziehung beginnt mit der Frage an mich selbst, was nun eigentlich kommen soll, wenn psychische Ausgleichsgymnastik, gruppentherapeutische Aufmunterung, glättendes Sozialtraining hinter mir liegen.

Diese Frage an mich selbst ist hart und ungewohnt. Im normalen Betrieb gilt als klar, daß Erziehung immer Erziehung des anderen ist und daher von mir selbst nur Fertigkeiten und Methoden verlangt, nicht aber kritische Prüfung der Basis, von der aus ich immer schon zupacke. So kommt es, daß die Gesellschaft zwar voller pädagogischer Ansprüche ist, als Erziehungsweisheit jedoch nur das aufgreift und assimiliert, was jeder ohnehin kennt und immer schon an seinem Nebenmann oder an seinen Kindern vollstreckt. Mit Hilfe einer einseitig aufgefaßten Pädagogik setzt er sich in Bezug zu anderen; sie scheint es ihm zu erlauben, die anderen zu behandeln, zu belehren, zu bearbeiten, zu beaufsichtigen, zu kontrollieren.

Dieses Bild von der Erziehungsgesellschaft ist nicht neu. Schon im Dritten Reich verkündete der führende Pädagoge Ernst Krieck, die

Gesellschaft sei eine pädagogische Gemeinschaft, in der alle sich gegenseitig erziehen. Was das bedeutet, können wir heute rückblickend klar erkennen. Wenn jeder jeden pädagogisch beeinflußt und zugleich von ihm pädagogisch beeinflußt wird, dann hat das vor allem die folgenden fünf Konsequenzen:

Erstens verharren alle im Zustand von Kindern; sie sind unmündig, bedürfen der Führung, der Leitlinie, der starken väterlichen Hand; das bedeutet eine Infantilisierung des ganzen Volkes, dem schon der Eintritt in die Konflikte der Pubertät verwehrt wird.

Zweitens kann sich nun jeder für den anderen verantwortlich fühlen, was praktisch heißt: er darf ihn beobachten, ermahnen, gängeln, verändern, schlecht machen, denunzieren, ans Messer liefern. Jeder steht dem Zugriff durch den anderen offen, ohne sich dagegen schützen zu können; es gibt keine Geheimnisse mehr, sondern nur schonungslose Entblößung, denn die ganze Gesellschaft gleicht einem Lager, in dem die Insassen sich zwar noch relativ frei bewegen, aber doch chronisch in einer Art Ausnahmezustand leben, die Lagermentalität also bereits voll verinnerlicht haben.

Drittens hat dieses System eine wichtige politische Funktion: richtiges politisches Handeln ist nicht durch rationale Erkenntnis, nicht durch gemeinsame Willensbildung, nicht durch Kompromisse und Interessenabwägung zu verwirklichen, sondern durch die richtig erzogenen Menschen unter Leitung der richtigen Führer; das Ergebnis ist eine Gesellschaft ohne Alternative, in der jeder nur daran gemessen werden kann, ob er dem geforderten Idealmaß mehr oder weniger entspricht.

Daraus folgt viertens, daß eine Mitbestimmung des Einzelnen in Fragen von öffentlichem Interesse weder möglich noch nötig erscheint; Kritik und selbständiges Denken sind weitgehend überflüssig geworden, denn die Menschen wollen und sollen nicht zu sich selber kommen, sondern sich mit dem Ganzen identifizieren; eine Selbsterziehung im Sinne kritischer Besinnung und offener Auseinandersetzung mit der Umwelt hat jede Basis verloren.

Zusammengefaßt ergibt sich als fünftes Merkmal, daß viele Menschen sich in dieser Existenzform wohlfühlen, weil sie eine bindende Orientierung empfangen und eigene Entscheidungen nicht mehr zu treffen brauchen, sich vielmehr gerade in ihren gewohnten Gedanken und Gefühlen bestätigt wissen.

Diese Form der Gemeinschaft war damals vom pädagogischen Standpunkt aus noch Utopie, wurde aber vom politischen System durch pädagogisch verbrämte Reglementierung erzwungen. Heute haben wir Ernst Kriecks Vision schon beinahe erreicht. Pädagogik ist zum Allgemeingut geworden, zahlreiche Institutionen beschäftigen sich mit ihr und verwirklichen sie, das life-long-learning wird zur Pflicht für jedermann. Das alles spiegelt eine ungeheure Dynamik vor, ist jedoch in Wirklichkeit eher Ausdruck von Statik; denn Bewegung gäbe es erst als Interaktion zwischen Subjekten, nicht aber, wenn jeder den anderen nur als Objekt sieht und auch selbst willig in die nämliche Objekt-Rolle hineinschlüpft.

So ist gerade mit dem Anwachsen pädagogischer Kenntnisse und Maßnahmen eine allgemeine Ratlosigkeit eingetreten. Um sie zu überwinden, stürzt man sich in Aktivität. Diese folgt allerdings dem alten Muster, daß Erziehung immer Bearbeitung des Schwächeren durch den Stärkeren ist. Indem ich mir am anderen zu schaffen mache, lenke ich von mir selbst ab; dadurch, daß ich die Vorurteile der anderen „abbaue", entgehe ich der Prüfung meiner eigenen Vorurteile; wenn ich den anderen in Ordnung bringen kann, so setze ich voraus, daß ich selbst bereits in Ordnung bin. Dem ist zu entgegnen: Der einzige Mensch, an dem ich planvoll „arbeiten" kann, und zwar so, daß es auch seinen wirklichen Motiven und Interessen entspricht, bin ich selbst. Bei keinem anderen weiß ich, ob ich ihn mit meinen erzieherischen Bemühungen überhaupt erreiche, ob ich den Kern seines Denkens und Fühlens treffe, ob ich ihn nicht vergewaltige.

Solche Einsichten sind lästig, denn die scheinbar offenliegende Möglichkeit pädagogischen Zugriffs fasziniert den Menschen. Es spricht sich herum, daß man nicht nur Kinder, sondern auch Erwachsene durch Pädagogik formen kann; und wer möchte nicht gern ein solches Spiel wagen, das ihm rasch und mühelos ein Erfolgserlebnis verspricht? Manipulieren macht Spaß, solange ich nur selber keinem manipulierenden Zugriff unterworfen bin und von Ansprüchen anderer gegen mich frei bleibe. Ich vergesse dann nur, daß dies auch für jeden anderen gilt. Je hartnäckiger ich davon besessen bin, den anderen zu verändern, desto schwerer begreife ich die stillschweigende Einigkeit darüber, daß gar keine Veränderung stattfinden soll. Jeder glaubt, nur der andere sei Objekt, er selber aber Subjekt. Diese optische Täuschung begünstigt eine unerleuchtete Geschäftigkeit und verhindert, daß die Subjekte aus ihrer Objekt-Rolle heraustreten.

Was wäre demgegenüber Selbsterziehung? Selbsterziehung wäre

ein Verzicht auf die Faszination des Machens, eine Reflexion über meine Möglichkeiten und ein daraus folgendes Handeln in der konkreten Situation. Sicherlich kann ich nicht willentlich meinen „Charakter" wandeln; ich kann mich nicht von einem schwachen zu einem starken, von einem betrügerischen zu einem ehrlichen, von einem mißgünstigen zu einem liebevollen Menschen erziehen. Aber ich kann Selbstbeherrschung üben; ich kann lernen, mich auf andere einzustellen und menschliche Beziehungen zu erfassen. Selbsterziehung ist nicht auch wieder nur eine Summe von Aktivitäten, sie ist nicht einfach eine gegen mich selbst gerichtete Fremderziehung; sondern Selbsterziehung ist eine Form der bewußten Existenz und des Versuchs, mich in andere hineinzuversetzen, die eigene Wirkung auf andere abzuschätzen und damit Identität zu gewinnen. Selbsterziehung bietet einen günstigen Einstieg, um das gesamte System der herkömmlichen Pädagogik zu begreifen und zu verändern. Einstweilen spricht allerdings vieles dafür, daß die volkstümliche Rezeption der Pädagogik eine solche Selbsterziehung als Selbsterkenntnis und Selbstbestimmung blockiert.

II

Eine genauere Erörterung dieses Problemfeldes erfordert die Auseinandersetzung mit drei Annahmen, auf denen alle üblichen Vorstellungen der Pädagogik beruhen. Diese Annahmen lauten:

1. Der Mensch ist Objekt prägender Einflüsse.
2. Erziehung ist Veränderung des anderen.
3. Selbsterziehung steht nur als Selbstbehauptung oder Selbstannahme zur Verfügung.

(zu 1) Diese undialektische Anthropologie sieht den Menschen als Produkt äußerer Einwirkungen. Der Betroffene, gleich welchen Alters, wird sowohl durch das Leben selbst als auch durch die bewußten Maßnahmen der Erziehung geformt. Es vollzieht sich keine Auseinandersetzung des Subjekts mit seiner Umwelt, sondern eine einseitige Einflußnahme, deren Spuren und Ergebnisse dann für immer festgeschrieben sind. Für das Kind müssen demnach alle in Frage kommenden Prägefaktoren äußerst wichtig erscheinen, denn sonst, so fürchten die Erwachsenen, könnte eine falsche Entwicklung eingeleitet werden. Daher die Suche nach ungünstigen Wirkungsfaktoren, wenn das Kind sich anders gebärdet als erwartet. Eine solche Normabweichung scheint nicht anders erklärbar zu sein, als daß jemand Unkraut zwischen das Getreide gesät hat.

Aber auch der Erwachsene fühlt sich außer durch seine familiären Umstände auch durch bestimmte Schlüsselereignisse in seinem Leben geprägt. Nehmen wir als Beispiel das Kriegserlebnis des Soldaten: Wer ein solches nicht vorzuweisen hat, dem bleibt eine gewisse Initiation versagt. Obwohl aber der Erwachsene sich als durch die Ereignisse geformt versteht, rechnet er sich das doch zugleich als persönliches Verdienst an. Er präsentiert sich selbst als Produkt seines Lebens, als habe er sein Leben selber gestaltet. Einerseits ist das, was er erlebt hat, keinem anderen zugänglich, so daß er sich diesem Außenstehenden überlegen weiß; andererseits wird – da Überlegenheit auf Verdienst zu beruhen pflegt – dieser objektive Erlebnisvorsprung als persönliche Leistung empfunden, obwohl der, der ihn hat, ebenso wenig dafür kann wie der, der ihn nicht hat. Das Gegenstück zu diesem Verfahren besteht in dem krampfhaften Bemühen des Erwachsenen, sein eigenes Weltbild dem Kind aufzuprägen. Wie ihm seine fremdbestimmten Erlebnisse schließlich als Ergebnis eigener Aktivität erscheinen, so verinnerlicht er die Tatsache, daß er sich in seinen Werten, Normen und Erziehungszielen immer nur selbst reproduziert, und gibt solches Gebaren dann als verantwortungsvolles Handeln für andere aus. Dies ist ein Kernstück des immer wieder auftauchenden Generationsproblems.

(zu 2) Wenn Kinder wie auch Erwachsene als Objekte prägender Einflüsse gelten, dann wird Erziehung zum Eingriff in das Leben des anderen. Es geht darum, diesen anderen, der ja beliebig formbar ist, mit allen Mitteln zu verändern. So scheint die chronische Veränderungsleistung eine Pflicht des Erziehers zu sein: Wo er keine prüfbare Veränderung vorweisen kann, hat er offensichtlich seine Arbeit noch nicht ausreichend geleistet. Der Erzieher sieht sich zu ununterbrochener Tätigkeit veranlaßt. Er muß Veranstaltungen organisieren, auf den Zögling einwirken, dessen pädagogische Defizite auffüllen. Erziehung wird dabei zur verdinglichten Form der Einflußnahme, gleich einem Gartenschlauch, mit dem Stück für Stück des trockenen Rasens gesprengt werden kann.

Nur von dieser Voraussetzung aus ist es denkbar, daß Erziehung „gewährt" wird, wie es im Gesetz für die Freiwillige Erziehungshilfe heißt. Eine solche Erziehung gleicht einer materiellen Unterstützung. Der eine „hat" die Erziehung, der andere braucht sie; und unter bestimmten Bedingungen kann der, der sie hat, sie dem, der sie braucht, gewähren. Erziehung wird gewährt als Darlehen, das der Empfänger früher oder später in Form von Wohlverhalten und sichtbarer Veränderung des Lebenswandels der Gesellschaft zurückerstattet. Die Gewährung von Erziehung verpflichtet also den Adressaten und macht ihn abhängig. Er kann sich jetzt nicht mehr frei entfalten, obwohl ihm offiziell gerade dies ermöglicht werden sollte, sondern nur noch so, daß die Entfaltung mit dem Erziehungszweck übereinstimmt. Verhält er sich ruhig, so kann die (sehr teure) gewährte Erziehung alsbald auf eine kleinere Dosis herabgesetzt werden, bis sie schließlich ganz aufhört. Wo nichts mehr gemacht wird, dort ist auch nichts mehr nötig.

Unter diesen Umständen läßt sich verstehen, daß in Fachkreisen, aber auch beim Laienpublikum, wirksame Methoden der Veränderung gehandelt werden, die möglichst schnell und mit dem geringsten Aufwand zum Ziel führen. Der Erzieher wird jede Gelegenheit zu pädagogischer Einflußnahme nutzen; er wird sich für verpflichtet halten, keine Freiräume entstehen zu lassen, in die ein anderer Einfluß als der von ihm selbst ausgeübte eindringen könnte; er wird nach immer neuen Hilfsmitteln Ausschau halten, die ihm eine noch effektivere Veränderung zu ermöglichen scheinen. Das Wohlergehen der gesamten Gemeinschaft muß in diesem Fall von der richtigen Erziehung erwartet werden. Gilt Erziehung als Veränderung des anderen zu einem im voraus festgelegten Zweck, dann muß schließlich auch die gesamte Gesellschaft als ein zweckdienlich zu beförderndes Objekt verstanden werden. Daß politische Diktaturen stets gerade auf die „Erziehung" besonderen Wert gelegt haben, ist danach kein Zufall.

(zu 3) Wenn Erziehung die rastlose, zielgerichtete Veränderung des anderen ist, dann fragt sich, wo dabei die Selbsterziehung bleibt. Eine solche scheint auf den ersten Blick gar nicht mehr nötig zu sein, denn der Erziehende darf voraussetzen, daß er selber erzogen ist. Wo Selbsterziehung entweder als unmöglich oder als überflüssig gilt, dort herrschen in der Regel zwei Karikaturen der Selbsterziehung, die sich als Extreme gegenüberstehen: als harte Ausgabe in Form der Selbstbehauptung, als weiche Ausgabe in Form der Selbstannahme. Diese beiden, aus dem gleichen verkürzten Denken entspringenden Formen naiver Identitätsfindung können sich als Selbsterziehung tarnen, obwohl sie auf einer anderen Ebene liegen.

Zur Selbstbehauptung gehören Härte und Widerstandskraft. Der Erzieher muß und will „stark" sein, denn von ihm wird erwartet, daß er durchgreift, nicht umfällt und sich auf keine ungewohnten autoritätsaufweichenden menschlichen Beziehungen einläßt. Eine solche Haltung pflegt in einem autoritären Umfeld als Charakterstärke, moralische Klarheit und damit als Ergebnis von Selbsterziehung ausgegeben zu werden. Gleichwohl ist sie ebenso eine Karikatur wie die Selbstannahme, die von der „Humanistischen Psychologie" empfohlen wird. Geht es in der Selbstbehauptung darum, kein Risiko einzugehen und die Stützpfeiler des pädagogischen Gebäudes unangetastet zu lassen, so darf und soll sich der Betroffene in der Selbstannahme gerade auch in seinen Schwächen und Ängsten offenbaren. Er soll nicht mehr an sich selbst leiden, sondern sich selbst so nehmen, wie er ist, und er darf dasselbe auch von anderen erwarten. Beide Formen verfehlen das, was die Selbsterziehung ausmacht, weil sie eine glatte Lösung anstreben, Probleme als dysfunktional betrachten und dem Selbst eine Auseinandersetzung nicht zutrauen.

Auch dort, wo Selbsterziehung ausdrücklich organisiert werden soll, müssen die Voraussetzungen solcher Vorgaben genauer untersucht werden. In manchen Erziehungssystemen ist Selbsterziehung nach einem Plan vorgesehen, mit dessen Hilfe sich jeder selber kontrolliert. Dies ist zwar eine Selbstprüfung, bei der man sich Verdienste zurechnen und Versäumnisse eingestehen kann, aber es ist aus drei Gründen noch nicht Selbsterziehung.

Erstens wurde das Bezugssystem nicht frei gewählt, sondern oktroyiert, so daß der Inhalt dessen, was kontrolliert werden soll, durch eine leitende Instanz vorgeschrieben wird. Der Einzelne kann daher nicht sehen, welche gesellschaftlichen Interessen sich hinter den Geboten verbergen.

Zweitens müssen alle anderen das gleiche tun. Wo aber das, was viele tun müssen, als Selbsterziehung ausgegeben wird, dort verwechselt man den Systemzweck der Institution mit dem Interesse und der Moral des Einzelnen, die Ebene kollektiver Leistung mit der Ebene personaler Bestimmung (militärische „Tapferkeit").

Daraus folgt drittens, daß die Belohnung für den Kontrollerfolg vor allem in der sozialen Anerkennung liegt. Ich befinde mich, wenn ich das ganze Verfahren ernst nehme, in moralischem Gleichklang mit anderen. Ich will zur Gemeinschaft gehören, ebenso wie auch die anderen das wollen. Die wirklichen Motive, warum ich mich einer Selbstkontrolle unterwerfe und die damit verbundene Disziplinierung auf mich nehme, ist nicht die Selbsterziehung als ein Vorgang, der nur meine Person angeht, sondern es sind soziale und Gruppenmotive, die mich gerade von meiner Person wegführen. Es geht um die Zugehörigkeit zur Institution, die gar keinen Wert darauf legt, daß jemand eine besonders profilierte Persönlichkeit ist.

Organisierte Selbsterziehung bleibt Fremderziehung. Sie „nützt" dem Subjekt auf die Dauer nichts, denn früher oder später kommt es an den Punkt, an dem sich bewähren muß, was es an Selbsterziehung erworben hat. Dieser Punkt kann erreicht werden, wenn man alt und unbrauchbar wird, wenn man allein leben muß, wenn die Außenkontakte schrumpfen. Dann kommt es darauf an, ob man als Folge lebenslanger Fremdbestimmung zum willenlosen Opfer der „Altenbetreuung" wird, oder ob man durch Selbsterziehung gelernt hat, auch den weniger spannenden Rest des Lebens relativ eigenständig zu gestalten. Um unselbständig zu sein, braucht man indessen nicht erst alt zu werden. Das Mädchen, das „ja sowieso heiratet" und deshalb nichts zu lernen braucht, erreicht den kritischen Punkt schon sehr früh; ebenso wie derjenige, der immer auf der Höhe der Zeit sein will und unbesehen alles mitnimmt, was die Pädagogik ihm anrät.

So weit die Ausgangslage. Sie ist gekennzeichnet durch einen Verlust an Wirklichkeit in Gesellschaft und Erziehung. Die Person wird in den geschilderten Prozessen nirgends mehr sichtbar, weder die eigene noch die des anderen. Menschliche Beziehungen reduzieren sich auf Funktionsbezüge, die zweckhaft geordnet sind und nach ganz anderen, aus der technischen und Geschäftswelt entnommenen Mechanismen ablaufen. Es geht darum, den anderen zielgerichtet umzuformen, etwaige dysfunktionale Ausfälle zu beheben und Probleme nur insoweit zu lösen, als sie hinderlich wirken.

Aber gerade dadurch, daß jeder immer nur den anderen im Auge hat, stellt sich schließlich ein Austauschverfahren her. Denn ebenso wie ich ihn, so hat der andere mich im Auge; spreche ich ihm de facto die Qualität der Person ab, so gebe ich auch meine eigene Person preis; was ich ihm an Freiheit vorenthalte, das gestehe ich auch mir selber nicht zu; das Bild, das ich von ihm habe, schlägt auf mich zurück. Indem ich also den anderen in dieser Weise „erziehe", werde ich selber der andere, verkürze ich mich selbst auf jemanden, der nur noch in Objektbeziehungen denken und operieren kann. Wo jeder den anderen als Erziehungsobjekt braucht, dort braucht keiner sich selbst, dort wird er sich selber gleichgültig. Selbsterziehung wäre dann nicht nur unnötig, sondern sogar gefährlich, weil sie systemsprengende Kraft besäße.

III

Um Selbsterziehung gar nicht erst aufkommen zu lassen, werden drei Standardstrategien entwickelt, die der Vermeidung von personaler Existenz dienen:

- die Strategie der moralischen Disqualifikation des anderen;
- die Strategie des Kampfes gegen die Quelle des Bösen;
- die Strategie der Selbstentlastung durch Zielformeln.

Die *erste* Strategie kann am Beispiel der „Verantwortung" erläutert werden. Verantwortung ist ein moralischer Begriff, der einen guten Klang hat und überall als wünschenswertes Erziehungsziel auftaucht. Der verantwortungsbewußte Mensch gilt als ein akzeptierter Typus in der industriellen Leistungsgesellschaft. Diese Wertschätzung erfolgt auf der Basis, daß eine Übernahme von wirklicher persönlicher Verantwortung in der Gesellschaft keineswegs üblich, gelegentlich sogar schädlich oder doch mindestens mühsam und dysfunktional ist. Das gilt jedenfalls für eine solche Verantwortung, die sich nicht aus den Sachaufgaben ergibt, mit denen man beruflich zu tun hat. Unstrukturierte menschliche Verantwortung für andere, für eine benachteiligte Gruppe, für irgendein gemeinnütziges Projekt ist kaum erwünscht. Wer sie auf sich lädt, der muß sich fragen lassen, ob er sich nicht lieber auf seine eigentlichen Aufgaben konzentrieren wolle.

Es gehört zum Selbstbewußtsein des modernen Menschen, daß er unvorhergesehene, mit Mühe verbundene, nicht gesellschaftlich oder beruflich als notwendig ausgewiesene Belastungen los sein will; daß er sich dazu auch im Recht glaubt; daß er sich zusätzliche Zumutungen durch irgendwelche Mitmenschen nicht gefallen zu lassen braucht. Das ist ja auch verständlich. Aber wir sind mit solchen Zwängen, die uns früher in Zeiten politischer Vormundschaft oder materieller Not eine durchaus unerwünschte Verantwortung aufgebürdet haben, die wir weder tragen wollten noch tragen konnten, auch das Gefühl losgeworden, was Verantwortung im menschlichen Sinne bedeuten kann. So gilt es allgemein als klar, daß niemand Verantwortung will, sondern jedermann Verantwortung von sich wegschiebt, denn unter Verantwortung wird verstanden: für unübersichtliche Vorgänge zur Rechenschaft gezogen und damit in seinem Fortkommen gehindert zu werden.

Der Begriff „Verantwortung" pflegt um so höher moralisch aufgewertet zu werden, je weniger er sich inhaltlich bestimmen läßt. Damit sind die Bedingungen gegeben, diesen Begriff zum Kampfbegriff zu stilisieren. Wenn ein anderer etwas will, was ich nicht will, dann bezeichne ich ihn als verantwortungslos: er habe nämlich die (für mich schädlichen) Konsequenzen nicht bedacht oder ignoriert und schade der (hinter mir stehenden) Gemeinschaft. Man unterstellt dem anderen Mangel an Verantwortung, als ob die eigene Meinung auf jeden Fall von Verantwortung getragen wäre. Man tut so, als sei das Interesse des anderen ein Partikularinteresse, das selbstsüchtigen Motiven entspringt, das eigene Interesse dagegen ein Interesse der ganzen Gemeinschaft. Man betrachtet sich selber als in Übereinstimmung mit dem Wohl des Ganzen stehend, während der andere sich offensichtlich selbst zum Außenseiter macht. „Verantwortung" wird zum Mittel der Abstempelung, denn die einen haben Verantwortung, die anderen nicht. Dieser Begriff hat dann keinen inhaltlichen, sondern nur einen formalen Sinn, er wird zur Waffe bei der gegenseitigen Beschimpfung. Ist dann Erziehung zur Verantwortung de facto nur Einübung in den zweckdienlichen Gebrauch dieses Begriffs?

Im durchschnittlichen Sprachgebrauch heißt Verantwortung: auf der richtigen Seite zu stehen. Eine eigene Entscheidung hat dann keinerlei Dignität mehr. Nicht die eigene, nicht die von der Person verantwortete, sondern die „richtige" Entscheidung ist gefragt; und diese ist gar keine Entscheidung mehr, sondern eine Parteinahme für den herrschenden Trend. Man tut so, als habe der Mensch eine Freiheit der Entscheidung überhaupt nicht gehabt. Verantwortung verkehrt sich in ihr Gegenteil; verantwortungsloses Mitmachen gilt als Zeichen von Verantwortung, verantwortungsbewußtes selbständiges Handeln als verantwortungslose Eigenbrötelei; Sinn wird zum Unsinn: eine aus der Zeit des Faschismus bekannte Erscheinung.

Die *zweite* Strategie ist die des Kampfes gegen die Quelle des Bösen. Als Beispiel wählen wir die Einschätzung des Kriegsspielzeugs. In pädagogischer Hinsicht geschieht hier das Gegenteil dessen, was man mit dem bloßen Auge wahrnimmt. Man nimmt wahr, daß jedermann beteuert, er habe Angst vor dem Kriegsspielzeug, daß alle Eltern und Erzieher es mit entschiedener Gebärde ablehnen, weil sie zu wissen glauben, daß solches Spielzeug die Fülle der Aggression, der Feindseligkeit, der Gewalttat modellhaft verkörpert. Doch so lautstark man gegen das Kriegsspielzeug zu Felde zieht, so froh ist man in Wirklichkeit darüber, daß es dieses Spielzeug gibt. Denn mit ihm hat man endlich denjenigen Gegenstand gefunden, auf den man seine Abneigung konzentrieren kann. Man ist in dieser Strategie geradezu auf das Kriegsspielzeug angewiesen; erlaubt es doch, auf preiswerte

Art mit dem komplexen Problem des Friedens, des Krieges, der Politik, der Aggression unter Einzelnen wie unter Völkern fertig zu werden. Die Herstellung friedlicher Zustände (bzw. die Abschaffung von Gewalt) scheint ebenso einfach zu sein wie die Herstellung (bzw. Abschaffung) von Kriegsspielzeug: man muß nur schon in der pädagogischen Versorgung kleiner Kinder gezielt ansetzen, dann wird die nächste Generation spürbar friedlicher und freundlicher sein als die jetzige. In dieser Argumentation steckt ein mehrfacher Irrtum. Erstens lernt das Kind nicht durch Gegenstände, sondern durch die gesamte gesellschaftliche Umwelt. Dinge als solche sind sprachlos, sie haben weder eine feststehende Bedeutung noch einen geheimnisvollen Charakter. Sicherlich bildet das Kriegsspielzeug im verkleinerten Maßstab Gegenstände ab, die im wirklichen Leben eine bestimmte Funktion erfüllen. Aber nichts spricht dafür, daß die Beschäftigung mit einem Spielzeug im gleichen Maßstab die Wirklichkeit abbildet; oder daß sie eine Haltung hervorruft, die in der Wirklichkeit im Umgang mit Waffen auftauchen kann, selbst dort jedoch keineswegs mit Notwendigkeit auftauchen muß. Wer das befürchtet, denkt magisch.

Doch selbst, wer magisch denkt, müßte dann zweitens, wenn er konsequent sein will, alle Spiele, die Kampfcharakter haben, strikt verbieten, als erste die Mannschaftsspiele, in denen viel ausdrücklicher „gekämpft" wird als mit dem Kriegsspielzeug: geht es doch in ihnen immer um Parteinahme und Schädigung des Gegners, um Sieg und Niederlage. Bisher ist jedoch noch niemand auf den Gedanken gekommen, daß solche Spiele Kindern schaden.

Wollen wir genauer wissen, woher unsere Kinder ihre Leitbilder nehmen, dann müssen wir drittens unsere Gesellschaft im ganzen betrachten. Sie ist allenthalben durch Gewalt geprägt. Damit ist nicht so sehr die äußerlich sichtbare, sich in der Kriminalität ausdrückende Gewalt gemeint, sondern der auf allen Ebenen vom Kindergarten bis zum Berufsleben herrschende Zwang, sich durchzusetzen und mit Härte zu konkurrieren. In einer solchen Gesellschaft, die von Erwachsenen getragen und täglich so artikuliert wird, wachsen unsere Kinder auf; und dies ist es, was sie jederzeit den Erwachsenen abschauen können. Die latente Gewalt als Strukturfaktor einer Gesellschaft läßt sich durch vehementen Protest gegen Kriegsspielzeug nicht ausblenden, denn wenn unsere Kinder ebenso aggressiv werden sollen wie wir, dann bedürfen sie dazu keiner Hilfen, sondern müssen nur ganz unbefangen so sein, wie wir schon sind.

Als *dritte* läßt sich eine Strategie der Selbstentlastung durch Zielformeln erkennen. Ein Beispiel dafür bietet sich in Gestalt des sozialen Lernens an: ein beliebtes Erziehungsziel in allen offiziellen Verlautbarungen wie auch in der pädagogischen Literatur. Solche Ziele bedeuten in der gesellschaftlichen Wirklichkeit etwas anderes, als ihr Inhalt auszusagen scheint. Immer wieder wird dem Pädagogen die Frage gestellt, was er in der Erziehung eigentlich will. Da man von ihm erwartet, daß er jederzeit die passende Antwort parat hat, sieht er sich dazu verpflichtet, die gängigen Erziehungsziele zu nennen und sich zu ihnen zu bekennen. Kann er das, so gilt er als fähig, als umsichtig, als auf der Höhe der Zeit stehend.

Hier wirkt ein selbstgenügsamer Kreislauf, denn niemand denkt daran, solche Ziele allen Ernstes zu verwirklichen, selbst wenn das möglich wäre. Alle Welt begnügt sich damit, von sozialem Lernen nur zu sprechen. Wer als erster davon spricht, wem als erstem ein in der Luft liegendes Ziel einfällt, wer vor allen anderen die griffige Formel in die Debatte wirft, der kann sich auch als erster entlasten. Das ist für ihn von doppeltem Vorteil; einmal legitimiert er sich als kundig und weitblickend: er hat die pädagogische Notwendigkeit erkannt und das entsprechende Ziel auf den Begriff gebracht. Zum anderen bewahrt er sich vor dem mühsamen Versuch, solche Ziele in praktische Maßnahmen umzusetzen. Dies ist dann eine Sache für die Praktiker, während er selber bereits über die nächste Zielformel nachsinnt. Überall hat man sich daran gewöhnt, zunächst die Erziehungsziele zu fixieren. Das ist wie das Nennen einer Parole, die Zutritt gewährt und vor weiteren Nachprüfungen sichert. Die Frage ist daher nicht, welche Erziehungsziele an sich gut sind und welche nicht; denn in der sozialen Funktion ist es beinahe gleichgültig, welches Ziel formuliert wird.

Diese Erwägungen führen zu folgendem Befund: Nähme man die Selbsterziehung ernst, indem man die Möglichkeit der Erziehung überhaupt mehr in der Selbsterziehung als in der Erziehung des anderen sähe, so entstünde damit etwas wirklich Neues. Selbsterziehung wäre eine andere Art von Selbstverwirklichung, als sie in der „Humanistischen Psychologie" angeboten wird; denn dort herrscht ein verkürztes Menschenbild, das sich in einer Verwechslung von Ursache und Wirkung ausdrückt. Man glaubt, die gute Methode sei das Bewirkende, die sozialen Bezüge des Menschen das durch sie Bewirkte. Bei näherem Hinsehen zeigt sich indessen, daß die Methode selbst nur Ausdrucksform der bewirkenden Verhältnisse ist und lediglich das reproduziert, was in der sozialen Konstellation der Beteiligten schon angelegt war.

Selbsterziehung heißt dagegen: sich in einen anderen Bezug zur Welt setzen, als es üblich ist; über das hinausgehen, was ohnehin läuft; auf etwas hin gespannt sein, was man nicht bereits in sich trägt. Selbsterziehung erfolgt gerade nicht nach dem Wahlspruch „Werde, der Du bist!". Denn wer sich selbst erziehen will, muß lernen, daß er sich niemals aus sich selbst heraus voll aktualisieren kann. Seine menschliche Substanz setzt sich aber auch nicht stückweise durch geplante Arbeitsschritte zusammen, sondern realisiert sich sowohl in herausgehobenen Situationen als auch im durchschnittlichen Alltagsleben. Je aktiver ich daran gehe, andere straff zu erziehen, desto ungeordneter bin ich vermutlich selbst. Je gelassener ich auf die rastlose Veränderung des anderen verzichte, desto größer wird meine Chance, Identität zu gewinnen. Aber die Identität läßt sich nicht herbeizaubern. Der Verzicht auf die Subjekt-Objekt-Haltung in der Erziehung ist selber schon ein Stück Selbsterziehung.

Rosa Luxemburgs berühmtes Wort lautet: Freiheit ist immer die Freiheit des anderen. Umgekehrt können wir sagen: Erziehung ist immer meine eigene Erziehung. Sowohl für die Freiheit als auch für die Erziehung gilt ein Verhältnis auf Gegenseitigkeit. Wenn ich von Freiheit rede, dann darf ich nicht nur stillschweigend meine eigene meinen, sondern ich muß begreifen, daß Freiheit unteilbar ist. Auf das Erziehungsfeld übertragen heißt dies, daß ich nicht nur den anderen bearbeite, sondern ebenso auch selbst betroffen bin, weil ich mit ihm im nämlichen Bezugssystem stehe. Je deutlicher mir wird, daß ich im Grunde nur mich selbst erziehen kann, desto ernster werde ich den anderen nehmen.

4. Beratung und Ratsuche:
Falsche Antworten auf falsche Fragen

I

Pädagogik „an sich" gibt es nicht, ebenso wenig wie Beratung oder Therapie „als solche". Es gibt nur Menschen, die als Suchende oder als Wissende mit den auf diesen Gebieten gewonnenen Erkenntnissen umgehen; und solche Erkenntnisse sprechen nicht für sich selbst, sondern geben nur das her, was die Betroffenen mit ihnen machen. Heute treffen die hochdifferenzierten Methoden und Resultate der Sozialwissenschaften auf ein Publikum, das ihren Stellenwert nicht abschätzen kann und sie oft genug mit naiver Gläubigkeit aufnimmt. Durch dieses Mißverhältnis kommt es zu Kurzschlüssen, zu problematischen Erwartungen, zu fragwürdigen Manipulationen – und damit schließlich zu einer Beschränkung der noch möglichen Freiheit.

Nichts also gegen seriöse Beratung selbst, aber kritische Aufmerksamkeit sowohl bei der Nachfrage als auch beim Angebot! Denn clever sind wir meist nur dort, wo es um unseren ökonomischen Vorteil geht, nicht im Umgang mit pädagogisch-therapeutischen Veranstaltungen. Viele Menschen suchen heute Rat zur Lösung ihrer persönlichen Probleme. Diese Suche ist verständlich und legitim, denn fast jedermann befindet sich gelegentlich in der Lage des Hilfsbedürftigen. Nachdem die allgemeine Unsicherheit zu einem Grundzug unserer Zeit geworden ist, fühlt sich der Unsichere schon beinahe besser in der Gesellschaft aufgehoben als der Sichere. Die Annahme, daß auch alle anderen unsicher sind, verleiht ihm ein Gefühl der Geborgenheit. Sollte er sich dagegen auf eigene Rechnung sicher fühlen, so hört er von allen Seiten, diese Sicherheit sei vordergründig, trügerisch und geeignet, ihn zu isolieren. Unsicherheiten wird zum Normalfall, Sicherheit zur verdächtigen Ausnahme.

Gleichwohl kann man dem ratsuchenden Menschen gerade in wichtigen Fragen keinen Rat geben. Könnte man es, so wäre dieser Rat umsonst – ganz gleich, wie er inhaltlich ausfiele. Denn er hätte ja zur Folge, daß die Beratenen fremdbestimmt reagieren und eben deswegen chronisch neuen Rat brauchen. Wer sich daran gewöhnt hat, überall beraten zu werden und alle Nöte nur noch so zu erfahren, daß sie sich zur Beratung eignen, gleicht dem Süchtigen, der von seiner Droge nicht mehr aus eigener Kraft loskommt. Was als Lebenshilfe gedacht war, schlägt um in subtile Entmündigung. Wie man seinerzeit von der „Dialektik der Aufklärung" sprach, so müßte man heute von der Dialektik der Ratsuche sprechen. In Pädagogik, Therapie und Beratung wollte sich der Mensch von den Zufällen, Leiden und vermeidbaren Unwägbarkeiten freimachen. Aber diese ursprünglich vernünftige Erwägung gibt ihre Vernunft preis, löst sich aus ihrem Rahmen, schlägt um in Unvernunft und mißrät zur sozialen Diktatur.

In der Verkehrung von Hilfe, Einsicht und Rat in ihr Gegenteil offenbart sich der potentiell totalitäre Charakter solcher Vorhaben. Der Mensch wird in eine sekundäre, unauthentische, haltlose Existenz gedrängt. Er verfällt einer Regression in primitive Verhaltensweisen, die ihm auch noch als Rückgriff auf das Echte, Wahre, Ursprüngliche gedeutet wird. So greift er nach dem Schnuller der Therapie, lauscht ergriffen dem pädagogischen Wiegenlied und läßt sich mit der Babykost der Beratung füttern. Ist dies ein Protest dagegen, daß die Menschen heute auf so vielen Gebieten selber entscheiden müssen? Klammern sie sich an die wohlfeile Auskunft, da nur hier noch die Chance besteht, die Freiheit für die Richtigkeit preiszugeben? Wollen sie in kindlichem Trotz dagegen aufbegehren, daß es feste Lebensregeln nicht mehr geben kann? Wie dem auch sei: manche Sozialwissenschaftler machen sich diesen Zug zur Infantilität zunutze. Sie beschreiben affirmativ die vorgeprägte „Realität", anstatt kritisch das subalterne Denken und die Flucht vor der Freiheit aufzuhellen.

Was kann man sinnvollerweise überhaupt fragen? Wie verbindlich sollen die erwarteten Antworten sein? Wer steht als Ratgeber zur Verfügung? Auf welcher Ebene können Fragen und Antworten einander entsprechen? Bedürfen alle Fragen einer Antwort? Welchen Sinn, welchen Stellenwert, welche bewegende Kraft haben Fragen und Antworten? Derartige Überlegungen erfordern eine Selbstbesinnung der Sozialwissenschaftler. Denn daß Lebensfragen beantwortet werden können, erscheint ja auch dem geschulten Experten keineswegs als zweifelhaft. Deswegen ist er in Gefahr, falsche Antworten auf falsche Fragen zu geben. Die Fragen werden falsch, wenn sie den Ratgeber zur Antwort nötigen; die Antworten werden falsch, wenn sie jede Frage als eine beantwortbare Frage auszuweisen scheinen.

Worum geht es? Es geht darum, daß über alle diese grotesken Zumutungen nachgedacht werden darf, damit das Publikum nicht zur Funktion derjenigen Institutionen degeneriert, die es sich doch gerade als Mittel für seine Emanzipation geschaffen hat. Was wollen wir wissen, wenn wir Fragen stellen? Wollen wir wirklich etwas Neues erfahren, oder wollen wir nur hören, daß das, was wir uns selber schon gedacht haben, auch stimmt? Am Bahnhof, auf dem Flugplatz, in Behörden finden wir das Schild „Information". Worüber hier informiert und wonach hier gefragt werden kann, steht fest. Ich bin zwar bereits an Ort und Stelle, muß aber noch erkunden, wie es in dem unübersichtlichen Apparat weitergeht. Was die Information inhaltlich im einzelnen bietet, kann ich nicht wissen: ich muß fragen.

Von dieser Sachebene zu unterscheiden ist die Ebene der komplexen Lebensfragen. Hier fragen wir nicht einfach, um es dann besser zu wissen, sondern wir fragen in dem Verdacht, daß etwas scheinbar Bekanntes doch nicht so bekannt sein könnte. Solche Fragen rechnen nicht damit, sich sofort klären zu lassen, dann wäre eine alsbaldige Klärung möglich, so brauchten sie gar nicht erst gestellt zu werden. Im Gegenteil, direkte Antworten bleiben hier ausgeschlossen. Wodurch offenbart sich mir der Sinn des Lebens? Wie werde ich glücklich? In welcher Weise kann ich mich verwirklichen? Warum bin ich einsam? Was verhindert meinen Erfolg? Wo liegt meine Aufgabe? Wer solche Fragen ernst meint, erwartet keine Antwort. Er begibt sich vielmehr in einen anderen Aggregatzustand, indem er eine kritische Fragehaltung einnimmt.

Heute finden wir einen dritten Typ des Bezugs von Frage und Antwort. Mit ihm wird nicht selten in Pädagogik, Therapie und Beratung operiert. Da hören wir Lebensfragen, die wie Sachfragen gestellt werden. Der Frager will zwar eine Antwort empfangen, aber doch nur so, als ob wie bei Sachfragen der Zusammenhang als solcher schon klar wäre. Zugleich reklamiert er aber auch den Nimbus, eine wichtige Frage gestellt zu haben und sich auf dem neuesten Stand der Reflexion zu befinden. So borgt er sich vom Typus der Sachfragen die Gewißheit, vom Typus der Lebensfragen die Wichtigkeit. Dabei will er weder sein Leben ändern noch etwas dazulernen. Er trägt die Frage als Ausweis zeitgemäßer Haltung. Sie ist in Wirklichkeit gar keine Frage mehr – ebenso wenig, wie die auf sie gegebene Antwort in Wirklichkeit noch eine Antwort ist.

Damit kommen wir zu folgendem Befund: Auskünfte, die ich von der um Hilfe angegangenen Pädagogik, Therapie und Beratung erwarte, sollen so klar sein wie Sachauskünfte in einem vorgefertigten System. Ich will ja etwas mit ihnen anfangen können. Daher frage ich so, als wäre ich einer von vielen. Jeder andere müßte auf die gleiche Frage die nämliche Antwort erhalten. Diese Antwort ist zwar eindeutig, aber sie betrifft mich nicht als Person. Hier ist der Punkt, an dem ich die Logik der Tatsachen zu überlisten versuche; denn die Antwort soll ja zugleich mein persönliches Problem klären – oder das, was ich für mein persönliches Problem halte. Sie soll so ausfallen, als sei sie bei aller Allgemeingültigkeit doch gerade für mich gemacht. Ich wünsche persönliche Sicherheit, die auf generelle Richtigkeit gebaut ist. Daß es nicht beides zusammen, sondern nur das eine oder das andere geben kann, bleibt mir unklar.

Jede Antwort auf eine Sachfrage legitimiert diese Frage, indem sie die Ebene dieser Frage legitimiert. Das heißt: Wo überhaupt so gefragt und geantwortet wird, sind die komplexen Lebensprobleme ausgespart. Diese brauchen keineswegs einen weltanschaulichen oder religiösen Charakter anzunehmen, sondern können auch in alltäglichen Situationen auftreten. Ihr Kennzeichen ist weniger das Gewicht als die Notwendigkeit der selbständigen Entscheidung. Komplexe Probleme sind die Probleme des Umgangs, der Kommunikation, der sozialen Verhältnisse, der Erziehung. Sie finden sich überall dort, wo es nicht um Ursachen, Wirkungen und Funktionen zwischen Dingen, sondern um Beziehungen zwischen Menschen geht. Es kommt darauf an, die Ebene der Sachen von der Ebene der komplexen Probleme zu unterscheiden. Jene dritte Form des Bezugs von Frage und Antwort muß als unredliche Mischform erkannt und aufgehoben werden.

Eine Mutter könnte fragen, ob man Kinder nachts schreien lassen solle oder nicht. Die Frage könnte ebenso gut lauten: Soll man als Mutter die Schularbeiten beaufsichtigen? Wieviel Taschengeld sollen Eltern ihren Kindern geben? Sollen Erzieher den autoritativen oder den sozialintegrativen Erziehungsstil anwenden? – Wonach fragt die Mutter, wenn sie so fragt? Will sie wirklich gerade dies wissen? Oder will sie vielleicht ihren Unmut über ihre eigene Unsicherheit und Frustration ausdrücken und den Schwarzen Peter der Entscheidung darüber, wie man sich in lästigen Situationen verhalten soll, möglichst rasch loswerden? Sollte es so sein, dann läge hier ein Beispiel für Lösungen erster und zweiter Ordnung vor. Eine Lösung erster Ordnung müßte lauten: Sich nicht damit zufrieden geben, daß die möglichen Antworten einander widersprechen, sondern immer weiter fragen, immer neue Antworten einholen – bis alle Antworten sich gegenseitig aufheben und die Frustration der Fragerin auf den Höhepunkt treiben. Die Lösung zweiter Ordnung bestünde dagegen darin: nicht nach mehr Antworten haschen, sondern den fatalen

Zusammenhang von Frage und Antwort auflösen. Jetzt kommt der intellektuelle Sortierungsprozeß: was auf die Ebene der Sachprobleme gehört, wird dorthin gewiesen, wo es eindeutige Antworten auf klare Fragen gibt; was auf die Ebene der komplexen Lebensprobleme gehört, wird dorthin gewiesen, wo es keine eindeutigen Antworten mehr geben kann, sondern nur noch persönliche Entscheidungen. Die Frage, ob man Kinder schreien lassen soll oder nicht, wird damit als Scheinfrage enthüllt, die der Fragerin die Vermischung beider Ebenen als legitimes Verfahren vorgaukelte.

Die Schwierigkeiten des Ratsuchenden sind meist nicht quantitativer, sondern qualitativer Art. Sie liegen vermutlich nur scheinbar in der Sache, nach der er fragt, in Wirklichkeit jedoch darin, daß er von der Ebene der Fragen und Antworten nicht loskommt und sich auf ihr im Kreis bewegt – zugleich aber von der Antwort doch mehr erwartet, als sie geben kann. Wir könnten auch sagen: seine Not ist, daß sich hinter dem, was er fragt, etwas verbirgt, was man nicht fragen und daher nicht beantworten kann. Als sein Problem enthüllt sich seine Unsicherheit darüber, was sich überhaupt fragen und was sich nur entscheiden läßt. Ein solches Problem ist keine Krankheit, der man durch geeignete Mittel beizukommen vermag, denn die möglichen Lösungsansätze beziehen sich auf die Existenz des Betroffenen im ganzen.

Qualitative Probleme können nur durch den gesamten Zusammenhang des Lebens selber nach und nach geklärt werden. Gäbe es schon jetzt eindeutige Antworten, dann brauchten wir nicht mehr zu leben, denn dann wären der Prozeß unseres Lebens, das Fortschreiten in der Zeit, das eigene Handeln und der allmähliche Erkenntnisgewinn für die Sinnfindung überflüssig. Stellen wir uns vor, die Mutter sagt: „Mein Kind ist trübsinnig (oder hektisch fröhlich), zurückhaltend (oder aufdringlich), mutlos (oder rabiat): Habe ich da in der Erziehung etwas falsch gemacht?" Eine Antwort in dem Sinne: Ja, du hast dies oder jenes falsch gemacht! – würde die Mutter vielleicht im Augenblick zufriedenstellen. Das wäre aber nicht die adäquate Antwort, denn diese müßte lauten: Über dein Problem können wir überhaupt erst sinnvoll sprechen, wenn wir den gesamten Lebenskreis erfassen, wenn wir deine Beziehungen zu deinem Kind aufhellen, wenn wir das Klima der Kommunikation, in dem dein Kind lebt, kennengelernt haben! Man fragt immer wieder um Rat, damit man den einzig sinnvollen Rat nicht hören muß: jenen nämlich, der die Art der Frage selbst kritisch prüft, anstatt diese Frage durch vordergründige Antworten zu bestätigen.

II

Wenn wir uns überlegen, welche Fragen sich lohnen, dann kommen wir auf diejenigen, die schon Kant gestellt hatte: Was kann ich wissen? Was soll ich tun? Was darf ich hoffen? Aber bei Kant waren diese Fragen nicht so gemeint, daß man sie direkt hätte beantworten können. Sie dienten vielmehr der kritischen Selbsterforschung und der Kontrolle der eigenen intellektuellen Bemühung. In ihnen lag keineswegs die Erwartung einer handfesten Antwort, sondern sie markierten den geistigen Horizont des Menschen und machten ihn als das erkennende, handelnde und hoffende Wesen seiner selbst gewiß. Kant wollte nicht feststellen, was der Mensch inhaltlich wissen, tun oder hoffen kann; er wollte die Bedingungen, Möglichkeiten und Grenzen unseres Wissens, Tuns und Hoffens begreifen. Schon an diesen Fragen, nicht erst an den möglichen Antworten erkennt der Mensch die Struktur seines Denkens; und eben dies wäre die adäquate Antwort.

Offenbar erscheinen heute diese Fragen in ganz anderem Sinne. Indem man so fragt, als sei eine klare Antwort möglich, flieht man vor der angemessenen Antwort. Die Frage „Was kann ich wissen?" wird dann nicht mehr kritisch gestellt, sondern nur noch im Rahmen eines kausal-mechanistischen Denkens. Sie wird so gestellt, als könne man wirklich im Prinzip alles „wissen", exakt erklären und begründen: Warum nehmen die Menschen Drogen? Aus welchen Motiven werden sie alkoholsüchtig? Woraus entsteht Kriminalität? Wie kommt es, daß das Kind gegen seine Eltern aufbegehrt?

Ähnliches gilt für die Frage „Was soll ich tun?" Sie ist heute kaum noch Ausdruck einer ethischen Auseinandersetzung zwischen Personen, sondern eher die Funktion eines hierarchischen Lebensprinzips. Man will es richtig machen, so wie das System, die Autorität, die Experten es vorschreiben. Der Tenor dieser Frage in der Umgangssprache lautet: „Soll man als Erzieher...?", „Was mache ich, wenn...?", „Müßte nicht der Vater...?", „Sollte nicht die Mutter...?", „Dürfen Eltern...?" usw. Wer so fragt, erklärt sich bereit, nur noch fremdbestimmt zu agieren.

Die dritte Frage „Was darf ich hoffen?" klingt heute fast altmodisch, weil die Fruchtbarkeit des Ungewissen im „Prinzip Hoffnung" kaum noch begreiflich ist. An die Stelle der Hoffnung als einer Seinsform des Menschen tritt die Erwartung, daß Investitionen einen maximalen Ertrag bringen. Die Frage wird daher in einer pervertierten Form gestellt: Woraufhin muß ich mein Kind erziehen, damit sich dieser oder jener Gewinn einstellt? Was kann ich prophylaktisch tun, um Fehlentwicklungen zu vermeiden? Wie muß ich mich jetzt verhalten, damit es später nicht zu Enttäuschungen kommt? Dies ist ein am Erfolg orientiertes vordergründiges Zweck-Mittel-Denken, welches das Wagnis der Hoffnung durch die vermeintliche Gewißheit über den Verlauf von Prozessen ablöst.

Welche Art Fragen könnte man heute als gut bezeichnen? Gute Fragen sind solche, die keine unmittelbare Antwort erheischen, sondern zum Nachdenken verhelfen. So fragte Theodor W. Adorno: „Was heißt Erziehung nach Auschwitz?" Das ist eine komplexe Sinnfrage, die nicht mit einem pädagogischen Programm schlüssig beantwortet werden kann. Vielmehr besagt diese Frage etwa folgendes: Wir können künftig nicht mehr naiv erziehen, sondern müssen den Zusammenhang unseres Denkens und Handelns in seinen gesellschaftlichen und historischen Bezügen bedenken! Aber die Pädagogik weicht dieser Forderung aus. Um nicht immer wieder mit dem Anspruch „guter" Fragen und Antworten konfrontiert zu werden, produziert sie laufend belanglose Antworten auf belanglose Fragen, die sie selber stellt.

So hat sich ein Ritus, eine gebräuchliche Haltung der Kommunikation eingebürgert: Die Frager tun nur so, als ob sie etwas wissen wollten, scheuen jedoch vor adäquaten Antworten zurück – vielleicht, weil sie spüren, daß solche Antworten neue Verpflichtungen bringen könnten. Sie nehmen in der Frage immer schon die Antwort vorweg. Die Antwortenden gehen auf dieses Spiel ein. Sie tun nur so, als ob sie tatsächlich etwas mitteilten, was zu der Frage paßt. De facto nehmen sie in der Antwort eine noch gar nicht gestellte Frage vorweg, denn sie formulieren die Antwort so, daß sie nur im Zusammenhang mit einer spezifischen Frage ihren Sinn gewinnt. Die einen wollen keine ernsthaften Fragen stellen, sondern geben immer nur eine in Frageform gekleidete abschlägige Antwort. Die anderen wollen keine ernsthaften Antworten geben, sondern konstruieren in Form von Antworten immer neue Fragen.

Wie Fragen eine Flucht vor der Antwort, so können auch Antworten eine Flucht vor der Frage sein. Lautete der Grundtenor der falschen Fragen: Was mache ich, wenn…? – so lautet der Grundtenor der falschen Antworten: Wenn (das so ist), dann (muß dies oder das geschehen). Sie werden damit als Antworten sinnlos, weil sie den fraglichen Sachverhalt auf eine im voraus schon geprägte Form zuschneiden. Oberflächliche Sozialwissenschaftler tun, wenn sie um Rat gefragt werden, auf ihre Weise das gleiche wie das ratsuchende Publikum. Sie teilen etwas mit, was niemand außer ihnen selber genau wissen will, behaupten aber mit ihren Antworten:

Eben dies ist gefragt worden. So verstellen sie sich und anderen den Horizont mit lauter Antworten. Sie lassen die andere Seite, auch wenn sie vielleicht tiefer greifende Fragen stellen möchte, gar nicht zu Wort kommen, sondern lenken alles, was gefragt werden kann, nach eigener Regie in eine vorgezeichnete Richtung.

Solche Antworten lassen sich als Flucht vor der Frage verstehen. Das Moment der Flucht liegt darin, daß man immer sagen kann: Ich selber bin ja nicht verantwortlich, denn ich antworte nur auf Fragen, die mir gestellt worden sind. Autoren populärwissenschaftlicher Bücher, die sich als pädagogische Experten ausgeben, sagen ihrem Publikum, wie Kinder „richtig" spielen, wie man Leistung „gerecht" zensiert, wie man Lernziele formuliert, Pläne aufstellt, Lehrstoffe gliedert. Als Frage wird dabei immer schon vorausgesetzt: daß jedermann das wissen will und wissen muß; daß es in der Pädagogik gerade darauf ankommt; daß mögliche Fragen nur in diese Richtung weisen können. Indem sie immer mehr und immer genauer antworten, zwingen diese „Experten" dem Publikum bestimmte Fragen auf und blenden andere aus. Solche Antworten sind eine Flucht vor der „guten" Frage, denn diese wäre von der Art: Was heißt Erziehung nach Auschwitz?

Wie sich die Frager mit dem Argument aus der Verantwortung stehlen, daß sie es ohne Information nicht besser wissen können, so die Antwortenden mit dem Argument, daß sie nur reagieren. Experten haben offenbar Angst davor, eine Antwort schuldig zu bleiben. Sie verstehen selbst ihren Beruf so und glauben sich auch von anderen so eingeschätzt, daß sie als Experten immer die passende Auskunft parat halten müssen. Können sie das nicht, so befürchten sie, den Anschein zu erwecken, sie seien gar keine Experten, hätten sich ungenügend präpariert oder das Problem noch nicht hinreichend durchdacht.

Diesem Anspruch, daß der Experte Fragen in jedem Fall beantworten können muß, liegt die Annahme zugrunde, es würden immer gerade solche Fragen gestellt, auf die eine fachkundige Antwort möglich ist. Überhaupt nicht zu antworten oder seine Verlegenheit einzugestehen, gilt als Schwäche; kritisch zu antworten gilt als Ausweichen vor der „Praxis"; der Hinweis darauf, daß es sich um eine komplexe Frage handelt, die mehrere Möglichkeiten und Ebenen der Antwort enthält, gilt als Unentschiedenheit. Im Grunde wird hier auch gar keine wissenschaftliche Antwort erwartet, sondern nur eine solche, die auch die naivste Frage noch als sinnvoll erscheinen läßt. Ebenso hat auch der Fragende Angst davor, eine Frage vergessen oder nicht gestellt zu haben: es könnte ja der

Eindruck entstehen, er sei hinterwäldlerisch, naiv, irrational und nicht, wie er es sich selbst schuldig zu sein glaubt, frustriert, unsicher, orientierungslos.

Hier ist Aufmerksamkeit geboten. Lassen wir uns nicht durch Worte irre machen! Erkennen wir die Regeln des beliebten Gesellschaftsspiels „Frage und Antwort"! Was müssen wir tun, um unerwünschtes Verhalten unserer Kinder zu vermeiden? Wir müssen unsere Kinder besser erziehen! Wie können wir erreichen, daß die Menschen weniger aggressiv sind? Wir können sie zu friedlicher Gesinnung führen! Auf welchen Wegen bringen wir den Menschen zu sich selbst? Indem wir ihn seine Identität erfahren lassen! Es ist wie bei einem Lückentest. Die Antwort muß immer in das Frageschema hineinpassen, und die Frage muß so zugeschnitten sein, daß sich die passende Antwort förmlich aufdrängt. Frage und Antwort gehören zusammen, bilden ein Ganzes, beziehen sich aufeinander.

Dieses Spiel von Frage und Antwort ist Merkmal eines Lebensstils. Beide zusammen bilden das, was Ludwig Wittgenstein „Sprachspiel" nennt. Handelt es sich um das Erziehungsfeld, so sind sie Ausdrucksformen eines pädagogischen Sprachspiels. Die Möglichkeiten der Antwort präjudizieren die Möglichkeiten der Frage. Deswegen sind in gewissem Sinne Fragen und Antworten ein und dasselbe. Wo überhaupt Antworten formuliert werden können, dort gibt es auch die dazu gehörige Art von Fragen. Die Fragen müssen sich auf die Möglichkeiten der Antwort einstellen; sie erscheinen nur noch als sinnvoll und werden allein dort zugelassen, wo sie in den vorgegebenen Raster der Antworten passen. Es kann dann nur noch das beantwortet werden, was so gefragt worden ist.

Antworten, die als Flucht vor der Frage identifiziert werden können, lassen keine interessanten Fragen aufkommen. Was eine solche Antwort wirklich leistet, ist nicht die Klärung des fraglichen Sachverhalts. Sie kleidet sich zwar in die Antwortformel: Du sollst das so machen! – aber sie bezieht sich nicht auf diesen Punkt, sondern auf den gesamten sozialen und geistigen Hintergrund. Wer sagt: Man soll Kinder bei ihren Hausaufgaben beaufsichtigen (oder gerade allein arbeiten lassen); man soll ihnen viel (oder gerade wenig) Taschengeld geben; man soll sie immer wieder ermahnen (oder sie die negativen Folgen ihres Fehlverhaltens gerade selber spüren lassen) – der sagt zugleich: Eltern sollen sich gängeln lassen; Eltern sollen immer wieder spüren, daß sie die neueste Pädagogik nicht beherrschen; Eltern sollen nur im vorgezeichneten Rahmen denken; denn es gibt jemanden, der alles viel besser weiß, der den Eltern immer um einige Schritte voraus ist und es ihnen daher verbindlich sagen kann. Falsche Antworten auf falsche Fragen zu geben, heißt einen falschen Lebensstil gutzuheißen; in der Antwort so zu tun, als sei die Frage sinnvoll gewesen, heißt eine Tür zuzusperren, so daß die Eingeschlossenen den Kontakt zur Realität nicht mehr herstellen können; sich als Berater einem Unkundigen anzudienen, heißt die selbstverschuldete Unmündigkeit beider Gesprächspartner zu besiegeln.

III

Ratsuche und Beratung können sinnvoll sein, wenn sie auf klaren Voraussetzungen aufbauen. Nur wer böswillig oder unkundig ist, könnte bestreiten, daß vielen Menschen durch Beratung geholfen wurde. Die nachfolgenden Bemerkungen müssen daher gleichsam gegen den Strom gelesen werden. Sie wenden sich weder gegen den Ratsucher, wenn er wirklich Rat braucht, noch gegen den Berater, wenn er wirklich etwas zu sagen hat. Wogegen sie sich wenden, sind der bedenkenlose Mißbrauch und der Mangel an Reflexion, die Verwaschenheit der Prämissen und die Naivität der Erwartungen, wie sie in vielen Fällen das Beratungsgeschäft erst ermöglichen. Wo Beratung zum Ritus der Kommunikation, zum Klebstoff der Identität, zum wohlfeilen Spülmittel für seelische Hygiene degeneriert, dort wird ihr guter Sinn verdorben.

Ratsucher und Berater sind aufeinander angewiesen, denn die einen könnten ohne die anderen nicht leben. Ob man selbst zu den Ratsuchern oder zu den Beratern zählt, ist beinahe Zufall und im übrigen je nach Situation und Anforderungen austauschbar. Sie gehören ja ohnehin zusammen, erscheinen gemeinsam als zwei Standardtypen unserer Zeit, repräsentieren die beiden Seiten einer auffälligen Form moderner Existenz. Zunächst hat sicherlich der Berater den größeren Nimbus, denn er scheint ja etwas zu wissen, was der andere noch nicht weiß. Aber es kann auch anders sein, z. B. wenn der Ratsucher zum potenten Auftraggeber wird, der die Zielsetzung der Forschung beeinflußt.

Da nahezu jedermann Ratsucher oder Berater werden kann, hat das, was sie untereinander austauschen, nur einen fiktiven Charakter. Es dient nicht, wie man zunächst vielleicht annimmt, der Klärung von Problemen, sondern der Aufrechterhaltung der Kommunikation nach eingespielten Verkehrsformen. Dieser fiktive Charakter von Rat und Ratsuche kann in drei Schritten aufgewiesen werden. Der *erste* Schritt bezieht sich darauf, daß komplexe Probleme, wenn überhaupt, dann nur in dem Medium gelöst werden können, in dem sie entstanden sind, und auch nur von den Personen, die sie betreffen. Rat und Ratsuche werden hier zu einer Art Schattenboxen. Dabei scheinen doch die Probleme ganz konkret zu sein: Das Kind ist schlecht in der Schule; die Tochter hat einen Freund, der den Eltern nicht paßt; die Ehe wird langweilig; das Geld reicht nicht; man fühlt sich einsam, überflüssig, ungerecht behandelt. Nicht diese Empfindung ist fiktiv, denn die Probleme sind ja wirklich da. Was tut man dagegen? Die Werbung empfiehlt bei solchen Beschwerden Klosterfrau Melissengeist oder Galamad. Verfährt die durchschnittliche Beratung wirklich prinzipiell anders? Meine Haltung als die des problembeladenen Menschen wird fiktiv, sobald die Probleme in die Form der Ratsuche übergehen. Denn durch diesen Schritt erkläre ich mich damit einverstanden, daß meine Probleme unter einem Blickwinkel verhandelt werden, der auch für viele andere gilt. Indem mein Problem von mir getrennt, verallgemeinert und auf eine andere Ebene umgewidmet wird, kann es nicht mehr wirklich, sondern nur noch scheinbar gelöst werden.

Daraus ergibt sich als *zweiter* Schritt, daß ein „Expertentum" im Bereich menschlicher Verkehrsformen als Entfremdung wirken kann. Was weiß der Experte auf dem Feld der menschlichen Beziehungen besser? Er weiß nicht besser, wie „richtig" erzogen werden soll; er weiß nicht besser, ob Eltern und Erzieher bestimmte „Fehler" gemacht haben; er weiß nicht besser, was in dieser oder jener Situation zu tun ist. Wenn jemand mit solchen Problemen leichter zurechtkommt als ein anderer, dann liegt das an seiner Person, nicht daran, daß er Experte ist. Selbst wenn der Ratgebende imstande wäre, einen wirksamen Rat zu geben, so ginge ein solcher Rat vermutlich an den Bedürfnissen des Ratsuchenden vorbei. Dieser kann und will ja ohnehin nur mit demjenigen Rat etwas anfangen, den er sich im Grunde auch selber geben könnte. Er will sich mit dem, was er schon immer gedacht hat, einer Autorität versichern, sich also qualitativ dem Berater gleichstellen. So wird der Ratsucher zur Komplementärfigur des Beraters. Von der Erziehung selbst und ihren Problemen sind beide gleich weit entfernt. Doch wenn der Ratsucher sich vorübergehend der Autorität des Beraters unterwirft, dann in der irrigen Meinung, daß irgendjemand es doch noch besser wissen müßte. Er akzeptiert die Autorität nur, um durch Anhören und Befolgen des Rats quasi selbst zum Experten zu werden.

Der *dritte* Schritt ins Reich der Fiktion ist vollzogen, sobald sich die soziale „Produktion" verselbständigt hat. Als Alarmsignal muß es gelten, wenn einzelne Pädagogen, Therapeuten oder Berater kommunikativen Kitsch produzieren. Kitsch kommt dort zustande, wo eine Kunst in ihrer Aussage nicht authentisch ist, sondern mit Requisiten arbeitet, von denen erwartet wird, daß sie – unabhängig vom Kontext – immer denselben Gefühlseindruck hervorrufen. Ähnlich ist es auch auf dem Feld der menschlichen Verkehrsformen. Da wird dann in der Beratung das Unechte, das Versatzstück, das isolierte Zeichenelement zielstrebig eingesetzt, um etwas auszudrükken, was sich aus der Sache selber gar nicht ergibt. Dies gilt besonders für pädagogische Ratschläge. Sie bewegen sich in einem fiktiven Raum und befördern eine Verdinglichung und Verräumlichung, die zur Entfremdung führt. Unversehens verselbständigt sich der Umgang mit den pädagogischen Produktionsmitteln. Es wird gar nicht mehr das „produziert", was die Menschen wirklich brauchen, sondern das, was der Markt verlangt: meßbare Ergebnisse, sichtbare Erträge, vorzeigbare Fortschritte. Die Ratschläge der Experten füllen die Regale der pädagogischen Kaufhäuser; sie sind Antworten des Marktes auf die Nachfrage nach handlichen Produkten. Der Erfolg ist in diese Produkte schon eingebaut; ja, es wird überhaupt nur das produziert, was in diesem Sinne als Erfolg, als Bestätigung der Produktion dienen kann.

IV

Einerseits sind Ratsucher und Berater in zwei Lager auseinandergezogen; sie stehen sich gegenüber, als sei die Welt dichotomisch gerade nach diesem Prinzip aufgespalten. Andererseits sind aber diese beiden Gruppen aufeinander angewiesen. Zunächst haben sie einen Modus herausgebildet, wie sie miteinander umgehen wollen. Einigkeit herrscht vor allem in folgenden Punkten:

– Das zu verhandelnde Problem ist nicht allmählich durch geschichtliche Entwicklung entstanden, sondern es besteht gleichzeitig mit vielen ähnlichen Problemen und ist daher auch jederzeit lösbar.
– Das Problem ist nicht komplex, sondern eindeutig auszumachen. Man kann klar sagen, worauf es ankommt, worin die Schwierigkeit liegt, wie sie zu beheben ist.
– Das Problem braucht nicht mit dem Intellekt erfaßt zu werden, sondern läßt sich im Spiel, im Gruppenkontakt, in neuen Formen der Kommunikation „bewältigen". Es geht nicht um die Struktu-

ren der Beziehungen selber, sondern nur darum, wie jemand auf andere wirkt.

- Man gewöhnt sich an den akzeptierten Sprachgebrauch und hat die einschlägigen Formeln bereit („Ich fühle mich jetzt irgendwie ausgeschlossen!")
- Das richtige Verhalten wird verfügbar, wenn man sich das angebotene Instrumentarium zunutze macht. Dazu gehören vor allem die Verabredungen in der Gruppe. Man verpflichtet sich dazu, „offen" zu sein, und glaubt, daß alle, wenn sie sich nur an diese Vereinbarung halten, auch tatsächlich offen sind.

Dies alles ist problematisch. Denn um die Vereinbarung, „offen" zu sein, überhaupt treffen zu können, muß schon eine gemeinsame Basis der Offenheit bestehen. Vorausgesetzt ist das Verbindende, um dessentwillen man Vereinbarungen trifft. Wie Demokratie nicht auf dem beruht, worüber abgestimmt wird, sondern auf dem, worüber nicht abgestimmt werden kann, so beruht Offenheit nicht auf dem, was man offen sagt, sondern auf dem, was man nicht mehr zu sagen braucht. Berater und Therapeuten gehen in der Regel davon aus, daß das System, in dem sie operieren, in sich selbst schlüssig ist. Sie setzen eine bestimmte Vorstellung davon voraus, wie Beziehungen, Interaktion, Kommunikation, Leiden, Problembewältigung allererst funktionieren. Daraus folgt: Damit der Kontakt von Ratsuchern und Beratern klappen kann, ist immer schon eine bestimmte Vorentscheidung getroffen: nicht darüber, wie das Problem zu lösen ist, sondern darüber, um was für ein Problem es sich überhaupt handelt.

Der Begriff „Beratung" übt eine magische Wirkung aus. Jedermann atmet erleichtert auf, wenn er hört, ein Mißstand sei jetzt bei der für ihn zuständigen Beratungsinstanz angelangt. Diese Strategie will das Publikum glauben machen, Problemlösung und Beratung seien ein und dasselbe. Man übernimmt hier ohne weiteres Modelle aus anderen Lebensbereichen. Und in der Tat gibt es ja viele Fälle, in denen die Beratung allein durch die Sachkunde des Beraters schon das Problem löst oder doch wenigstens einer Lösung näherbringt. Das gilt aber nur für Sachprobleme, die sich eben auf diese Weise lösen lassen. Auf dem Gebiet der menschlichen Beziehungen ist so etwas wie Expertentum nur rückblickend zu gewinnen. Ich kann jahrelang als Erzieher gearbeitet haben, ohne mich als Experte zu empfinden. Erst wenn ich hinterher darüber nachdenke, kann mir klar werden, was gut und was weniger gut gelaufen ist, wie sich Beziehungen gestaltet haben, welche Ereignisse krisenhaft waren, worauf es in dieser oder jener Situation ankam. Alle diese Erkenntnisse sind am Umgang mit bestimmten Personen abgelesen. Fasse ich sie ordnend zusammen, so komme ich vielleicht zu einer Art Gesamtschau. Ich kann diese Schau als Theorie formulieren, aber ich kann sie niemandem als Anleitung zum praktischen Handeln vermitteln.

Diese Überlegungen führen uns zu der Einsicht, daß „Ratsucher" und „Berater" nur zwei Gesichter desselben Menschentyps sind. Sie müssen sich immer vorher schon geeinigt haben, damit Angebot und Nachfrage zueinander passen. Ratsuchen wird zu einem Verhaltensstil, zur Verkörperung der einen Seite dieses Typus moderner Existenz. Da der Berater das weiß, gibt er seinen Rat nur so, daß der Typus des Ratsuchers als einer gesellschaftlich anerkannten Seinsform nicht gefährdet wird. So sichert er zugleich seine eigene Existenz, denn auch er ist ein Typus, der nicht gefährdet werden will.

Die Tatsache, daß solche Vereinbarungen stillschweigend oder ausdrücklich getroffen werden konnten, macht die Gesprächspartner austauschbar. Man sollte sich davon, daß der eine fragt und der andere antwortet, nicht täuschen lassen. Auch Käufer und Verkäufer könnten ja ihre Plätze tauschen: beide wollen Handel treiben, beide gehen von dem gleichen Bezug zwischen Mensch und Sache aus, beide stehen auf dem Boden des nämlichen Wirtschaftssystems und müssen sich an vereinbarte Geschäftsregeln halten. Demnach könnte auch dies ein gutes Ergebnis einer Beratung sein: wenn es dem Ratsuchenden wie Schuppen von den Augen fällt, daß der andere auf demselben Boden steht wie er selber, daß er selber auch an die Stelle des anderen treten könnte. Eine solche Einsicht hätte einen wahrhaft emanzipatorischen Charakter; sie würde beiden die Chance einräumen, dort gelassen Rat einzuholen, wo er sachlich notwendig ist, und dort auf Rat zu verzichten, wo man ihn sich auch selber geben könnte.

Das alles gilt auch für den Stil des heute üblichen Prinzips von Frage und Antwort allgemein. Hier kommt es zu einem Phänomen, das man als „komplementären Kurzschluß" bezeichnen könnte. Nehmen wir als Beispiel die gängige Form des Interviews mit Sportlern oder Politikern. Fragen und Antworten folgen dort einem vorgefertigten Schema. Man weiß immer schon, was kommen wird, denn Fragen werden nicht gestellt, um Wissen zu mehren, und Antworten werden nicht gegeben, um dem schon Bekannten Neues hinzuzufügen. Vielmehr verbirgt verbaler Kontakt unter dem Tarnmantel von Frage und Antwort, daß er lediglich das Ziel hat, einen status quo aufrechtzuerhalten. Diesem harmonisierenden Gebaren entspricht der Inhalt des Gesagten: es gibt keine Spannungen und Brüche, keine Niederlagen und Katastrophen, sondern nur eine

Selbstdarstellung der Sprechenden. Keiner von ihnen muß preisgeben, was er denkt, und wie ihm zumute ist. Weil alles gefragt werden darf, kann auch alles beantwortet werden. Das Interview wird zum Typus einer Konstellation, in deren Rahmen die Positionen austauschbar sind. Frage und Antwort gehören zusammen. Indem sie gemeinsam ein Ganzes ausmachen, stabilisieren sie das erwünschte Gleichgewicht. Solche Veranstaltungen haben den Charakter eines komplementären Kurzschlusses. Er findet sich, wie auf anderen Lebensgebieten, so auch in der Pädagogik überall dort, wo geformte Schritte, Aktionen oder Programme komplementär aufeinander bezogen sind. So erscheinen Lehren und Lernen, Leistung und Prüfung, Anweisung und Befolgung, Zielsetzung und Erfolg, Beeinflussung und Wirkung als Grundfiguren erzieherischen Arrangements. Sie kennzeichnen eine Ebene der Wirklichkeit, wo nur die chronische Reproduktion eines im Grunde unveränderbaren Verhältnisses als wirklich gilt.

II. Sehnsucht nach der heilen Welt

1. Öffentlich oder Privat:
Die entfremdete Sexualität

I

Die Integration von öffentlicher und privater Existenz ist eine alte Sehnsucht. Man will die Entfremdung überwinden und wünscht sich ein erfülltes Leben, in dem die individuellen und generellen Elemente zum Ausgleich kommen. Dazu gehört auch die Aufhebung der sexuellen Tabus, die den Einzelnen mit seinen Trieben und Ängsten isoliert halten. Zahlreiche Versuche, sich in gemeinschaftlichen Formen wie Kommunen, Kooperativen und Wohngruppen zusammenzuschließen, knüpfen an Tendenzen während der Reformpädagogik und Siedlerbewegung, aber auch an die heroische Frühzeit der Kibbuzim an. In solchen Institutionen gab es die persönlichen Bindungen unter Eheleuten und Freunden, zugleich aber den Zusammenhalt unter den Mitstreitern wie auch zwischen Erwachsenen und Kindern; also ein mehrdimensionales Kontinuum menschlicher Beziehungen, in dem zahlreiche Varianten des Grundverhältnisses von „öffentlich" und „privat" vorkommen konnten.

Man strebt nach der nicht-anonymen, selbstgestalteten Gesellungsform, nach der sinnerfüllten, direkt erfahrbaren Lebensweise, in der die sterilisierende Trennung zwischen öffentlichen und privaten Belangen nicht mehr möglich ist. Solche Vorhaben sind in engerem oder weiterem Sinne mit der Sexualität verbunden, denn das Sexuelle erscheint als der zentrale Bereich, in dem Öffentlichkeit und Privatheit aufeinandertreffen. Wird unter Sexualität nicht nur Geschlechtlichkeit, sondern die Fülle der Beziehungsformen, Kontakterlebnissen und Kommunikationsstrukturen unter Lebenspartnern begriffen, dann läßt sich am Umgang mit der Sexualität beispielhaft zeigen, wie Menschen überhaupt mit ihren Problemen umgehen.

Möglichkeiten und Grenzen der Integration von „öffentlich" und „privat" werden im folgenden exemplarisch an vier Wünschen diskutiert. Es sind die Wünsche nach naturhafter Existenz (1), nach unverstelltem Kontakt zum Mitmenschen (2), nach der Aneignung erfolgreicher Verhaltensweisen (3) und nach wirksamer Lebenshilfe (4). Alle vier Wünsche werden heute so interpretiert, als ließen sie sich ohne weiteres erfüllen. Praktisch läuft aber diese vermeintliche Erfüllung darauf hinaus, das Subjekt der Wünsche noch mehr zu isolieren und unwiderruflich in eine sekundäre Seinsweise abzudrängen.

(zu 1) Bei diesem Wunsch geht es vor allem um die Befriedigung der „natürlichen" Bedürfnisse. Daß man einen solchen Anspruch zu formulieren wagt, ist auf den ersten Blick ein großer Fortschritt. Es fragt sich indessen, welchen Stellenwert Bedürfnisse in der menschlichen Existenz einnehmen. Wer sich anheischig macht, auf die Bedürfnisse des anderen Rücksicht zu nehmen und sie erfüllen zu helfen, der ist auch schnell dabei, diese Bedürfnisse für den anderen allererst zu interpretieren oder sogar festzulegen. So weit der Bedürftige konsultiert wird, signalisiert er als Klient seinem Manager einen Katalog von Wünschen, die erfüllt werden sollen. Was ihm gerade nicht einfällt, was er nicht zu sagen wagt, was ihm im Augenblick fern liegt, wird nicht als legitimes Bedürfnis erkannt und bleibt unerfüllt.

Deswegen ist es fraglich, ob man dem Mitmenschen wirklich etwas Gutes tut, wenn man bei seinen Bedürfnissen ansetzt. Es könnte Gründe dafür geben, die Bedürfnisse nicht direkt anzusprechen, sondern diesen Bereich zu formalisieren, etwa indem man sagt: Welche Bedürfnisse jemand verspürt, das ist seine Sache; er soll aber einen festgelegten Rechtsanspruch darauf haben, Bedürfnisse anzumelden und, soweit ohne Schädigung anderer möglich, auch zu befriedigen. Recht und Bedürfnis sind zwei verschiedene Dinge, die sich sogar widersprechen können. Eine inhaltliche Aussage darüber, welche Bedürfnisse welchen Menschen zukommen, wäre naturalistisch und totalitär. Sie setzte voraus, daß man über den anderen verfügen kann, weil man über ihn Bescheid weiß und das, was er braucht, besser kennt als er selbst. Wenn man immer nur nach den Bedürfnissen fragt – und sei es auch in der besten Absicht – dann ist das so, als ob man (wie früher auf den großen Gütern üblich) einem Arbeiter statt Geld Naturalien bietet. Man bestimmt damit schon vorsorglich, was ihn am Leben erhält, worin also sein Bedürfnis bestehen kann, und beschneidet ihm dadurch die Freiheit der Disposition.

Welchen Stellenwert haben Bedürfnisse im Leben des Menschen? Offenbar bedeutet das Wort „Bedürfnis" nicht immer dasselbe. Der Säugling scheint uns seine elementaren Bedürfnisse noch relativ eindeutig und verständlich mitzuteilen. Wenn er zum Kind wird, das sprechen lernt und in die Welt hineinwächst, dann wandeln und differenzieren sich sowohl die Bedürfnisse selbst als auch deren Ausdrucksformen. Mit dem Sprechen tritt das Kind in die Dimension des Hoffens und der Geschichtlichkeit ein, zu der auch Erinnerung, Denken, Auseinandersetzung und Distanz gehören.

Ludwig Wittgenstein hat diese Vorgänge reflektiert:

„Denk dir, es würden die Leute eines Stammes von früher Jugend dazu erzogen, *keinerlei* Gemütsausdruck zu zeigen. Er ist für sie etwas Kindisches, das abzutun sei. Die Abrichtung sei streng. Man redet von ‚Schmerzen' nicht; schon erst recht nicht in der Form einer Vermutung ‚Vielleicht hat er doch...' Klagt jemand, so wird er verlacht oder gestraft. Den Verdacht der Verstellung gibt es gar nicht. Klagen ist sozusagen schon Verstellung...

Ich will sagen: eine ganz andere Erziehung als die unsere könnte auch die Grundlage ganz anderer Begriffe sein...

Denke, jemand sagt: ‚Der Mensch hofft.' Wie hätte man dies allgemeine naturgeschichtliche Phänomen zu beschreiben? – Man könnte ein Kind beobachten und warten, bis es eines Tages Hoffnung äußert; und man könnte dann sagen: ‚Heute hat es zum ersten Mal gehofft.' Aber das klingt doch seltsam! Obwohl es ganz natürlich wäre zu sagen ‚Heute hat es zum ersten Mal gesagt, ich hoffe'.' Und warum seltsam? – Man sagt doch nicht von einem Säugling, er hoffe... noch auch, er hoffe nicht..., und man sagt es doch vom Erwachsenen. – Nun, das tägliche Leben wird nach und nach zu dem, worin für Hoffnung Platz ist...

Liebe ist kein Gefühl. Liebe wird erprobt, Schmerzen nicht. Man sagt nicht: ‚Das war kein wahrer Schmerz, sonst hätte er nicht so schnell nachgelassen.'...

Warum kann der Hund Furcht, aber nicht Reue empfinden? Wäre es richtig zu sagen ‚Weil er nicht sprechen kann'?“
(Wittgenstein, L.: Schriften 5. Frankfurt 1970, S. 366–391)

Für unsere Frage heißt dies: Nicht erst der Ausdruck des Bedürfnisses, sondern dieses selbst ist relativ auf den gesellschaftlichen Kontext. Liebe läßt sich erproben, Schmerz nicht, denn Liebe als Beziehung wird allmählich erworben, wobei sich eine ganze Skala von Bedürfnissen durchspielen läßt, bis sich die Liebe von anderen Formen der Zuneigung abhebt. Schmerz tritt dagegen immer schon als Ernstfall auf: ihn loszuwerden, ist ein elementares „Bedürfnis". Der Säugling „hofft" und „liebt" noch nicht. Sein Leben nimmt erst allmählich jenen Aggregatzustand an, in dem Hoffnung und Liebe ihren Platz haben. Später kann man dann von einzelnen Bedürfnissen kaum noch sprechen. Der Mensch identifiziert sich nicht durch die Summe seiner Bedürfnisse, sondern durch seine Lebensform, die quasi das Integral der Bedürfnisse darstellt, aber aus guten Gründen nicht so genannt wird.

Bei kulturellen und wissenschaftlichen Leistungen erweist sich der Begriff „Bedürfnis" als komplex und daher als fragwürdig. Sicherlich könnte man die Leistung eines Wissenschaftlers oder Künstlers auch unter dem Gesichtspunkt des Bedürfnisses deuten: er wolle sich „nur" selbst verwirklichen, seine Leistung sei Ausdruck seiner Persönlichkeit, es gehe ihm im Grunde darum, seine eigenen Probleme auszudrücken und zu bewältigen. Dennoch ist mit dem Werk eine objektive Leistung geschaffen, die durch ihren gesellschaftlichen Charakter auch andere Menschen angeht. Sie steht öffentlich zur Verfügung und fordert das Publikum zur Auseinandersetzung heraus. In diesem Sinne könnte man sogar von einem „Bedürfnis" nach Wahrheit und nach Erklärungen sprechen.

Bedürfnisse erweisen sich als vielschichtig, flexibel, veränderbar; sie haben keineswegs immer den gleichen Stellenwert, weil sie nicht an die „Natur" des Menschen gebunden sind. Mit der höheren Existenzform werden die Bedürfnisse vielmehr immer deutlicher zu einem Bestandteil der Lebensform, die auch durch soziale Ambitionen, standespolitische Erwägungen und berufliche Gewohnheiten gekennzeichnet ist. Bedürfnisse sind dann nicht mehr als einzelne auszumachen, sondern gehen auf in der gesellschaftlichen Existenz.

II

(zu 2) Ein weiterer Aspekt der Grundspannung von Öffentlichkeit und Privatheit ist die Bemühung um den unverstellten Kontakt. Viele empfinden die Sehnsucht, aus der Isolation auszubrechen und mit anderen zusammen ein sinnerfülltes Leben zu führen. So sind Versuche zu begreifen, Öffentliches privat und Privates öffentlich zu machen, um dadurch die Anonymität des Massendaseins zu überwinden. Man will die direkte Kommunikation, die hautnahe Begegnung, den ungekünstelten Umgang. Die Organisatoren des „modernen" Lebens machen sich diese verbreitete Sehnsucht zunutze, indem sie Lösungen anbieten, die für alle gelten und jedem das bringen, was er sich erhofft hat. Dem Einzelnen wird versichert: Du brauchst Dich nur dem anderen zu öffnen, dann kommst Du aus Deiner Isolierung heraus. Diese Devise erscheint in der Literatur wie in den Massenmedien, in Gruppenveranstaltungen wie in der Werbung, in der Freizeitpädagogik wie in sektiererischen Zusammenschlüssen.

Aber nicht erst heute zeigt sich die Fragwürdigkeit solcher Versuche. Denn wenn alle privaten Nöte, Sorgen, Erlebnisse, Ängste, Begierden, Bedürfnisse, Einfälle veröffentlicht werden und öffentliche Qualität erhalten, dann gibt es schließlich keinen Unterschied mehr zwischen öffentlich und privat, sondern alles rückt auf dieselbe Ebene. Privat (für das Selbstverständnis des Einzelnen wichtig) ist dann nur noch, was sich auch veröffentlichen läßt; und was an die Öffentlichkeit kommt und dort auf Interesse stößt, ist nur noch das Private (irgendwelcher prominenter oder auch namenloser Individuen). So gibt es dann schließlich weder etwas wirklich Privates, wofür ich als Person einstehen muß, weil es meine eigene Sache ist, noch etwas wirklich Öffentliches, das politischen Charakter hat und in jedermanns Interesse liegt.

Was sich hier abspielt, ist eine lautlose, aber tiefgreifende Wandlung unserer gesamten Lebensbedingungen. Oder täuschen wir uns? Wird vielleicht heute nur etwas zum allgemeinen Stil, was früher bloß die Befriedigung der sexuellen Bedürfnisse betraf? Seit jeher war der Besuch eines „öffentlichen" Hauses Privatsache einzelner Männer. Sie waren vielleicht für die Öffentlichkeit und auch für ihr eigenes öffentliches Bewußtsein verheiratet, konnten also ihre Bedürfnisse auch zuhause „privat" befriedigen; aber wenn ihnen das nicht genügte, machten sie sich das merkwürdig ambivalente Verhältnis von öffentlich und privat zunutze. Die damit verbundene doppelte Sexualmoral verschwindet zwar heute allmählich, aber die Lokalisierung der Sexualität zwischen öffentlichem und privatem Terrain ist nach wie vor ungeklärt. Auf der einen Seite beobachten wir eine starke Tendenz, auf die öffentliche Legalisierung eines Verhältnisses durch die Ehe zu verzichten und Sexualität im Bereich privater Beziehungen zu belassen; auf der anderen Seite sehen wir einen riesigen pädagogischen Apparat am Werk, der uns Sexualerziehung als öffentliches Anliegen präsentiert und nicht müde wird, junge Menschen durch öffentliche Veranstaltungen darauf vorzubereiten, wie sie sich später privat verhalten sollen.

Die Sexualität ist ein Lebensgebiet, auf dem sich der enge Bezug von öffentlicher und privater Dimension der menschlichen Existenz beispielhaft zeigen läßt. Manche Aspekte der Sexualität gehören zweifellos an die Öffentlichkeit – vor allem Fragen der Gesetzgebung, des Ehe- und Familienrechts, der sexuellen Aufklärung, der Geschlechterrollen in der Gesellschaft, der Hygiene, der physischen und psychischen Entwicklungsbedingungen junger Menschen, der Einschätzung von Zweierbeziehungen außerhalb der Ehe und von unehelichen Kindern. Die individuellen Gestaltungsformen der sexuellen Beziehungen gehören dagegen in den Privatbereich. Wo alles Private ohne Unterschied veröffentlicht wird, dort erleidet die Person einen Verlust an Öffentlichkeit und, damit verbunden, auch einen Verlust an Privatheit.

Hier läuft ein typisches Verfahren ab, das aus einem fundamentalen Mißverständnis hervorgeht. Gemeint ist die häufig mit naiver Selbstgefälligkeit getroffene Feststellung, daß ein auftretendes Sexualproblem gar kein individuelles Problem ist, sondern viele betrifft und sich durch die Möglichkeit der Quantifizierung als Problem auflöst. So ist es zum Gemeinplatz geworden, daß die Ehe eine unzumutbare Fessel sei, daß man sich nicht einengen zu lassen brauche, weil das der Natur widerspreche, daß man ein Anrecht auf ungehinderte sexuelle Entfaltung besitze. Diese Verlagerung von individuell empfundenen Nöten auf die Ebene der Quantität stellt einen Entlastungsmechanismus dar, der dreierlei verspricht:

Erstens erscheint das Problem dadurch, daß es zahlreiche andere Menschen ebenso angeht, als ein natürliches Phänomen. Gegen die Natur kann und soll man aber nichts machen. Man braucht sich deswegen nicht weiter mit dem Problem abzugeben, denn man hat ja jetzt den wahren Zusammenhang erkannt und ist damit *intellektuell* entlastet.

Zweitens erscheint das Problem durch seine Quantifizierung so allgemein zu sein, daß es praktisch als Problem aufhört zu existieren. Es hat sich in Kommunikation aufgelöst. Der Kontakt des Betroffenen mit vielen anderen und das mit diesen anderen erzielte Einverständnis machen eine individuelle Bemühung um die Klärung des Problems unnötig: er ist *sozial* entlastet.

Drittens ist das Problem, weil es sich als überindividuell herausgestellt hat, nicht mehr von mir allein zu verantworten. Was mir in meiner beschränkten subjektiven Sicht noch als schuldhaftes Verhalten erschienen sein mag, löst sich auf. Ich habe meine Schwierigkeit „ehrlich" an die Öffentlichkeit gebracht und damit der moralischen Norm bereits genügt. Die Moral der rückhaltlosen Bekanntgabe tritt an die Stelle der Verantwortung für die Sache selbst: ich bin *moralisch* entlastet.

Aufgrund dieser Entlastungen scheint der Mensch den unverstellten Kontakt aufbauen zu können, zumal er jetzt mit seiner Sexualität im reinen ist. Damit hat er aber eine um die personale Komponente verkürzte Existenzform bezogen. Der unverstellte Kontakt zum Mitmenschen wird dann nicht von mir als Person geleistet, sondern ich bin nur noch ein Anwendungsfall einer generellen Gesetzmäßigkeit und tue lediglich das, was jeder andere auch tun könnte, so daß es auf mich selbst gar nicht mehr ankommt. Diese Art von Selbstbefreiung erweist sich damit als Bumerang. Ich lebe nicht mehr als Person, in der sich die öffentliche und private Dimension der Sexualität treffen, sondern ich bin auf eine Form der bloßen Selbstbefriedigung zurückgeworfen, die weder eine öffentliche noch eine private Qualität hat.

Wer im Gefängnis sitzt, ist in seiner personalen Entfaltung eingeschränkt und verfällt leicht dem Stumpfsinn der Onanie. Er degeneriert zum Exemplar einer Gattung, die zu quantifizierbaren sexuellen Vollzügen verurteilt ist. Nicht viel anders gebärden sich manche Menschen auch in Freiheit. Sie begeben sich freiwillig in eine eingeschränkte Existenzform und begnügen sich mit einer mehr oder weniger subtilen Selbstbefriedigung. Darüber vergessen sie, daß die Veröffentlichung derjenigen Komponenten der Sexualität, die sich für die Öffentlichkeit eignen, die private Bemühung nicht überflüssig macht, sondern überhaupt erst akzentuiert. Gerade wenn ich in meinem Bewußtsein so weit gekommen bin, daß ich sexuelle Probleme auch als öffentliche erkenne, wird meine private Entscheidung neu gefordert. Ich kann meine persönliche Betroffenheit nicht überlisten, denn auf jeder neuen Bewußtseinsstufe kommt sie wieder hervor. Je mehr ich über die öffentliche Dimension der Sexualität weiß, um so schwerer, aber auch interessanter wird meine private Sexualität.

III

(zu 3) Der dritte Wunsch zielt auf Aneignung erfolgreicher Verhaltensweisen. Hier setzt sich fort, was oben über die Sexualität gesagt wurde. Mit Hilfe von Versatzstücken, die jederzeit herbeigeholt werden können, weil sie allenthalben greifbar sind, wird ein verdinglichtes Empfinden hervorgebracht. Das gilt besonders für die öffentliche Darbietung sexueller Vorgänge, von denen man bisher gemeint hat, sie seien eigentlich Privatsache. Nun aber ist das Sexuelle keine Privatsache mehr – oder, genauer gesagt: es stellt nicht mehr einen Zusammenhang vor, den der Einzelne nur privat und persönlich vertreten kann. Das Sexuelle wird jetzt vielmehr herausgelöst und zum Massenartikel stilisiert, in dem der Einzelne sich nur unter der Bedingung wiedererkennt, daß sein ganzes Sinnen und Trachten auf die Sexualität gerichtet ist, also nichts Besonderes mehr an sich hat. Indem Privates in dieser Form veröffentlicht wird, sinkt der Konsument in eine sterile Privatheit zurück. Dieses Verfahren beruht auf einem dem Kitsch verwandten Modus: Was zum Vorschein gebracht wird, ist das Unechte als Imitation des Echten.

Der Wunsch nach Aneignung erfolgreicher Verhaltensweisen soll vor allem in Gruppenveranstaltungen erfüllt werden. Doch weil man auf der einen Seite versprochen und auf der anderen erwartet hat, eine qualitative Veränderung des Verhaltens oder der Einstellung herbeizuführen, kommt es unter diesem Erfolgszwang lediglich zu unredlichen Quantifizierungen. Die hier chronisch vorgenommene Verwechslung von öffentlich und privat läßt sich an vier Punkten beschreiben.

– Man glaubt, etwas für den Transfer in die „Öffentlichkeit" zu lernen, erlebt aber praktisch nur „privat" ein einmaliges und vielleicht aufregendes Vorkommnis. Gruppenveranstaltungen sind Erlebnisse, die eine punktuelle Erfahrung vermitteln und keinen Transfer zulassen. Die Teilnehmer sind glücklich darüber, daß sie anscheinend nicht offiziell reagieren müssen; ohne es wahrzunehmen, unterliegen sie aber gerade hier der Manipulation. Sie verfallen einem Mißverständnis, wenn sie das Spiel, das sie mitspielen, für eine Simulation des Ernstfalls halten und glauben, sie könnten die eingeübten Reaktionsweisen irgendwo anwenden. Das Spiel hat seinen Sinn darin, daß dem Menschen etwas geboten wird, was er sonst vermißt: die Chance, unter Anleitung zu spielen. Daß es sich um ein gelenktes, nicht freies Spiel handelt, ist wichtig, denn es geht entgegen dem äußeren Anschein nicht um Kreativität und Selbsttätigkeit, sondern darum, daß man sich anders bewegt als sonst. Ein Zusammenhalt der Gruppenteilnehmer kommt dadurch zustande, daß sie alle wie auf Verabredung darin einig sind, zeitweise aus der Realität auszusteigen und zu spielen.
– Obwohl die Veranstaltung keinen Transfer zuläßt, ist sie nicht auf einzelne Personen zugeschnitten. Die „Veröffentlichung" liegt also weniger darin, das Gelernte öffentlich anwenden zu können, als in der Behandlung des Teilnehmers; von ihm bleibt nur das übrig, was sich mühelos „öffentlich" machen und vervielfältigen läßt. Wenn ihm dieses Spiel Spaß macht, sollte er daher wissen, daß das nämliche Spiel mit jedem beliebigen Personenkreis organisierbar ist. Gefragt sind nicht meine Leistung, meine Beziehung, mein Gefühl; sondern ich bin einer von vielen, auswechselbar und als Person uninteressant. Jeder Mitspieler wird in diesem Kreis aufgefangen, ganz gleich, wer er ist und wie man sonst zu ihm steht.

Insofern sind Gruppenveranstaltungen durch ihren massenhaften Charakter gekennzeichnet. In den Gruppen werden die Teilnehmer unausgesprochen, aber wirksam auf ein bestimmtes Muster der menschlichen Beziehungen festgebunden. Nur die hier praktizierten Formen gelten dann als Beziehung, während alle anderen Aspekte als irrelevant ausgeblendet werden. Der Teilnehmer erwirbt keine abstrahierbare Disposition – etwa die der Ichstärke –, sondern bestenfalls dasjenige Muster von Ichstärke, das sich durch die verfügbaren Veranstaltungen und Spiele simulieren läßt.

– Da jede mögliche Qualität hier nur in quantifizierter Form vorkommt, wird magisches Denken gefördert. Der Klient glaubt, er könne mit Hilfe des vorgeschriebenen Ritus private Qualität in öffentliche Quantität umsetzen, übersieht aber, daß er als Klient nie persönlich gemeint ist und nur mit Quantität, nicht mit Qualität konfrontiert wird. Es geht in Wirklichkeit keineswegs um den Erwerb von Fähigkeiten – weil erwerbende Subjekte gar nicht vorgesehen sind –, sondern darum, daß man sich den Regeln für bestimmte Spiele fügt, die vorgeben, solche Fähigkeiten vermitteln zu können. Man kann Qualitäten wie Nächstenliebe oder Ichstärke nicht dadurch lernen, daß man an einschlägigen Rollenspielen teilnimmt und nur noch „Du" oder „Ich" sagt; ebenso wenig, wie man Tapferkeit lernen kann, indem man im Museum alte Waffen betastet. Daß in der Ich-Botschaft das Wort „Ich" vorkommt, ist irreführend. Wäre das verbale „Ich" wirklich geeignet, meine Person zu profilieren, dann könnten wir auch unsere Intelligenz steigern, indem wir dauernd „Gehirn" sagen. Nicht auf das „Ich" kommt es an, sondern darauf, daß damit eine Spielregel, ein vorgeschriebener Ritus eingehalten wird.

– Der quantifizierte Mensch wird ermuntert, seine „Bedürfnisse" zu äußern – als ob sich darin wirklich seine Identität manifestierte. So kommt es zu einer Formalisierung von Bedarfsmeldungen, die für den Unkundigen den Anschein erwecken können, daß hier lauter Personen ihre privaten Wünsche öffentlich machen. Wenn jemand sagt „Ich fühle mich frustriert" – dann scheint das gegenüber früheren Gepflogenheiten, als man das nicht zu sagen wagte, sondern herunterschluckte und seinen Weg auf eigene Faust suchte, eine offenere und freiere Form zu sein. Dieser Eindruck trügt. Den Teilnehmern wird suggeriert, das Bedürfnis, sich wohlzufühlen, sei allgemein anerkannt. Daraus entsteht der Anspruch, mit der „Ich-Botschaft" überall Gehör zu finden. Wenn ich erkläre, daß ich mich frustriert, verwirrt und unsicher fühle, dann sollen die anderen reagieren und sich darauf einstellen.

Vorausgesetzt ist, daß ich normalerweise nicht gekränkt sein darf und soll. Mein Recht auf seelische Hygiene, auf einen ausgeglichenen Gemütshaushalt wird so wichtig, daß die anderen es respektieren müssen. Ich rücke ins Zentrum der Aufmerksamkeit – allerdings nur, solange die anderen mitspielen. Eben da liegt der kritische Punkt, denn die Beachtung meiner Bedürfnisse wird nur gespielt. Wir simulieren die Wichtigkeit dessen, was den Einzelnen bewegt. Das können wir aber nur, weil dieses Spiel etwas anderes ist als die Wirklichkeit.

De facto sind alle diese Formen der gestellten Äußerung und Befriedigung von Bedürfnissen schon Merkmale einer sekundären Existenz. Man hat sich stillschweigend damit abgefunden, daß es primär nicht um die Bedürfnisse des Einzelnen geht, weil sich im Grunde kein Mensch für sie interessiert.

Insgesamt ist zu sagen: In Gruppen sind die Spielregeln des Verhaltens, Sprechens und Denkens nicht etwa freier als im durchschnittlichen Alltagsleben, sondern strenger. Veranstaltungen, die mit dem Ziel operieren, die Privatheit des Individuums zu durchbrechen und dieses Individuum in die Öffentlichkeit hineinzustellen, leisten das Gegenteil von dem, was sie versprechen. Sie bieten eine interne, geregelte, ausgegrenzte, beschränkte Öffentlichkeit; sie spiegeln dem Einzelnen seine Sehnsucht nach Strenge und Ritus, nach Ordnung und Übersicht, nach Kindlichkeit und Unterwerfung zurück; sie verstoßen ihn damit in das Niemandsland zwischen öffentlich und privat, wo er hilflos ist und jede eigene Orientierung verliert. Der pädagogische Angriff auf die Freiheit kommt nicht von ungefähr: das moderne Individuum trägt ihn gegen sich selber vor.

IV

(zu 4) Die drei genannten Wünsche lassen sich im Wunsch nach wirksamer Lebenshilfe zusammenfassen. Auf ihn will auch die Sexualerziehung antworten. Abgesehen von allen Einzelzielen läßt sich erkennen, daß Sexualerziehung ihrem Charakter als Veranstaltung nach eine Chiffre für ein distanziertes Verhältnis ist. Man weiß nicht genau, was Kinder auf sexuellem Gebiet denken und tun, und man will es auch gar nicht genau wissen. Es geht den Erwachsenen vielmehr darum, sich zu ihrer „Verantwortung" für die Sexualität des Kindes zu bekennen, zugleich aber weder konkret Stellung nehmen noch bestimmte Maßnahmen ergreifen zu müssen. Damit wird auch eine neue Variante des Verhältnisses von öffentlich und privat sichtbar. Sexualerziehung will einerseits Privates öffentlich diskutieren und gemeinsame Entwicklungsphasen, Nöte und Probleme junger Menschen ansprechen, andererseits aber auch dem einzelnen Kind eine spezifische Lebenshilfe geben. Da beides zusammen nicht möglich ist, verharrt Sexualerziehung in einer gleichbleibenden Distanz zu ihrem Problemkreis.

Hier kommt es zu einer pädagogischen Spiral-Bewegung. Ich kann dem einzelnen Kind nur helfen, indem ich ihm zeige, daß es mit seinem Problem nicht allein steht, daß viele andere dieses Problem ebenso haben, daß es nicht persönlich minderwertig ist, wenn es an diesem Punkt leidet, daß man darüber sprechen und Unterstützung bieten kann. Aber indem ich das tue, wird meine Hilfe „pädagogisch". Sie muß dann nach Art anderer pädagogischer Programme organisiert werden und gerät bald in den Raster von Durchschnittswerten und Standardabweichungen. Pädagogische Lebenshilfe ist nur praktikabel als Konglomerat normierter Unterweisungen und Maßnahmen. Bearbeite ich daher das Kind auf diese Weise, so kommt das Problem auf der jeweils höheren Ebene der Spirale regelmäßig wieder auf das Kind zurück: allerdings immer weniger als seine persönliche Schwierigkeit in der Sache selbst, dafür aber immer mehr als Abweichung von der Norm. So formalisiert sich das Sexualproblem und entfremdet sich von seinem Ursprung.

Daß das Sexuelle nicht auf das Genitale begrenzt werden darf, wird akzeptiert, denn seit Freud haben wir Kenntnis von Charakter und Funktion der kindlichen Sexualität. Aber was folgt daraus? Die Pädagogik leitet aus der Universalität des Sexuellen die Berechtigung und Verpflichtung ab, frühzeitig mit der Erziehung auf diesem Gebiet einzusetzen und eine unkontrollierte Fehlentwicklung nicht zuzulassen. Doch vielleicht verfügt das Kind nicht nur über die Sexualität, sondern auch über andere Potenzen schon viel früher, als wir uns das gedacht haben – etwa über Selbständigkeit, Urteilsfähigkeit und eigenes Denken. Auch diese Kräfte müßten wir zur Geltung kommen lassen. Das aber hieße: nicht mehr, sondern weniger Pädagogik; nicht Vorverlegung der Lenkung ins frühe Kindesalter, sondern Hinnahme größerer Freiheit; nicht Ausdehnung erzieherischer Maßnahmen, sondern kritische Begrenzung des Dranges nach Pädagogisierung aller Lebensgebiete.

Der Streit darüber, wer zur Sexualerziehung berechtigt ist, in welchem Alter sie einsetzen und ob sie für alle Schulkinder obligatorisch sein soll, spiegelt eine dreifache Abstraktion von der Welt des Kindes. Erstens besteht eine Konkurrenz zwischen den

Vermittlern (Elternhaus versus Schule). Zweitens herrscht ein ungebrochener Glaube an die Didaktik: was an der Sexualität wichtig ist, könne prinzipiell auch gelehrt werden. Drittens wird ein bestimmter Stellenwert der Sexualität für alle Kinder einer Altersstufe festgeschrieben. Organisierte Sexualerziehung läuft Gefahr, sich zu verselbständigen und zu einer Veranstaltung zu werden, in der Erwachsene nicht auf Kinder treffen, sondern nur auf sich selbst.

Jede klare Aussage in der Sexualerziehung ist problematisch; sie vergleicht das Kind mit anderen und potenziert damit seine Schwierigkeiten, anstatt sie zu beheben. Deswegen kommt es auch hier dazu, daß der gute Wille zur Hilfe die Klientel erst definiert. Ein Heer von Experten steht bereit, um als Ratgeber auch in sexuellen Fragen hilfreich zu sein. Pädagogen und Therapeuten wittern überall Opfer, deren sie sich annehmen können: Anomale, Deviante, Frustrierte, Kranke, Irre, Perverse, Hilflose, Unaufgeklärte, in Vorurteilen Befangene. Deren bislang für privat gehaltene Probleme werden nun öffentlich gemacht und als allgemein verbreitete Probleme präsentiert. Dies geschieht unter der unbezweifelten Annahme, daß Aufklärung, Unterweisung, Belehrung auf jeden Fall gut sind, da man solchen Schwierigkeiten durch rechtzeitige sachadäquate „Erziehung" vorbeugen kann.

Nun sind aber im sexuellen Bereich ganz verschiedene Akzentsetzungen möglich, denn manches ist objektivierbar, anderes nicht. Auch „Erfahrungen" sind nicht eindeutig zu vermitteln. Es gibt Erfahrungen, die sich auf das beziehen, was immer wiederkommt; und es gibt andere, die von den unwiederholbaren Punkten und Phasen in der eigenen Lebensgeschichte ausgehen. Bestimmte Handlungsweisen kann man vorher nicht üben, weil sie nie als Übungsfall, sondern immer nur als Ernstfall vorkommen. Wie es in der Ehe oder in der Partnerbeziehung zugeht, welche Schwierigkeiten berufliche Doppelbelastung oder Aufzucht von Kindern in einer engen Hochhauswohnung mit sich bringen, läßt sich nicht vorher schon in der Schule lernen. Was sich zwar ebenfalls nicht „lernen", aber doch diskutieren läßt, ist das Verhältnis von öffentlichen und privaten Elementen: daß es für das Sexualleben öffentliche und private Voraussetzungen gibt; daß die Probleme keineswegs im ganzen schon geklärt sind, wenn lediglich ihre bloß öffentlichen oder bloß privaten Aspekte stimmen; daß weder ein Ausfall im öffentlichen Bereich mit privater Unzulänglichkeit noch ein Versagen im privaten Bereich mit öffentlichen Versäumnissen erklärt oder entschuldigt werden kann; daß sich keineswegs alle privaten und alle öffentlichen Elemente gegeneinander konvertieren lassen.

Aus diesen Erwägungen folgt, daß wir nicht an die „Natur" des Menschen herankommen. Eine Auffassung der Sexualität, die der Dialektik von öffentlich und privat Rechnung trägt und sich in einer gewissen Distanz hält, ist dieser Erkenntnis am besten angemessen. Sobald wir versuchen, die Sexualität an ihrer „natürlichen" Wurzel zu fassen, leisten wir der Entfremdung und Verunsicherung Vorschub. Ist es wirklich so, daß wir die Welt immer nur anders interpretiert, aber nicht verändert haben? Oder wird eine wirkliche Veränderung erst durch eine neue Interpretation vollendet? Wir interpretieren auch heute immer weiter; aber gerade darin vollzieht sich vielleicht eine spürbare Veränderung, denn diese Interpretation legitimiert sekundäre Lebensformen. Der kritische Beobachter versucht, diesen Vorgang aufzuklären, kann allerdings die Entfremdung nicht aufhalten; denn die Interpretation ist selbst zu einer Form der Veränderung geworden: wirkt sie doch so nachhaltig, daß sie den Wandel mit herbeiführt und festschreibt. Bewußtsein und Sein treiben einander voran. Reduziertes Bewußtsein entspricht reduziertem Sein; und wer sich an jenes gewöhnt, gewöhnt sich auch an dieses. Gewinnt der Mensch seine Identität nur noch dadurch, daß er seine „privaten" Bedürfnisse „öffentlich" befriedigt, dann akzeptiert er ein reduziertes Bewußtsein von sich selbst und begnügt sich auch mit einem auf Bedürfnisse reduzierten Sein.

Die Grenze der Pädagogik wird immer weiter in den zu kolonisierenden Freiraum vorangetrieben, so daß mehr und mehr Fragen verhandlungsfähig werden. Der moderne Mensch sieht sich auch in den letzten privaten Schlupfwinkeln von pädagogischen Spürnasen aufgestöbert. Das kann befreiend wirken, wenn der Einzelne jetzt über Dinge zu sprechen wagt, die ihn bisher bedrückten und stumm machten. Gleichwohl ist damit zu rechnen, daß die Entwicklung auch hier so ähnlich wie in der Technik verläuft, wo man das, was man tun kann, praktisch auch tun muß. Falls es so kommt, gibt es dann in der Erziehung keine Kann-Bestimmungen mehr. Sind die Instrumente der Veröffentlichung des Privaten, der totalen inhaltlosen Kommunikation einmal verfügbar geworden, dann können wir nicht mehr anders, als total zu kommunizieren und alles Private zu veröffentlichen.

Die ersten Folgen sind heute schon erkennbar. Sie bestehen darin, daß die Betroffenen sich neue Tabus schaffen. Der Einzelne zieht sich zurück in den undurchschaubaren Bereich, den er für sich allein in Anspruch nimmt: meist durch Devianz, seltener durch Aussteigen aus der Gesellschaft, gelegentlich auch durch Terror gegen die Mitmenschen. Mit dem Terrorismus ist das Niemandsland, dem auch die meisten Nicht-Terroristen zustreben, voll erreicht. Damit, daß der Terrorist weder eine private noch eine öffentliche Existenz hat, ist er dem Nicht-Terroristen lediglich um einen Schritt voraus. Der Terrorismus ist zwar eine Reaktion gegen die Gesellschaft, zugleich aber deren abstrahierte und als Karikatur herausgehobene logische Konsequenz.

2. Tarnung durch Konvention: Der Mythos von der konfliktfreien Gesellschaft

I

Darin sind wir alle einig: daß wir Konflikte nicht wünschen. Es soll keine Spannungen, keine Unruhe, keine Fehler geben. Deswegen hat das richtige Verhalten die oberste Priorität. Einer Pädagogik, die „effektiv" sein soll, kann dabei nur die Aufgabe zufallen, die Selbstreproduktion des öffentlichen Lebens zu entstören. Sie wird zum sozialen Waschmittel, das die Gesellschaft sauber hält. Das gelingt aber nur unter der Voraussetzung, daß der Mensch in einen geschrumpften Aggregatzustand versetzt wird. Bei diesem Vorgang kommt es zu einer Amputation, die ganze Dimensionen der menschlichen Existenz verkürzt:

- die Zeitdimension: alles geschieht außerhalb der Geschichte in universaler Gleichzeitigkeit;
- die Raumdimension: was irgendwo stimmt, muß überall stimmen; der universalen Gleichzeitigkeit entspricht eine universale räumliche Nähe;
- die Wertdimension: alles ist gleich viel wert und steht in einer Reihe, so daß man jede Art der „Selbstverwirklichung" als Konsumgut auswählen kann;
- die Beziehungsdimension; jeder Mensch steht jedem anderen Menschen gleich nah oder gleich fern, so daß vertiefte Beziehungen überflüssig werden;
- die rechtliche Dimension: es geht vor allem um Unterwerfung und Einordnung, denn recht hat das Ganze, nicht der Einzelne.

Das alles zeigt sich in einer Reihe von Verwechslungen. Ihnen liegt die Annahme zugrunde, der unabhängige Mensch sei der gute, der abhängige der schlechte. Beide werden aber immer schon so gesehen, daß in Wirklichkeit nicht der unabhängige, sondern der unauffällige Mensch gemeint ist, während nur der Auffällige als abhängig gilt. Konflikte scheinen die vermeintliche Unabhängigkeit des Individuums und ebenso das Gleichgewicht der Gesellschaft zu gefährden. Die Gesellschaft entspannt sich laufend, indem sie die möglichen Spannungen auf das Individuum abführt.

In dem modischen Erziehungsziel „Konfliktfähigkeit" durchmißt die Irreführung durch die Sprache gleich mehrere Stufen. Nimmt man den Begriff unbefangen auf, dann scheint er zu besagen: Es gibt in der Welt und im Leben jedes Einzelnen an gehöriges Maß an Konflikten, die er bestehen muß; die Erziehung rüstet ihn mit dieser Eigenschaft aus, so daß der erzogene Mensch, nachdem er seine Lektion eingeübt hat, den ihn erwartenden Konflikten getrost entgegentreten kann.

Eine aufmerksame Betrachtung würde jedoch eher das Gegenteil zutage fördern. Die offizielle Erziehung geht davon aus, daß es in der Gesellschaft gar keine Konflikte geben soll. Störungen der Ordnung und des Gleichgewichts sind daher im Zweifelsfall dem Einzelnen anzulasten. Dieser übernimmt die Aufgabe, solche Mißklänge möglichst gering zu halten und nicht etwa durch auffälliges Gebaren selbst zum Störfaktor zu werden. Konfliktfähig sein heißt demnach im Klartext: drohende Konfliktpotentiale entweder auflösen (sofern man dazu die Macht hat) oder an andere weiterreichen und sich damit selbst aus der Schußlinie nehmen. In einer konfliktunfähigen Gesellschaft kann nicht zur Fähigkeit des Umgangs mit Konflikten erzogen werden, weil der Einzelne nur dann Erziehungsziele erreichen und dadurch gesellschaftliche Anerkennung finden kann, wenn er sich am Vernebeln, Verschweigen und Ignorieren von Konflikten beteiligt.

Solche Verwechslungen kommen dort zustande, wo die Toleranzbreite der Gesellschaft ihre kritischen Punkte erreicht. Was als tolerables und unauffälliges Gebaren integriert oder sogar als stabilisierender Faktor gebraucht werden kann, entlastet den Einzelnen; was jenseits des kritischen Punktes liegt, belastet ihn. Die Verwechslung besteht darin, etwas in der Person selbst zu suchen, was nur durch das Verhältnis einer Person zu anderen erklärbar wird, also Beziehungswerte für Eigenschaften zu halten. Fünf typische Formen dieser Neigung, sich durch Verwechslungen täuschen zu lassen, seien beispielhaft dargeboten.

II

Die erste ist die Verwechslung von *Unabhängigkeit und Erfolg.* Es gibt vielfältige Formen der Abhängigkeit. Einige unter ihnen treten nur deswegen nicht als solche in Erscheinung, weil sie sozial anerkannt sind und zum normalen Lebensstil gerade auch des erfolgreichen modernen Menschen gehören. Abhängigkeit kann sich ausdrücken in übertriebenem Ehrgeiz, im Drang nach immer neuem Sexualverkehr, in Freßgier, Fernsehdrang, Geiz, Arbeitswut. Man merkt den Betroffenen oft gar nicht an, daß sie bei aller äußeren Aktivität unfrei und triebbestimmt reagieren, also in Wirklichkeit passiv und nicht selbständig sind. Wie durch Rauschdrogen wollen sie durch soziale Drogen Leiden mildern, Unangenehmes vergessen, Verantwortung wegschieben.

Abhängigkeit ist ein soziales Phänomen. In ihr durchdringen sich persönliche und gesellschaftliche Probleme. Es gibt einflußreiche Menschen, die davon abhängig sind, daß andere sozial von ihnen abhängen. Wer selber sozial abhängig ist, kann sich keine Kritik erlauben und darf nicht sagen, daß der erfolgreiche Vorgesetzte als Person abhängig ist. Die Feststellung persönlicher Abhängigkeit erweist sich als Funktion sozialer Unabhängigkeit. Es ist noch immer so, wie der junge Marx es gesehen hat: Wer keinen Beruf zum Studieren hat, aber Geld besitzt, der hat dann auf einmal auch den Beruf zum Studieren. Ähnlich verhält es sich mit dem Abhängigen. Wer persönlich abhängig ist, aber Einfluß und gesellschaftliche Stellung hat, der ist scheinbar selbst nicht abhängig; die Tatsache, daß andere sozial von ihm abhängen, verdeckt seine eigene Abhängigkeit.

Gesellschaftliche Konstellation und Machtverhältnisse verzerren die wirklichen Zustände oder lassen sie doch anders erscheinen, als sie sind. Es fragt sich immer, welche Art von Abhängigkeit gerade zur Diskussion steht. Gleichwohl ist das, was unter kritischem Gesichtspunkt Verzerrung genannt werden muß, Ausdruck der tatsächlich erfahrbaren Verhältnisse. Hier konkurrieren zwei Aspekte der Realität. Die Frage lautet nicht, wer abhängig ist, sondern, wer sich leisten kann, einen anderen abhängig zu nennen. Der Drogensüchtige fällt nur deswegen besonders auf, weil er zugleich sozial deklassiert ist; in dieser Randposition darf er sich nicht verteidigen, darf andere nicht kritisieren oder auf sie Druck ausüben. Er gerät immer weiter in die Omega-Position hinein und wird dadurch auch von seiner Droge immer mehr abhängig. Der soziale Charakter der Abhängigkeit erlaubt die Vermutung: das „Böse" ist nicht nur die Unfreiheit des Abhängigen selbst, sondern ebenso die gesellschaftliche Abwertung.

Wie reagieren die landläufigen therapeutischen Hilfsmaßnahmen? Sie antworten nicht unmittelbar auf die eingetretene Notlage, sondern interpretieren zunächst, um was für eine Notlage es sich handelt. Will ein Therapeut auf die Wirklichkeit Bezug nehmen, so wird er sich diese Wirklichkeit zuerst so zurechtlegen, daß eine seiner Ausbildung entsprechende Bezugnahme möglich wird. Er pflegt von einer festen Vorstellung davon auszugehen, was der Mensch ist, welche Probleme möglich sind, wie sich der Einzelne in der Gesellschaft bewegen soll. Von diesem Ansatz aus deutet er den vorliegenden Fall, um herauszufinden, wo der Hase im Pfeffer liegt. Die Voraussetzungen der Therapie sind verschieden, je nachdem, worauf es nach Auffassung der einzelnen Schule wesentlich ankommt: auf das frühkindliche Erlebnis, auf soziale Einflüsse, auf die Beziehungen zum Mitmenschen, auf den Vergleich mit anderen, auf die Identität.

Man kann daher nicht einfach feststellen wollen, wo der „Fehler" begonnen hat, denn was als Fehler gilt, ist selber nur das Ergebnis einer Deutung, die ihrerseits auf für wahr gehaltenen Vorannahmen beruht. Wer denkt, es ginge in diesen Befunden um richtig oder falsch im absoluten Sinne, der wird auch immer nur mehr derselben Lösung anbieten, weil er die eine Form des „richtigen" Lebens, die er kennt, für die allein mögliche hält.

Wo wir nur eine einzige positive „Karriere" vorsehen, dort ist auch die Karriere des Süchtigen in groben Zügen vorgezeichnet. Die Delinquenz-Karriere läßt sich damit als negatives Spiegelbild der Erfolgs-Karriere begreifen. Erscheint uns der Weg des Abhängigen oder Delinquenten als ein nahezu unausweichlicher Prozeß, in dem jeder Schritt den nächsten programmiert, so lenkt uns dieser Eindruck davon ab, daß auch der „normale" Lebensweg de facto ohne Alternative gesehen wird. Der zwanghafte Charakter der Drogen- oder Delinquenz-Karriere ist die Kehrseite des beschränkten und einseitigen Menschenbildes, das „erfolgreicher" Bearbeitung zugrundeliegt.

III

Wie Erfolg mit Unabhängigkeit, so kann *Unauffälligkeit mit Ordnung* verwechselt werden. Wenn Devianz oder Drogenabhängigkeit festgestellt wird, dann bemüht sich die Sozialwissenschaft um eine einleuchtende Erklärung. An diesem Bemühen ist der Versuch bemerkenswert, an irgendeiner Stelle dieses unübersichtlichen Terrains auf festen Grund zu kommen. Man geht davon aus, daß ein Konflikt vorliegen muß: wäre alles in glatten Bahnen verlaufen, so hätte es ja zu einem auffälligen Verhalten gar nicht kommen können. Aber die Annahme von „Konflikten" ist eine Fiktion, die man braucht, um auf ihr ein therapeutisches oder pädagogisches Gebäude aufrichten zu können. In Wirklichkeit gibt es keinen eindeutig bestimmbaren Anknüpfungspunkt. Abweichendes Verhalten tritt überhaupt nicht aus einem einzelnen Grund auf. Von Konflikt zu sprechen, hat also nur einen heuristischen, keinen tatsächlichen Sinn. Solche hypothetischen Konstruktionen mögen methodisch-didaktisch hilfreich sein, klären jedoch nicht die Umstände.

Immer wieder hören wir: Wenn jemand Alkohol oder Drogen nimmt, will er einem Konflikt entfliehen, denn er befindet sich in Schwierigkeiten, aus denen er keinen anderen Ausweg sieht. Aber der Begriff „Konflikt" ist nur ein Modus der Interpretation. Bei sozial anerkanntem abhängigem Verhalten (Rauchen, mäßigem Trinken, reichlichem Essen) fragt kein Mensch nach Konflikten. Man hat sich daran gewöhnt, daß das zum normalen Leben gehört. Zum „Konflikt" als Antwort auf die Frage nach den „Ursachen" greift man erst bei sozial nicht anerkanntem Gebaren (Rauschgiftkonsum, übermäßigem Trinken). Würde Haschisch morgen legalisiert, so spräche binnen kurzem niemand mehr von Konflikten im Zusammenhang mit Haschisch; ebenso wenig wie man heute jemanden, der ein Glas Bier trinkt, danach fragt, welchen Konflikt er damit hinunterspülen will.

Im übrigen herrscht hier eine personalistische Auffassung: jedes Individuum soll seine Konflikte ordnungsgemäß auf eine sozial anerkannte Art „bewältigen". Schon die Erziehung geht davon aus, den jungen Menschen „konfliktstark" zu machen. Das heißt: er soll ordnungskonform reagieren und sich auf unvorhergesehene Konflikte gar nicht erst einlassen. Wenn schon Konflikte da sind, dann sollen sie wenigstens in harmonischer und übersichtlicher Weise gedeutet und gelöst werden. Nun ist aber der Konsum von Drogen keineswegs von Konflikten abhängig. In pädagogischen Institutionen (Schulen, Heimen) erschien vielmehr die erste Drogenwelle in Gestalt einer Epidemie, nicht aufgrund persönlicher Konflikte. Denn der einzelne Jugendliche existiert dort ja vor allem im sozialen Kontakt mit anderen, weniger als isolierbares Individuum mit spezifischen Problemen. Gängige Erklärungsversuche (zerbrochenes Elternhaus, Kontaktschwierigkeiten, schlechter Umgang) bringen nichts ein, weil sie das Problemfeld nicht ausmessen können und daran festhalten, daß Unauffälligkeit ein Ausweis von Ordnung sei.

Doch selbst wenn man einige Gründe oder Teilgründe für den Konsum von Drogen und Alkohol benennen könnte, dann wäre doch diese Gewohnheit inzwischen ein Bestandteil der Person geworden; sie hat vielleicht die Beziehungen des Betroffenen zu seinen Mitmenschen in der Zwischenzeit vergiftet, so daß sie sich gar nicht mehr in der alten Form herstellen lassen. Der Mensch ist ein geschichtliches Wesen. Es nützt nicht viel, danach zu graben, warum er ursprünglich mit dem Drogenkonsum angefangen hat, denn die Umstände haben sich in jedem Fall so verändert, daß er ohnehin nicht mehr dort anknüpfen kann, wo er sich vorher befunden hatte. Die Suche nach „Gründen" ist Ausdruck eines falschen, durch mechanistisches Denken geprägten Bildes der menschlichen Existenz. Was auch immer an Gründen für das Gebaren eines Menschen herausgefunden werden kann: dieses Gebaren hat immer bereits geschichtliche Folgen gehabt, an denen er selber ebenso zu tragen hat wie die anderen.

Wie Unauffälligkeit für Ordnung, so wird Auffälligkeit für Unordnung gehalten. Wenn Eltern davor Angst haben, daß ihre Kinder Rauschgift nehmen, so bezieht sich diese Angst sicherlich auch auf die tatsächliche Gefahr des Rauschgifts; vor allem aber darauf, daß die Kinder in ein anderes Wertsystem übertreten. Konsum von Drogen innerhalb des gewohnten und sozial anerkannten Wertsystems wird weniger gefürchtet. Eltern wollen ihre Kinder unter Kontrolle behalten. Solange die Kinder nur rauchen oder trinken, tun sie nichts anderes als die Eltern selbst. Erst die verbotene Droge signalisiert den Übertritt in eine fremde, von den Eltern unabhängige Welt. Konkurrieren verschiedene Wertsysteme, so wird die Kommunikation schwierig, da sie nicht mehr in den gewohnten Bahnen ablaufen kann; denn die Prämisse der bisherigen Ordnung, daß Eltern klüger und erfahrener sind als Kinder, gerät dann außer Kraft.

Wird Pädagogik zur sozialen Droge, so stilisiert sie die Überlegenheit des „geordneten" Handelns erwachsener Erzieher über das „ungeordnete" Reagieren von Kindern oder als kindlich einzustufenden anderen Erwachsenen. Sie will dann alle Probleme, die irgendwo entstehen, in den Griff nehmen. So gibt es eine Pädagogik des Alterns, der Freizeit, der Sexualität. Sie kann zwar die wirklichen Probleme auf diesen Lebensgebieten nicht lösen, wirkt aber wie eine von der Gesellschaft oder vom Staat verordnete Medizin, die jederzeit verfügbar ist. Dadurch wird nicht nur der Adressat, sondern auch der die Gesellschaft vertretende Erzieher entmündigt und aus dem Spielraum eigener Entscheidung herausgenommen. Der Glaube an die Verläßlichkeit der verabreichten Droge nimmt den Charakter von Abhängigkeit an. Die wichtigste Funktion dieser Droge ist, daß die Gesellschaft sich beruhigt: sie hat sich in der Krisensituation die einschlägige Pädagogik selbst verschrieben und glaubt damit die Probleme losgeworden zu sein. Doch wie beim Drogenkonsum sind auch hier die Schwierigkeiten nur verdeckt oder verschoben. Man regt sich auf, wenn jemand Drogen nimmt, und verkündet, hier habe offensichtlich die Erziehung versagt, verwendet indessen auch „Erziehung" nicht anders als eine Droge.

IV

Wie der Schein von Ordnung gewahrt werden kann, solange nichts Auffälliges geschieht, so kann eine Maßnahme moralisch aussehen, wenn sie nur der „Sauberkeit" dient. Das Problem der Reinlichkeit, der Freihaltung von Schädlingen, der prophylaktischen Desinfizierung ist auf drei Ebenen von besonderem Interesse: auf der ersten geht es um die saubere Umwelt, auf der zweiten um die saubere Gesellschaft, auf der dritten um den sauberen Menschen. „Erziehung" pflegt vor allem auf der dritten Ebene einzugreifen, macht sich aber auch auf den beiden anderen bemerkbar und trägt dazu bei, daß auf allen drei Ebenen *Sauberkeit mit Moral* verwechselt wird.

Das nächstliegende Motiv zum Engagement ist gegenwärtig das Bedürfnis nach sauberer Umwelt. Hier überwiegen die pessimistischen Prognosen: da der Untergang als Ersticken am eigenen Müll unaufhaltsam auf uns zukomme, seien einschneidende Maßregeln notwendig: rigorose Kontrolle der Wirtschaft, Kampf gegen die Bevölkerungskonzentration, Reglementierung des Marktes, Behebung der Schäden nach dem Verursacherprinzip, Verbot umweltschädlicher Produkte, Einschränkung der Werbung, Stärkung der Staatsgewalt (wir werden gleich sehen, daß dieser repressive Grundtenor auch für die zweite und dritte Ebene gilt). Zugleich erkennt man aber auch schmerzhaft, daß für viele dieser gewünschten Eingriffe niemand zuständig ist. Offenbar kann der Mensch nur noch das Nächstliegende tun. Er kann beträchtliche Initiative entfalten, um einen Betrieb aufzubauen, die möglichen Folgen aber weder übersehen noch regeln; er kann Schulen mit maximaler Effizienz schaffen, die aus diesen Schulen Ausscheidenden aber nicht fördern; er kann sich selbst durch persönliche Tüchtigkeit voranbringen, aber nicht abschätzen, inwieweit dies auf Kosten anderer geht.

Damit sind wir bereits auf der zweiten Ebene. Die Verwechslung von Gesinnung und Entscheidung sowie die Tendenz, durch das Eintreten für die saubere Umwelt auch weitere Probleme gleich mit zu lösen, münden in das Verlangen nach sauberer Politik und Gesellschaft. Gerade auf politischem Gebiet besteht eine starke Sehnsucht nach Wahrheit, Klarheit und übersichtlichen Verhältnissen. Schon im Nationalsozialismus war die Sauberkeit ein zentrales

Thema. Die „Verseuchung" von Land und Volk durch Fremdrassige wurde so präsentiert, daß der hygienische Instinkt des in seinen geheimen Ängsten getroffenen Kleinbürgers sich dagegen empören mußte. „Richtiges" Handeln konnte in diesem Klima nicht von sachbezogenen Programmen und überzeugenden gesellschaftspolitischen Konzeptionen erwartet werden, sondern von den „richtigen" Menschen, die aufgrund einer scheinbar naturhaften Über- und Unterordnung dazu berufen waren. So kam es zur unheilvollen Kombination von totalitärem Herrschaftsapparat und agrarischer Idylle.

Da derartiges Vorgehen erst dann Erfolg verspricht, wenn die Menschen Einsicht in Notwendigkeit gewonnen haben, erklimmen wir an diesem Punkt die dritte Ebene: nach der sauberen Umwelt und der sauberen Gesellschaft geht es jetzt um den sauberen Menschen selbst. Hier beginnt die Domäne der Pädagogik. Daß gerade auch die Erziehung auf Sauberkeit drängt und dieses Drängen als Bewahrung der Moral ausgibt, zeigt sich unter drei Aspekten, wenn wir eine prüfende, eine vorbeugende und eine entlastende Erziehung unterscheiden. In allen drei Fällen findet sich die Verwechslung von Sauberkeit und Moral.

Die prüfende Erziehung betrifft vor allem den Schulbetrieb, das Lernen, die Auslese, die Beurteilung. Der Schüler muß seine Leistung von Fehlern freihalten; die saubere Leistung ist die fehlerfreie, denn jede Beeinträchtigung verunstaltet das Ergebnis. Schlechtere Leistung ist zugleich moralisch schlecht: offenbart sie doch negative Eigenschaften (Faulheit, Dummheit, Willensschwäche) und setzt das gesellschaftliche Ansehen des Betroffenen herab. Über die Schule hinaus macht sich die prüfende Erziehung auch bei anderen Gelegenheiten bemerkbar. Sie wirkt sich überall dort aus, wo es um Arbeit, Ansehen und sichtbaren Ertrag geht. Der saubere, gesellschaftlich anerkannte Mensch darf sich keine Minuspunkte einhandeln und muß zusehen, daß nichts Böses in seinen Akten steht. Er bewegt sich nach Art des Springreiters fort, der keinen Balken abwerfen darf, wenn er die Traumnote Null erhalten will.

Dieses Denken legt eine nicht erst nachträglich reagierende, sondern schon frühzeitig eingreifende Erziehung nahe. Vorbeugende Erziehung zielt darauf ab, das Schädliche gar nicht erst aufkommen zu lassen. Weil der Bazillus sowohl unsauber als auch bösartig ist, muß der Keim der sozialen Seuche durch vorsorglichen pädagogischen Eingriff erstickt werden. Hier bricht sich in der Pädagogik ein biologisches Denken Bahn: die Gesellschaft als großes Krankenhaus, als keimfreier Verein, als moralisch einwandfreie Formation. Moral wird verstanden als Abwesenheit von Schmutz, als Merkmal eines noch nicht verseuchten Geländes. Kriminelle Elemente (die durch „Unsauberkeit" auffallen) sind aus den Wohnvierteln fernzuhalten, sonst bleibt die pädagogische Sanierung wirkungslos. Das Urteil, ein bestimmter sozialer Einfluß sei schädlich, ist schnell ausgesprochen. So können auch familiäre Konflikte, neue Moralsysteme, ungewohnte Ansichten, eine Verschiebung der Interessen im Wechsel der Generationen und Spannungen aller Art für Erziehungsmängel gehalten werden.

Schließlich ist von der entlastenden Erziehung zu sprechen. Will die prüfende Erziehung die Reinheit von Fehlern, die vorbeugende Erziehung die Reinheit von Bazillen, so die entlastende Erziehung die Reinheit von Kummer und Leiden. Wer unter psychologischem Druck steht, sich nicht verwirklichen kann, Mißerfolge erntet und an der Umwelt Anstoß nimmt, dem soll und kann geholfen werden. Die Konflikte stören ihn, sie schmälern seine Leistung, seine Integration, seine Beliebtheit und müssen deswegen verschwinden. Sein seelischer Kreislauf wird entstört, gereinigt, von Blockierungen befreit, damit er als Individuum wieder mit sich selbst „ins Reine" kommt.

Auf diese Weise fördert die Pädagogik den sauberen Menschen, der zugleich als der gute Mensch durchgehen kann. De facto wird aber durch diese Verwechslung von „sauber" und „moralisch" der Moral die Basis entzogen; denn es geht dann nur noch darum, die Menschen sachadäquat einzuteilen. Wer diesem Verfahren zustimmt, will Feststellungen treffen und mit Sicherheit sagen können, wo die positiven und negativen Elemente angesiedelt sind. Moral ist nicht mehr eine Sache der Entscheidung, der freien Wahl, der Bewährung bei persönlichen Anforderungen; sie ist keine Frage des Denkens, des Willens, des Entschlusses mehr, sondern ein Merkmal des hygienischen Aggregatzustands.

V

Erfolg kann für Unabhängigkeit, Unauffälligkeit für Ordnung, Sauberkeit für Moral gehalten werden. Ebenso ist es möglich, daß der moderne Mensch zwar immer perfekter kommunizieren, seine wirklichen Probleme aber immer weniger lösen kann. In dieser mißlichen Lage neigt er dazu, *Kommunikation schon für Problemlösung* zu halten. Er beansprucht das, was er kann, für das, was er nicht kann, und erklärt dieses durch jenes als erledigt.

Umgang mit Kommunikationsmitteln bedeutet Autorität. Wer Illustrierte aufschlägt, kann täglich die kuriose Erscheinung wahrnehmen, daß jemand allein, weil er beim Fernsehen arbeitet und vielen Zuschauern bekannt ist, auch als prominent gilt. Hier verschränken sich traditionelle Denkmuster mit modernen technischen Medien. Früher konnte nur der Prominente auch allgemein bekannt werden, heute gilt umgekehrt nur, wer allgemein bekannt ist, als prominent. Das Publikum hat aber diesen Wandel noch nicht mitvollzogen; es denkt, ein Fernsehansager, der zu Millionen spricht, gehöre zu denen, die diesen Millionen überlegen sind, und müsse daher auch besser als sie über alles Wichtige Bescheid wissen.

Die Verwechslung von Kommunikation und Problemlösung zeigt sich besonders einprägsam am Beispiel der gesellschaftlichen und pädagogischen Funktion der Werbung. Interessant ist vor allem der Zusammenhang von „Erziehung" und Wort. Ein Artikel, der längere Zeit nicht mehr in der Werbung genannt wird, verschwindet vom Markt. Der konsumierende Mensch verläßt sich nicht auf seine Sachkenntnis, sondern auf Kommunikation. So treten sekundäre Erfahrungen an die Stelle von primären, und die Magie der Benennung wird zur Orientierungsquelle. In der Beschaffenheit der meisten Waren gibt es wenig Neues. Das Neue, die spezifische Differenz zwischen diesem Produkt und anderen ähnlichen, muß von außen hinzukommen, so daß die Werbung zur Eigenschaft der Ware wird. Damit hat sich das Medium der Kommunikation verselbständigt.

Auch in nicht-kapitalistischen Gesellschaften gibt es Werbung, wenn auch weniger im Sinne der ökonomischen als der politischen Überredung. Für beide Systeme gilt: was getan werden soll, versteht sich zwar im Prinzip von selbst, doch ist dieses Selbstverständnis so abstrakt, daß es immer wieder kommuniziert und konkretisiert werden muß. Die Frage, wie der Mensch angesprochen wird, ist also für alle Lebensformen gleichermaßen aktuell. Im kapitalistischen System wird die strenge Kontrolle des Überich durch das Es unterlaufen. Dadurch sieht sich der konsumierende Mensch in seinen geheimen, verbotenen Wünschen legitimiert. In nicht-kapitalistischen Systemen wird dagegen das Überich so stabilisiert, daß es auch das Ich aufzusaugen vermag; dem Einzelnen wird eine Sichtweise aufgenötigt, die ihn von sich selbst wegführt und ihm die Überlegenheit des Systems plausibel macht.

Die am wenigsten strukturierte Art der Kommunikation ist dort, wo es darauf ankommt, daß möglichst viele sich darin wiedererkennen, die erfolgreichste. Im kapitalistischen System werden Vielfalt und Entfaltungsreichtum vorgespiegelt, im nicht-kapitalistischen System Einheit und Klarheit. Beides ist aber de facto in dieser

Reinheit nicht vorhanden. Der Einzelne wird im kapitalistischen System als Partikel einer Masse angesprochen, aber so, als ob er ein Einzelner wäre; im nicht-kapitalistischen System wird an sein persönliches Gewissen appelliert, aber so, als ob er Mitglied der Gemeinschaft wäre. Im kapitalistischen System wird die Fiktion des Statusmerkmals und der individuellen Verwirklichung geboten, so daß der Einzelne glauben mag, er könne sich selbst durch den Erwerb von Dingen verwirklichen, die auch jedem anderen zugänglich sind. Im nicht-kapitalistischen System wird die Fiktion der kollektiven Geborgenheit geboten, als sei dafür nur die chronische Zustimmung jedes Einzelnen nötig. Wird hier der Fetisch individueller Freiheit verkauft, so dort der Fetisch der richtigen Sache. Beide Formen der Beeinflussung versprechen immer wieder, man könne ohne eigenes Zutun in den Genuß dessen gelangen, was zentral wichtig ist.

So sehr auch das berufliche und private Leben durch Appelle zur Leistung bestimmt wird: in diesem Punkt scheint die große Ausnahme zu herrschen. Im kapitalistischen System wird dem Menschen die persönliche Wertschätzung, im nicht-kapitalistischen System die Richtigkeit der Weltanschauung so dargeboten, als sei sie wohlfeil zu haben. In beiden Fällen wird das, worauf Marx hinzuweisen nicht müde wurde, nämlich die Praxis des Handelns, unbekümmert weggeschoben. Man braucht scheinbar gar nicht praktisch zu handeln – im kapitalistischen System nicht, weil man sich auch direkt und ohne Aufwand verwirklichen kann, im nicht-kapitalistischen System nicht, weil man ohne eigene Anstrengung im Besitz der Wahrheit ist. So spiegelt Werbung dem Menschen vor, er könne etwas unter seinem wirklichen Preis erwerben.

Für die Zukunft ist so etwas denkbar wie die Allmacht der Kommunikation. Man kommuniziert dann nicht mehr, um gemeinsam Probleme zu lösen, Kontakte zu pflegen und der Verkrustung von Hierarchie vorzubeugen; sondern die Kommunikation tritt dann selbst an die Stelle der Realität, wird zur einzigen Realität. Habe ich im Rahmen der Allmacht der Kommunikation Probleme, so brauche ich mich nur den anderen mitzuteilen; sie trösten mich, bringen mich dazu, meine Lage anders zu interpretieren und erwecken in mir das Gefühl, meine Probleme seien gelöst. Die Wirklichkeit wird durch Worte zugedeckt. Man kann jetzt zwar eine Konstellation, eine menschliche Beziehung durch Worte verändern, aber immer unter der Voraussetzung, daß sie überhaupt nur noch auf der Ebene des Wortes lebendig ist.

VI

Typisch für den Mythos von der konfliktfreien Gesellschaft ist schließlich die *Verwechslung von Spiel und Ernst*. Hier herrscht eine große Verwirrung, weil der Erwachsene nicht weiß, wie er Kindern begegnen soll. Einerseits geht er davon aus, daß er selber in der Welt des Ernstes, das Kind in der Welt des Spiels lebt. Andererseits will er, daß das Kind spielerisch zum Ernst vordringt, und versucht ihm dabei auf halbem Wege entgegenzukommen, indem er seinen Ernst in Richtung auf das Spiel auflöst. Gleichwohl kommt es nicht zur symmetrischen Kommunikation, sondern zu Mißverständnissen, weil der Erwachsene die Ebene des Kindes permanent verfehlt. Das liegt daran, daß er nicht Erwachsener bleibt und das Kind nicht Kind sein läßt, sondern einen Rollentausch erzwingt, der die Veranstaltungen der erzieherischen Praxis unerquicklich macht. Die Versuche des Erwachsenen, sich in den Bewußtseinsstand von Kindern zurückzuversetzen, sind doppeltes Spiel. Sie gleichen dem Brauch, mit einem Ausländer, der nur gebrochen Deutsch spricht, nun ebenfalls nur gebrochen Deutsch zu sprechen.

Der Rollentausch als Ausdruck der Verwechslung von Spiel und Ernst vollzieht sich in dreifachem Sinn:

1. In der Kommunikation mit Kindern und im Gebrauch von Medien will der Erwachsene selbst „Kind" sein;
2. Im Rollenspiel als einer beliebten Erziehungsform will der Erwachsene, daß auch Kinder „erwachsen" sind.
3. In den Institutionen will der Erwachsene, daß Erziehung nicht als „Spiel" durchschaut, sondern für Ernst gehalten wird.

(zu 1) Erwachsene glauben, ein Lebensgebiet müsse pädagogisch aufbereitet werden, und schon seien auch die Interessen der Kinder darin wohl aufgehoben. Sie gehen davon aus, das Kind sei noch lustig, habe noch keine Sorgen, freue sich noch an allem unmittelbar, lebe noch weltoffen und im Stande der Unschuld. Diese Annahme ist falsch. Vielmehr stilisieren hier Erwachsene ihr eigenes Verlangen nach Unschuld, ihre Sehnsucht nach der Chance, noch einmal von vorne zu beginnen. Daher reden sie sich ein, Kinder seien prinzipiell andere Menschen als sie selber. Sie machen das Kind zum Objekt der Kommunikation und prägen es zu einem albernen Homunculus, der in Kinderbüchern oder Filmen als Karikatur des Erwachsenen auftritt. In diesen Medien sprechen nicht Kinder, sondern Erwachsene mit verstellter Stimme. Das alberne Kind ist die Personifizierung des albernen Erwachsenen. Albern ist es, wenn Erwachsene nicht

authentisch kommunizieren, sondern sich verstellen. Gerade das ist nicht kindlich, denn Verstellung liegt Kindern fern. Das Kind kann hier nur lernen: Erwachsen sein heißt, eine Maske aufsetzen und nicht mehr normal reden können, mit Unarten durchs Leben gehen, auf Rollen fixiert sein. Albern ist ein Erwachsener, wenn er sich mit fremden Federn schmückt; wenn er so tut, als freue er sich wie ein Kind; wenn er Kindern unanständige Witze erzählt, die sie nicht verstehen können; wenn er eine andere Wirklichkeit spielt als die, in der er lebt – und dabei doch seinen Mangel an Reife und seine Unfähigkeit, mit seiner eigenen Wirklichkeit fertig zu werden, zu erkennen gibt.

(zu 2) Läßt im Kinderbuch der Erwachsene unter dem legitimierenden Deckmantel einer guten pädagogischen Tat seiner eigenen Albernheit freien Lauf, so geschieht im Rollenspiel das gleiche mit umgekehrtem Vorzeichen: das Kind soll die Probleme des Erwachsenen spielen und dadurch lösen helfen. Rollenspiele sind eine beliebte Art der Erwachsenen, wirkliche Probleme der Gesellschaft an Kinder heranzutragen. Dieses Vorhaben folgt jedoch aus einer Verwechslung der Erfahrungshorizonte. Wenn Kinder gern Theater spielen, dann wegen des Spiels selbst, nicht wegen der etwa in dem Spiel angelegten sachlichen oder sozialen Probleme. Die Idee, man solle Kinder im Rollenspiel soziale Konflikte durchspielen und bewältigen lassen, beruht auf einem Irrtum. Konflikte kann man gerade nicht spielen, denn Konflikte sind Ernstfall. Im Spiel geht es überhaupt nicht um die Inhalte, sondern um die Spielregeln und die spielimmanenten Faktoren: das Kind vergleicht sich mit anderen Kindern; es will Anerkennung und sucht seine Rolle in diesem Spiel, die aber eine immanent-zwischenmenschliche, keine inhaltlich-gesellschaftliche Rolle ist; schließlich gebraucht es das Spiel auch, um sich zu engagieren und abzureagieren. Die Konflikte in den menschlichen Beziehungen der Kinder selbst liegen dem Spiel schon voraus, betreffen die bereits vorhandene Konstellation und gehen auch in das Spiel ein, sind aber nicht Gegenstand des Spiels.

(zu 3) Am weitesten greift die Verwirrung, wo es um den Charakter der Erziehung selbst geht. Nehmen wir als Beispiel für das Verhältnis von Spiel und Ernst das Leben in pädagogischen Institutionen: in Schulen, Internaten, Heimen; und stellen wir uns vor, daß hier ein Jugendlicher rebelliert. Wogegen rebelliert er? Vielleicht gegen die zu strenge Ordnung der Institution selbst; vielleicht aber auch dagegen, daß alle anderen diese Ordnung nur spielen, sich allerdings

so an sie gewöhnt haben, daß sie sich voll mit ihr identifizieren. Der kritische Jugendliche erkennt, daß die Institution mit ihren Bräuchen, Formen, Strukturen, Programmen und Werten nur „Spiel" ist. Der Ernstfall tritt für ihn erst dann ein, wenn er dies erfaßt und sich von dem Wertkanon der Institution emanzipiert. Diesen Ernst kann man im Spiel nur lernen, wenn das Spiel selber ernst wird und keine Lernsituation mehr darstellt, sondern eine Ernstsituation. Die schärfsten Sanktionen erfolgen gegen denjenigen, der aufdeckt, daß es sich in der Institution um Spiel handelt, um etwas, was nur hier gilt. Bestraft wird, wer als erster zum Ernst vordringt, sich auf den Ernst einläßt; also derjenige, dessen „Erziehung" in gewissem Sinne am besten gelungen ist; denn gerade er zeigt ja alle jene Eigenschaften, welche die Erziehung offiziell anstrebt: Reife, Intelligenz, Mut.

3. Freiheit oder Sicherheit: Die Dialektik der pädagogischen Prophylaxe

I

Soweit sich pädagogische Diskussion um Verfeinerung von Eingriffen und um Steigerung der Effektivität dreht, verläuft sie so, als sei das, worauf es in der Gesellschaft wesentlich ankommt, bereits klar. Es scheint darauf anzukommen, daß die Gesellschaft in Ordnung bleibt und von niemandem gestört wird. Damit ist die wichtige Vorentscheidung zwischen Sicherheit und Freiheit zugunsten der Sicherheit immer schon gefallen. Ohne zu zögern, akzeptiert eine technokratisch verkürzte Pädagogik den ihr zugewiesenen Auftrag, die Ordnung zu stärken, Verletzungen dieser Ordnung möglichst schon im Keim zu ersticken und die soziale Kontrolle über Kinder und Jugendliche immer wirkungsvoller auszubauen. Sie nimmt dann an der Auseinandersetzung um Freiheit und Sicherheit nicht mehr teil, sondern beschränkt sich auf immanente Detailaufgaben der Planung, Messung und Regelung. In diesem Sinne versteht sie auch die von ihr selbst immer wieder gesetzten Ziele: Emanzipation ja – aber nur, soweit sie übersichtlich bleibt und die Grenzen des „Normalen" nicht überschreitet; Selbstbestimmung ja – aber nur, wenn sie sich als verinnerlichte Verantwortung für die Ordnung ausdrückt und das notwendige Maß an Fremdbestimmung nicht unterschreitet; Kreativität ja – aber nur dort, wo sie destruktiven Tendenzen vorbeugen und das vorausgesetzte Sinngefüge stabilisieren hilft.

Wir wissen zwar theoretisch, daß sich alle diese Ziele nur in Freiheit realisieren lassen; aber eben darum lassen wir uns auf ein Risiko gar nicht erst ein, sondern organisieren vorsorglich auch die Freiheit selbst. Freiheit soll so hergestellt werden, daß das, was man von ihr erwarten darf, auch mit Sicherheit erreicht wird. Einige Pädagogen haben vergessen, daß sie keineswegs dazu da sind, die fixe Idee von der sauberen Gesellschaft zu kultivieren, sondern zur Gestaltung der Beziehungen zwischen den wirklich existierenden Subjekten. Erziehung ist kein hygienisches Wunderpulver mit

Riesenwaschkraft. Wir wissen das, aber de facto verstoßen wir chronisch gegen diese Einsicht. Immer weiter verbreitet sich die Annahme, Pädagogik sei ein moralisches Antibiotikum, eine soziale Feuerwehr, ein Requisit aus dem Werkzeugkasten des Kammerjägers. Wenn Minderjährige aufbegehren, abweichen, die Ordnung zu stören drohen, dann wird ihnen „Erziehung" verordnet. In dieser Funktion dient Erziehung gerade nicht der Entfaltung, sondern wird als Maßnahme mißbraucht, die unerwünschte Symptome beseitigen und den erwünschten Normalzustand der Gesellschaft möglichst schnell wiederherstellen soll.

Die pädagogische Anthropologie liegt in ihren Grundzügen fest. Sie erlaubt es, auffällige Kinder als schlecht erzogen zu bezeichnen, ihnen Nacherziehung oder Zusatzerziehung zu verschreiben und sie aus einem vielleicht schon erreichten Status relativer Freiheit in das Rekrutendasein des Educandus zurückzuholen. Hier liegt die Dialektik des gesetzlich verankerten Rechts auf Erziehung. Sicherlich ist es vernünftig, als Gegensatz zu Lieblosigkeit der Eltern, Benachteiligung durch die Gesellschaft, Mangel an schulischer und beruflicher Ausbildung ein solches Recht zu vertreten – wenn „Erziehung" heißt, daß dem Kind nicht nur dieses Recht, sondern überhaupt Recht zuteil werden soll. Aber mit dem Recht auf Erziehung kann sich auch die Pflicht des Kindes verbinden, die jeweils getroffenen Maßnahmen als pädagogisch sinnvoll zu akzeptieren. Verstößt jemand, der noch der Erziehung bedarf, gegen diese Regelung, dann kann ihm das als Pflichtverletzung oder als unnatürliches, kurzsichtiges, selbstzerstörerisches Aufbegehren angekreidet werden.

Die Unbefangenheit, mit der alles Wichtige als gar nicht mehr diskussionsbedürftig ausgeklammert wird, ist erstaunlich. Wo die Frage auftaucht, ob man in der Erziehung vorbeugen oder erst bei Bedarf eingreifen solle, ist vorausgesetzt, daß das Jugendproblem wesentlich in der Ausschaltung störenden Verhaltens liegt, nicht etwa in der Reflexion über die gesellschaftliche Stellung der Jugend selbst. Erziehung hat dabei immer schon eine reglementierende und auf Vermeidung von Auffälligkeit ausgerichtete, keine emanzipatorische Funktion. Man ignoriert, daß einzelne Verfahrensfragen erst in einem umfassenden Sinngefüge ihre Bedeutung erfahren. Die Frage, ob die Juden nach Palästina oder nach Madagaskar sollten, konnte seinerzeit nur gestellt werden, nachdem eine Entscheidung darüber, daß sie überhaupt verschwinden müßten, schon gefallen war. Ebenso wird die Verfahrensfrage, ob wir in der Erziehung „vorher" oder „nachher" aktiv werden sollen, erst möglich, wenn die grundlegende pädagogische Frage, wie wir Kinder überhaupt einschätzen, tabu ist.

Solche Erwägungen machen die These, Erziehung müsse prophylaktisch wirken, zwar nicht legitim, aber doch verständlich. Es geht darum, die positiven von den negativen Elementen zu trennen und das Unkraut auszureißen, ohne den Weizen zu beschädigen. Man argumentiert: es sei doch rationeller, einen jungen Menschen gar nicht erst auffällig werden zu lassen, als ihn später mit großem materiellem, erzieherischem und organisatorischem Aufwand auf den Pfad der Tugend zurückzuführen.

Hilfreich ist hier die Feststellung, daß Prophylaxe in zwei ganz verschiedenen, einander widersprechenden Sinnbezügen betrieben werden kann. Der erste hat es mit dem leidenden, benachteiligten, scheiternden Kind zu tun – der zweite mit dem auf Sicherheit bedachten Erwachsenen. Geht es dort darum, die Ängste, die Fehlhaltungen und die Unsicherheit des Kindes zu mindern, indem man die sozialen Umstände seines Lebens und Lernens humanisiert, so wird hier der Druck auf die Schwächeren gerade verstärkt, um jede ordnungswidrige Regung vorsorglich auszuschließen. Im ersten Fall ist eine erhebliche intellektuelle, organisatorische und auch ökonomische Anstrengung nötig, um die als pathogen erkannten Verhältnisse nur ein wenig zu verändern. Im zweiten Fall verschärft sich die vorbeugende Sozialkontrolle durch technischen Mehraufwand zu einer lückenlosen Beobachtung. Pädagogische Prophylaxe im Interesse des Kindes beruft sich nicht auf streng kausale Mechanismen, sondern prüft die gesamten gesellschaftlichen Hintergründe der Abweichung. Öffentliche Prophylaxe im Interesse höherer Sicherheit sieht Devianz als Seuche, deren Bazillus man vernichten muß, auch wenn man seinen Herd und seine Wirkungsweise noch gar nicht genau ausgemacht hat.

Diese Dialektik der Prophylaxe durchzieht nicht nur unser pädagogisches Denken, sondern unser Lebensverständnis überhaupt. Nehmen wir um der größeren Sicherheit vor dem Bösen willen eine Beschränkung der Freiheit in Kauf – auch auf die Gefahr hin, daß diese Beschränkung selbst böse wird – oder wollen wir für uns selbst und für unsere Kinder ein Optimum an freiheitlicher Entfaltung: das ist die entscheidende Frage. Prophylaxe als präventive Schutzvorrichtung ist dort sinnvoll, wo eine begrenzte, in ihren Ursachen und Auswirkungen bereits bekannte Gefahr lauert. In der Erziehung besteht aber diese Voraussetzung nicht, so daß von pädagogischer Prophylaxe allenfalls im Sinne einer Verbesserung der Bedingungen gesprochen werden kann. Wer mit Hilfe prophylaktischer Erziehung die Sicherheit der Erwachsenen vor den Kindern erreichen will, ist dazu gezwungen, die Freiheit der Kinder einzuschränken und nicht erst die Taten, sondern schon die Gesinnung zu kontrollieren.

Eine Pädagogik, die diesem Modell folgt, operiert mit Blankovollmachten für erzieherisch sterile und freiheitsfeindliche Maßnahmen. Daß dort Unrecht geschieht oder doch wenigstens in Kauf genommen wird, bemerkt man nur deswegen nicht, weil es sich um Kinder und Jugendliche handelt; denn von diesen nimmt man an, daß sie noch der Erziehung unterliegen und keine selbständigen Rechtssubjekte sind. Eine prophylaktische Sozialkontrolle bei Erwachsenen würde sicherlich auf erbitterten Widerstand stoßen. Man stelle sich vor, ein Wirtschaftsmanager hätte einen Aufpasser, der ihm vorbeugend bestimmte Geschäfte untersagt, damit er keine unzulässigen Manipulationen treibt; ein Lehrer oder Erzieher würde durch einen Kontrolleur präventiv am Umgang mit Jugendlichen gehindert, damit er mit ihnen nichts falsch macht; ein Redakteur hätte einen Gehirnwäscher neben sich, damit er gar nicht erst auf dumme Gedanken kommt.

Der Ruf nach prophylaktischer Pädagogik ist ein Schritt in Richtung auf eine solche science-fiction-Welt. Im Verlangen nach vorbeugendem Ausschluß möglicher Gefahren drückt sich das Verlangen nach einer keimfreien Gesellschaft aus, in der es keine bösen Menschen mehr gibt. Lieber soll man jetzt schon aufpassen und vielleicht auch einmal den Falschen greifen, als daß später die Multiplikatoren des Übels frei und unerkannt herumlaufen. Prophylaxe: das bedeutet die Anwendung von pädagogischen Präservativen, damit keine unerwünschten Menschen entstehen. Solche Menschen sind: Fürsorgezöglinge, minderjährige Rechtsbrecher, halbwüchsige Prostituierte, junge Terroristen – nicht aber Finanzbetrüger, rücksichtslose Karrieristen, egoistische Eltern oder entschlußlose Spießer. Würde die Prophylaxe auch auf diese (und damit möglicherweise auf die Mehrheit der Bevölkerung) ausgedehnt, so käme die Absurdität und Vergeblichkeit präventiver Sozialkontrolle sehr bald zum Vorschein.

II

Prophylaxe ist eine Form des pädagogischen Angriffs auf die Freiheit. Dazu paßt eine Denkweise, die sich mit guten Gründen als „nihilistisch" bezeichnen läßt. Um das zu erläutern, gehen wir vom Problem der Devianz aus. In der Gesellschaft ist eine Vielzahl an konstitutiven Faktoren wirksam, die jedoch nicht eindeutig auf eine bestimmte Bedeutung festgelegt sind, sondern je nach Stellung verschiedene Gestalten annehmen können. In einigen Kombinationen führen diese Faktoren zu Tüchtigkeit, Anerkennung und Erfolg, in anderen Kombinationen und unter gewandelten Umständen zu Fehlverhalten und Kriminalität. Jedes der verfügbaren Elemente hat positive und negative Potenzen; ob die einen oder die anderen dominant werden, hängt von verschiedenen Bedingungen ab.

Brutalität oder Schwäche werden nicht an sich als schlimm beurteilt, sondern nur in der Kombination mit anderen negativen Ingredienzien wie Armut, Einsamkeit, Mißerfolg. Solche Merkmale, die oft vordergründig als Ursachen für die Außenseiterstellung eines Individuums genannt werden, sind meist nur austauschbare Phänomene, Faktoren in einem wechselhaften Spannungsfeld und insofern eher Folgen als Gründe. Die Gesellschaft kann ihre Identität erst gewinnen, wenn sie alle Aspekte berücksichtigt und sich nicht auf diejenigen beschränkt, die sich vorteilhaft und problemlos kombinieren lassen. Daß alles reibungslos abläuft, ist durchaus nicht selbstverständlich, sondern ein Grenzfall, eine Ausnahme unter vielen möglichen Kombinationen.

Ein Schlüsselwort ist hier „Erfolg", denn am Erfolg scheiden sich die Geister. Nehmen wir als Beispiel den Faktor Selbstbewußtsein. Von diesem komplexen Faktor wird nur derjenige Ausschnitt gefördert und anerkannt, der sich erfolgreich in der Gesellschaft ummünzen läßt: als Durchsetzungskraft, Unbeirrbarkeit, Standfestigkeit. Nicht gefördert werden die zum Mißerfolg führenden negativen Komponenten des nämlichen Faktors: Sturheit, Eigensinn, Überheblichkeit. Der Faktor Selbstbewußtsein läßt sich auseinandernehmen. Bei einem selbstbewußten Menschen, der ihn als komplexen Gesamtfaktor in sich trägt, wird nur die eine Seite honoriert und ihm selbst lobend gutgeschrieben, die andere hingegen ausgeblendet und als negativ anderen Personen zugeteilt, die ohnehin bereits im Abseits stehen.

Wir erkennen: Der durchschnittliche Verbrecher ist nicht der Übeltäter schlechthin, sondern der gescheiterte Übeltäter. Den erfolgreichen Übeltäter pflegt man nicht als solchen zu bezeichnen, auch wenn man seine Praktiken mißbilligt. Der erfolglose Täter scheitert, aber vielleicht gerade nicht, weil er besonders schlimm ist, sondern weil er nicht schlimm genug ist, weil er kein Profi ist, weil seine Tat ihn im Grunde nicht charakterisiert, weil er in besonderer Lage etwas getan hat, was er normalerweise nicht tun würde. Der erfolgreiche Täter scheitert nicht, denn er ist Profi und braucht vielleicht mit seiner Tat weder sein gewohntes Milieu zu verlassen noch seine Gepflogenheiten zu durchbrechen. Die Tat des erfolglosen Täters ist vielfach eine Reaktion auf soziale Deklassierung. Wenn man ihn bestraft, dann wirkt die Strafe weniger als Mittel der Resozialisation denn als Fortsetzung der Ausschließung mit anderen Mitteln.

Devianz erweist sich nach Form und Inhalt als ein generelles Phänomen, das jedoch stets nur an einzelnen Personen oder Gruppen hervortritt. Die Trennungslinie verläuft zwar äußerlich zwischen denen, die kriminell werden, und denen, die „anständig" bleiben. Aber die Denkweise beider Gruppen ist ähnlich, zumal sich die Frage, was „Anständigkeit" bedeutet, nicht schlüssig beantworten läßt. Es kommt darauf an, wie man die Prioritäten setzt. So kann man ein schärferes Eingreifen der Staatsgewalt gutheißen, weil damit die Anständigen gegen die Unanständigen geschützt werden sollen. Man kann aber auch umgekehrt in solchen verschärften Maßnahmen eine Gefährdung der Anständigkeit (durch Förderung von Denunziantentum und Feigheit) erblicken. Viele Mitbürger haben gegen Unrecht als solches nichts einzuwenden, wenn es nur die Richtigen trifft und als Ertrag einen Zuwachs an Sicherheit und Ordnung verspricht.

Der verbreitete Wunsch, die eigene Existenz zu „erweitern", führt dazu, eine Bestätigung der Identität und eine Aufwertung der Person durch äußere Faktoren zu suchen. Bei manchen mündet das in eine erfolgreiche, bei anderen in eine erfolglose Existenz – je nachdem, welche „Droge" bevorzugt wird. Im allgemeinen toleriert die Gesellschaft das, was dem durchschnittlichen Bewußtseinsstand entspricht, ökonomisch tragbar ist und die Stabilität des Ganzen zu fördern scheint. Will man das „Positive", dann unterstützt man Faktorenkombinationen, die ein affirmatives, unauffälliges, rechtschaffenes Verhalten begünstigen. Man grenzt sich gegen das „Negative" ab, ohne zu erkennen, daß schon in der bloßen Bejahung des Systems als einer rein formalen Tugend der Keim des Nihilismus liegt.

Wäre es anders, dann könnte man nicht immer vom Ende des Zweiten Weltkriegs als vom „Zusammenbruch" sprechen. Zusammengebrochen war ja nur der äußere Rahmen eines Systems, das während der gesamten Epoche seines Bestehens und seiner Verbreitung planmäßig den Zusammenbruch der politischen und moralischen Existenz der in seinem Machtbereich lebenden Menschen betrieben hatte. Das diesen chronischen Zusammenbruch begleitende nihilistische Denken äußerte sich im Unterlassen der Frage nach

Sinn und Wert, in der Zustimmung zu inhaltloser Bewegung, am Bekenntnis zu Stabilität und Kraft um ihrer selbst willen. Der Nihilismus liegt bereits in den anerkannten Tugenden, nicht erst in den als übel gebrandmarkten Untugenden. Man denunziert die Devianz als nihilistisch, als sicherheitsgefährdend, als unmoralisch. Aber schon die Beliebigkeit, mit der einzelne Ausschnitte aus bestimmten Faktoren gebündelt werden können, ist nihilistisch.

Daß Nihilismus auch zum Herzstück der Pädagogik gediehen ist, zeigt sich am bruchlosen Übergang von der Kultur- und Wertpädagogik der zwanziger Jahre in die Erziehungsvorstellungen des Dritten Reiches. Die Begrüßung des anbrechenden Faschismus durch die führenden Reformpädagogen war kein Versehen, sondern die verständliche Folge einer Denkweise, die wir heute als unheilvoll erkennen können. Gerade das idealistisch fundierte, von besten Absichten getragene pädagogische Denken dieser Menschen war zugleich von einem tiefen Nihilismus erfüllt. Sie hielten zunächst das System des Nationalsozialismus, das den Menschen radikal verneinte, für ein System der Bejahung solcher Werte, die auch von ihnen selbst vertreten wurden. Sie sahen im ersten Urteil über das neue System zwischen Bejahung und Verneinung keinen Unterschied, denn sie hatten diesen Unterschied niemals durchreflektiert. Nur weil ihre eigene Denkweise in der Struktur nihilistisch war, konnten sie sich auch im Dritten Reich wenigstens zeitweise wohl aufgehoben fühlen.

III

Die faschistische Erziehung macht mit dem Nihilismus ernst. Ihr Wesensmerkmal ist weniger die Indoktrinierung als die Manipulation des psychischen Haushalts. Denken wir an die Abenteuer-Pädagogik, wie sie schon von William James und Kurt Hahn vertreten und dann im Dritten Reich besonders betont wird. Es geht dabei nie um ein Vorhaben selbst, sondern stets nur um die aus ihm zu ziehende seelische Wirkung. Dafür sprechen die Hervorhebung des Erlebnisses, der Spontaneität, des Bewährungsdranges; das Ausnützen von Gläubigkeit, Einsatzwille, Hilfsbereitschaft; der subtile Appell an Autoritätshörigkeit, an die Freude über die Leistung als solche und an den Kitzel der Gefahr.

Nach dem gleichen Prinzip arbeitet die faschistische Propaganda, wenn sie das Kalkulieren innerer Vorgänge, die Erkenntnis psychischer Mechanismen und deren Beschlagnahme für die Zwecke der Herrschenden virtuos bewerkstelligt. Nicht so sehr das Grausame und Harte, nicht Gehirnwäsche und Unterwerfung kennzeichnen die totalitäre Strategie der Beeinflussung; auch die Herausnahme der Jugend aus dem Elternhaus ist nur einer unter mehreren Faktoren. Wer diese Merkmale für die zentralen hält, macht es sich zu leicht. Denn da sie ja mit dem Regime verschwunden sind, könnten wir heute glauben, daß unsere Pädagogik die den Faschismus begünstigenden Elemente losgeworden und zu einer freiheitlichen, aufgeschlossenen, zukunftweisenden Erziehungskonzeption vorgedrungen sei. Eine solche Blickverengung würde uns daran hindern, die Fortsetzung des pädagogischen Angriffs auf die Freiheit gerade auch heute zu erkennen: sei es in der Zuschreibung von Erziehungs- und Führungsbedürftigkeit oder in der Fixierung von Geschlechterrollen, sei es in der Beschlagnahme der Erziehung für die Wiederherstellung von Ruhe und Ordnung oder im Rückgriff auf die wohl noch vorhandenen, wenn auch durch leichtsinnige Reformer vergrabenen „Grundwerte".

Wir können die Merkmale des nihilistischen Denkens auf dem Erziehungsfeld in vier Punkten zusammenfassen. Alle vier zeigen eine Verwechslung bestimmter Faktoren, eine Verdrehung im Denken, eine quasi auf den Kopf gestellte Perspektive. Diese Fehlleistung macht es uns auch heute so schwer, unter der Oberfläche emanzipatorischer Bestrebungen den Fortbestand herkömmlicher Sinnleere zu erkennen. Der pädagogische Nihilismus ist keine Eigenart der Pädagogen, sondern eine Ausdrucksform des durchschnittlichen Bewußtseins in der Gesellschaft.

1. Die Verwechslung von Recht und Parteinahme

Wie das Recht darin besteht, ungleiche gesellschaftliche Gruppen zu verklammern und einen übergeordneten Maßstab zu gewährleisten, so könnte und müßte sich auch die Pädagogik um den Menschen selbst kümmern. De facto erleben wir jedoch immer wieder das Gegenteil. Menschen fühlen sich in erster Linie ihrer Gruppe und bestenfalls in zweiter Linie dem Recht verantwortlich. Die Parteinahme für die Majorität, die Gewißheit, auf der richtigen Seite zu stehen, die Integration in den großen Zusammenhang scheinen bereits alle Fragen zu regeln. Für die Gruppe gehandelt zu haben, kann nicht Unrecht sein, denn das Recht und das Interesse der Gruppe erscheinen als identisch. Das gleiche geschieht auch in der Pädagogik. Die Aussage darüber, was erzieherisch sinnvoll oder nicht sinnvoll ist, erfolgt immer schon in einem vorgeprägten Bezugsrahmen. Die Pädagogik operiert als immanenter Ordnungsfaktor und strukturiert ein Gebäude, das nur von innen sichtbar ist.

2. Die Verwechslung von Moral und Sozialisation

Wir nehmen an, daß Moral und Sozialisation zusammengehören. Indem wir jungen Menschen Sozialisationsmängel als Tugendmängel ankreiden, setzen wir voraus, daß moralische Qualifikation sich vor allem in reibungsloser Sozialisation ausdrückt. Wer „Böses" tut, soll wieder in die Gesellschaft integriert werden. Dies ist ein Trick, der es erlaubt, stillschweigend auch den umgekehrten Schluß zu ziehen: daß der Sozialisierte nicht unmoralisch sein kann. Bleiben wir dabei, so verharren wir unterhalb der uns möglichen Reflexionsebene; denn wir wissen ja, daß unzählige Nazi-Verbrecher niemals aus ihrer jeweiligen Gesellschaft herausgefallen sind, also keineswegs an Sozialisationsdefiziten litten und dennoch Böses getan haben. Aber wir schieben diese simple Einsicht weg, weil sie unsere pädagogischen Gleichungen zerstören und als trügerisch entlarven müßte.

3. Die Verwechslung von Form und Inhalt

Seit der Zeit der Reformpädagogik über die Epoche des Dritten Reiches bis heute werden Aussagen über den Menschen gemacht, die dem Wortklang und äußeren Anschein nach eine inhaltliche Wesensbestimmung, de facto aber lediglich eine formale, zu nichts verpflichtende Bezeichnung darstellen. Gerade das ehrliche Bestreben, von den formalen Kategorien des Lernens und Gehorchens wegzukommen und den Schritt von der Legalität zur Moralität zu vollziehen, führte zu einem neuen, durch keinerlei Inhalte mehr gedeckten Formalismus. Tugenden wie Anständigkeit, Zuverlässigkeit, Tapferkeit, Verantwortlichkeit, Einsatzfreude, Selbstbestimmung werden kaum noch ernst genommen, weil sich niemand unter ihnen etwas vorstellen kann.

4. Die Verwechslung von Destruktion und Konstruktion

Hierher gehören die Abwehr des kritischen Denkens und die Eliminierung des moralischen Urteils. Die Frage, ob es so etwas wie die Möglichkeit eigener Stellungnahme und verantwortlicher Entscheidung gibt, stellt sich gar nicht mehr. Ein intellektueller und ethischer Standpunkt, der doch gerade konstruktiv den ganzen Zusammenhang stützen könnte, wird als destruktiv abgewertet und zurückgewiesen. Die kritische Distanz, die Besinnung auf das, was ich selber denke und wie ich persönlich handele, gilt als gefährlich für den Bestand der Sozietät. Wem es nicht nur um die Zuständigkeiten im System, sondern um die Verantwortung für das System selbst geht, der stößt auf Mißtrauen und Unverständnis.

In allen vier Fällen zeigt sich Blindheit gegen die wirkliche Verteilung der Gewichte. Man schließt Menschen als „negativ" aus, die „Positives" beitragen könnten, und schreibt denjenigen, die ohnehin dazugehören, ihren Konformismus als „positiv" zu. Dieser Mangel an Kriterien der Unterscheidung, die geistige Trägheit im Durchdenken von Inhalten und Gründen, die Beliebigkeit der Urteile, das gedankenlose Hin- und Herschieben von Argumenten und Begriffen, die bloße Reproduktion des Vorhandenen sind unübersehbare Merkmale jenes Nihilismus, der nicht nur im Faschismus offizielle Anerkennung fand.

IV

Die pädagogische Prophylaxe gewinnt dort ihre ureigene Dimension, wo der Begriff „Erziehung" eng mit dem Begriff „Politik" verbunden wird. Dies konnte und kann auch heute auf mannigfache Weise geschehen. Einige wollen Erziehung als Treibriemen politischer Indoktrination funktional einsetzen, andere sprechen von politischer Erziehung zum freien, selbstverantwortlichen Bürger. Allen bisherigen Kombinationen von Erziehung und Politik ist jedoch dreierlei gemeinsam: Man hält politische Erziehung für eine feste Größe, die an einer vorher fixierten Stelle in das Gesamtvorhaben eingebracht werden kann; man bezweifelt nicht deren prägende und sozialisierende Funktion; und man will das jeweils für gut befundene politische System für alle Zukunft stabilisieren.

Der Versuch, politische Erziehung prophylaktisch einzusetzen, hat in der jüngsten Geschichte drei typische Formen angenommen. Jede dieser Formen repräsentiert ein politisches System. Für alle drei gilt, daß politische Erziehung rechtzeitig ansetzen soll, um den noch ansprechbaren und plastischen jungen Menschen optimal zu erfassen. Alle drei erscheinen als geeignet, den Einzelnen in die politische Ordnung zu integrieren, etwaiger Unordnung vorzubeugen und eine störungsfreie Gesellschaft herstellen zu helfen. Das geschieht auf verschiedenen Ebenen: je niedriger das Niveau, desto globaler die Herrschaftsabsicht; je geringer der geistige Anspruch, desto umfassender die Beschlagnahme durch das System.

Die *erste* Form ist die harmloseste und aufrichtigste. Sie besteht in dem Versuch, junge Menschen gegen totalitäre Ideologien zu immunisieren. Man will einer Verführung durch den als verderblich erkannten Ungeist vorbeugen. Dies war der Typus der politischen Bildung, der in der ersten Zeit nach 1945 in der Bundesrepublik betrieben wurde und gelegentlich auch heute noch erscheint. Man vertraut auf die logische Verknüpfung von Wissen und Tun: die Erkenntnis der Wahrheit wird das persönliche Handeln jedes Einzelnen mit Sicherheit auf den richtigen Weg lenken und eine freiheitliche, ausgewogene Gemeinschaft ermöglichen. Modell ist das konventionelle System formaler Demokratie.

Die *zweite* Form zielt auf die vorsorgliche Verhinderung von politischer Willensbildung. Man vermittelt jedem Einzelnen das Gefühl, er sei Mitgestalter des politischen Systems und habe für dasselbe persönliche Verantwortung zu tragen. Er soll zufrieden sein und sich wohl aufgehoben fühlen; er darf auf der unteren und mittleren Ebene mitsprechen, jedoch nicht in politische Entscheidungen eingreifen. Bei diesem Typus prophylaktischer Entpolitisierung vertraut man auf das Bewußtsein. Das richtige Bewußtsein führt zur Einsicht in Notwendigkeit und bringt eine affirmative Einstellung, eine herrschaftsstabilisierende Haltung und ein optimistisches Denken hervor. Modell ist das Staatssystem des „demokratischen Zentralismus".

Bei der *dritten* Form geht es um Verhinderung jeder Unzufriedenheit. Der Einzelne soll für die Regelung seines seelischen Haushalts keine Alternative mehr suchen, sondern sich voll und ganz in seinem System zuhause fühlen. Die Prophylaxe ist total, da die ersehnte Kleinbürgerwelt mit ihrem hausbackenen Glück schon greifbar nahe erscheint. Politische Mitwirkung ist nicht nur unmöglich, sondern auch gar nicht mehr nötig, denn das System blendet die politische Dimension der Existenz radikal aus. Bei diesem Typus vertraut die Führung auf das Unbewußte. Sie appelliert an die elementaren Instinkte, Sehnsüchte und Ängste. Indem jedem Volksgenossen auf primitivster Stufe Identität und Selbstbewußtsein vermittelt werden, wird er Bestandteil eines Systems, in dem er sich mit seinen geheimsten Wünschen verstanden fühlt. Modell ist der faschistische Massenstaat.

Diese Stufenleiter der möglichen Typen von Prophylaxe durch politische Erziehung gewinnt erst auf der dritten Stufe ihre extreme Möglichkeit. Doch machen sich gewisse Elemente des gesamten Stufenbaus mehr oder weniger deutlich auf allen drei Stufen bemerkbar. Diese Elemente betreffen den Umgang mit der Zukunft, wie er aller Prophylaxe eigen ist. Prophylaktische Eingriffe antworten auf die irrationalen Faktoren, die als Angst vor dem Unbekannten, Sorge um die eigene Sicherheit und Sehnsucht nach der reinen Welt bedrohliche Schatten werfen. Sie rationalisieren diese Faktoren, indem sie so tun, als seien sie die künftige Realität, auf die man jetzt schon Bezug nehmen muß. Die für später befürchtete Gefahr soll bereits heute wirklich verschwinden. Für diesen Erfolg nimmt man Gewalt gegen die betroffene Klientel in Kauf. Die jetzige Realität – als tatsächliche Verfolgung der vermeintlichen Übeltäter – gilt dann nur noch als Funktion der künftigen Realität: sie wird zur Realität zweiten Grades.

Prophylaxe will die saubere Zukunft; aber da sie die Zukunft weder erkennen noch bestimmen kann, hält sie sich an die Gegenwart. Der Hinweis, die Zukunft werde die jetzigen Bemühungen reichlich lohnen, dient der Legitimation eines Vorgehens, das die menschliche Existenz gerade um ihre Zukunftsdimension verkürzt und die gesamte Geschichte auf einen einzigen Punkt zusammenzieht. Diese Eliminierung der Zeitlichkeit, diese Herauslösung des Menschen aus der Geschichte ist ein Kernstück faschistischen Denkens. Solche Schritte leisten scheinbar der Ordnung, de facto aber der Unordnung Vorschub. Die manipulierten Menschen erkennen sich in der imaginären Zukunft wieder, nicht in der erfahrbaren Gegenwart. Alles wird austauschbar: Gegenwart ist Zukunft, real ist irreal, identisch ist entfremdet, Angst ist Ruhe. Logische, sprachliche, historische Bezüge sind verschwunden. Der Einzelne steht ohne Orientierung im Nichts, hat aber deswegen auch kein Kriterium mehr, das ihn dies als Mangel empfinden ließe.

Prophylaxe, Nihilismus, faschistisches Denken und politikfremde Erziehung gehören zusammen. Sie alle gehen aus von der perfekten Zukunftsgesellschaft, von der „Endlösung“ des Ungeziefer-Problems. Der auffällige Jugendliche handelt sich gegenüber dem angenommenen Idealmaß immer nur Minuspunkte ein, denn „Jugend“ und „Auffälligkeit“ sind im Gebrauch nahezu synonym. Dieses Defizit soll nach gängiger Vorstellung durch gezielte pädagogische Maßnahmen aufgefüllt werden. Pädagogik versteht sich dementsprechend als eine chronische „Veränderung“ des Mitmenschen. Sie hat den langen Marsch durch die Institutionen erfolgreich absolviert, ist von innen heraus ans Ziel gelangt und verändert nun nicht nur den Einzelnen, sondern das gesamte Lebensklima. Damit treibt sie indirekte Prophylaxe, indem sie jedermann so beansprucht, daß er keinen Augenblick innehält, sondern immer auf dem Wege in die Zukunft ist.

Was in der ersten Hälfte unseres Jahrhunderts der Faschismus leistete, das leistet in der zweiten Hälfte die Pädagogik: Das Gefälle zwischen Mächtigen und Machtlosen ist absolut; der Mensch gilt als veränderbares Objekt; es kommt allein auf sein sichtbares Verhalten an; die sichere Kenntnis der Methode verbürgt den Erfolg; Inhalte sind nichts, Dynamik alles; die Aktivität entspringt einem chronischen Legitimationsdrang des Systems; die lebendige Gegenwart wird um einer fiktiven Zukunft willen ausgehöhlt; Identität gewinnt der Einzelne nur aus dem, was alle machen; er wird jedoch chronisch in dem Glauben gelassen, das Nichts sei nicht innerhalb, sondern außerhalb des Systems.

Der Sauberkeitswahn treibt den Pädagogen zu Spekulationen über seine Erziehungsziele. Er glaubt, schon heute „für das Jahr 2000" erziehen zu müssen. Aber wofür wird dann im Jahre 2000 erzogen? Wie sieht der Tag aus, an dem der Erzieher vom Programm für 2000 auf das Programm für 2020 umschaltet? Betrachten wir die Sache so, dann enthüllen sich die zukunftsgerichteten Visionen einer keimfreien Gesellschaft nicht nur als wenig realistisch, sondern schlicht als Unsinn. Jegliches Engagement, das auf der Zeitskala abgetragen werden kann, zerstört sich selbst; nicht weil es ein nach vorwärts gerichtetes Engagement ist, sondern wegen seines zweckhaften und doch zugleich irrationalen Charakters.

Zuwendung zum Mitmenschen gibt es auch in der Erziehung nur unbedingt, sonst „nützt" sie nichts. Eine prophylaktische, stets auf die Zukunft hin gespannte Pädagogik der chronischen Veränderung ist unmenschlich und radikal. Überall werden Mißstände aufgespürt, die es in Zukunft nicht mehr geben darf: deswegen müssen Menschen immer umfassender erzogen, Maßnahmen immer effektiver auf maximalen Ertrag hin angelegt, Beziehungen immer genauer für störungsfreies Funktionieren in der Zukunft geplant werden. Damit erweist sich die Prophylaxe als rationalisierte Verpackung eines nihilistischen, gewaltsamen, die jeweilige Gegenwart entwertenden Zugriffs.

4. Bestrafen oder Erziehen: Paradoxien in der Konzeption des Strafvollzugs

I

Nach dem Gesetz soll die Jugendstrafe pädagogischen Charakter tragen. Dieser Forderung wäre zuzustimmen, wenn der Gesetzgeber nicht das schwierige Problem, wie sich Erziehung und Strafe überhaupt zueinander verhalten, ungeklärt gelassen hätte. Wir müssen daher fragen, was hier mit „Erziehung" gemeint ist. Wer lediglich eine Ablösung der „Strafe" durch „Erziehung" vorschlägt, setzt zweierlei voraus: Erstens bleibt die soziale Wirklichkeit, die hinter der Delinquenz steht, ebenso unverändert wie der Wille der Gesellschaft, den Jugendlichen zu sozialisieren; zweitens betrachtet die Gesellschaft Erziehung und Strafe als quantitativ vergleichbare Größen, unter denen man sich für die eine oder die andere entscheiden kann. Die Fragwürdigkeit dieser Voraussetzungen zeigt an, daß hier mit einem naiven Begriffsrealismus nichts auszurichten ist.

Je mehr wir über das Leben in „totalen Institutionen" wissen, desto weniger ist der kommentarlose Umgang mit Begriffen erlaubt. In der Praxis liegen Erziehung und Strafe oft gar nicht weit auseinander. Institutionelle Maßnahmen sind nicht von ihrem offiziell verkündeten Sinn aus zu verstehen, sondern nach ihrem Stellenwert für das Leben in der Institution. So werden zwar „pädagogische" Elemente in den Vollzug eingebaut; da die „totale Institution" jedoch in ihrer Struktur erhalten bleibt, bekommt auch die pädagogische Maßnahme sogleich eine institutionelle Funktion. Daraus wäre für unsere Frage zu folgern: ob es sich bei einer Aktion um „Erziehung" oder um „Strafe" handelt, ist aus der Absicht, mit der sie durchgeführt wird, noch nicht zu erkennen. Entscheidend bleibt vielmehr, daß die erlebte Wirklichkeit des Gefangenen durch den Strafcharakter der Institution geprägt ist. Aus ihm folgt, daß der Gefangene sich innerlich von dieser Institution distanziert, sich ihr aber äußerlich weitgehend anpaßt. Er ist nicht darauf eingestellt, daß sie ihn auch für das Leben in Freiheit fördern könnte.

Institutionen lassen sich nicht ohne weiteres verändern, denn hinter ihrer organisatorischen Form steht eine Theorie. Im folgenden geht es zunächst um die Theorie der Jugendstrafe. Daß das übliche Verfahren unbefriedigend ist und immer wieder auf Kritik stößt, liegt nicht an behebbaren Einzelfehlern, sondern an gewissen Paradoxien in der Theorie selbst. Als solche werden diskutiert:

1. die Äquivalenz von Strafe und Erziehung;
2. die Umklammerung des Erziehungsbegriffs durch das juristische Denken;
3. der Widerspruch von Personalisierung und Stereotypisierung;
4. die Koppelung von Strafvermeidung und Entmündigung.
5. Danach wird geprüft, wie ein neuer Erziehungsbegriff von der Jugendstrafe aus in die Pädagogik zurückwirken könnte.

(zu 1) Die erste Paradoxie liegt in der *Äquivalenz von Strafe und Erziehung.* Soll Jugendstrafe pädagogisch sein, dann wird Erziehung zu einer Funktion der Strafe. So sind nach JGG „Erziehungsmaßregeln" vor „Zuchtmitteln" und der eigentlichen „Jugendstrafe" als erste Antwort auf die Straftat eines Jugendlichen möglich. Damit fungiert Erziehung als eine mildere Ausgabe der Strafe, denn diese tritt erst ein, „wenn Erziehungsmaßregeln nicht mehr ausreichen". Erziehungsmaßregeln werden als begrenzte Akte vom Richter angeordnet. Unter ihnen stehen an erster Stelle die „Weisungen": das „sind Gebote und Verbote, die die Lebensführung des Jugendlichen regeln und dadurch seine Erziehung fördern und sichern sollen". Ihre pädagogische Konzeption ist eine Reglementierung in konkreten Punkten: Der Jugendliche soll arbeiten, keinen Alkohol trinken usw. Werden die Weisungen nicht befolgt, kommt mit dem „Jugendarrest" die nächsthöhere Stufe der Ordnungsmaßnahmen. „Erziehung" im Sinne von Erziehungsmaßregeln ist also nur bei Wohlverhalten zu haben. Andernfalls hat der Jugendliche die pädagogische Behandlung verwirkt. Was bekämpft werden soll, sind die „schädlichen Neigungen des Jugendlichen". Erweisen sich hier sowohl Erziehungsmaßregeln wie auch Zuchtmittel als unzureichend, tritt Jugendstrafe ein. Deren Vollzug soll den Jugendlichen „zu einem rechtschaffenen Lebenswandel ... erziehen". Hier sind moralische Kategorien am Werk, die eine Verurteilung wegen „nicht rechtschaffenen Lebenswandels" als gegeben hinnehmen. Was jetzt noch an Erziehung aufgewendet wird, erfolgt schon auf dieser Grundlage und stellt das moralische Urteil nicht mehr in Frage. Im Vollzug selbst stehen als Erziehungsmittel zur Verfügung: Ordnung, Arbeit, Unterricht, sinnvolle Freizeitbeschäftigung.

Wo Erziehung Eingangsstufe der Strafe ist, dort wird umgekehrt auch Strafe zur Funktion der Erziehung. Da Strafe Erziehung fortsetzt, zeigt sich in der Strafe, was von der Erziehung erwartet wurde. Der Jugendarrest soll „das Ehrgefühl des Jugendlichen wecken und ihm eindringlich zum Bewußtsein bringen, daß er für das von ihm begangene Unrecht einzustehen hat". Erziehung folgt offenbar auch hier unter der Voraussetzung, daß Ehrlosigkeit und Unrechtstat des Jugendlichen auf der Hand liegen. Im übrigen sind an ihn „während des Vollzugs dieselben Anforderungen zu stellen, die bei wirksamer Erziehung in der Freiheit an ihn gestellt werden müssen. Er ist zu Sauberkeit und Ordnung sowie zu einem anständigen Benehmen anzuhalten". Der Arrest holt nach, was draußen versäumt worden war. Im Klima der Ordnung und Sauberkeit soll dem Jugendlichen im Gespräch mit dem Vollzugsleiter „klar werden, was seine Tat für sein eigenes Leben und seine Mitmenschen bedeutet". Diese pädagogische Förderung wird durch Arbeitspflicht unterstützt, denn der Jugendliche ist im Arrest „verpflichtet, fleißig und sorgfältig zu arbeiten". Aus solchen und ähnlichen Bestimmungen ist zu entnehmen, wie der Gesetzgeber Erziehung versteht. Dieser Erziehungsbegriff liegt offenbar auf derselben Ebene wie der Strafbegriff, denn die pädagogisierte Strafe soll das leisten, was eine wirksame Jugenderziehung schon vorher hätte leisten müssen. Erziehung wird als Disziplinierung verstanden, die Ordnung garantiert und den Jugendlichen davor bewahrt, auffällig zu werden. Normalerweise soll das in der Familie geschehen. Nur wer von dieser zunächst angebotenen Chance keinen Gebrauch macht, muß es sich gefallen lassen, daß die erforderliche Disziplinierung an ihm gewaltsam nachgeholt wird. Strafe kann nicht pädagogisch werden, weil der Erziehungsgedanke selbst schon eine strafende Tendenz aufweist.

Die Paradoxie, daß Erziehung und Strafe füreinander eintreten können, setzt sich in der unentschiedenen Konkurrenz zwischen Erziehungs- und Strafrecht fort. Namhafte Beobachter wollen das Jugendrecht dem Jugenderziehungsrecht unterordnen und den Begriff „Jugendstrafrecht" durch „Jugendkonfliktrecht" ersetzen. Sie haben sicherlich recht darin, daß es sich bei der Jugenddelinquenz meist um einen Konfliktvorgang von pädagogischer Bedeutung handelt. Das heißt: Wo mit dem Erziehungsgedanken in der Jugendstrafe ernst gemacht wird, dürfte nicht lediglich der Vollzug eine quasi-pädagogische Note bekommen, sondern die rechtliche Stellung des Jugendlichen selbst müßte anders bestimmt werden. „Strafe" wäre dann nur innerhalb dieser pädagogischen Konzeption möglich. Wo von der Ablösung der Strafe durch Erziehung die Rede ist, argumentiert man so, als handele es sich um verschiedene Akzentsetzungen innerhalb eines insgesamt pädagogisch aufgefaßten Verhältnisses. Daß die Kriminalstrafe als solche schon auf einer grundsätzlich anderen Einschätzung des Delinquenten beruht, bleibt dabei unausgesprochen.

(zu 2) Die zweite Paradoxie folgt aus der ersten. Sie beruht darauf, daß das Verständnis von „Erziehung" in den offiziellen Texten *eine Funktion juristischen Denkens* bleibt. Ein erstes Hindernis für eine pädagogische Handhabung ist hier die untergeordnete Stellung des Jugendrichters. Das JGG legt fest, daß der Jugendrichter „erzieherisch befähigt und in der Jugenderziehung erfahren sein" soll. Ihm wird somit die Aufgabe zugeschoben, die vorgesehene Pädagogisierung der Jugendstrafe auch praktisch einzulösen. Da jedoch der Jugendrichter auf der untersten Stufe der Richter-Hierarchie steht, ist auch schon der niedrige Stellenwert pädagogischer Reflexion im juristischen Denken angezeigt. Der Jugendliche soll zwar im Prinzip weniger bestraft als vielmehr erzogen werden, doch wird die Frage der Jugendstrafe als ganze von vornherein den weniger wichtigen Fragen zugerechnet. So führt der pädagogische Gesichtspunkt das Schattendasein einer fremdartigen Minderheit im Revier der Jurisprudenz.

Aber auch wenn sich der Jugendrichter in einer stärkeren Position befände, wäre er mit der pädagogischen Aufgabe überfordert. Ein Grund dafür ist, daß der Juristenausbildung der sozialwissenschaftliche Bezug weitgehend fehlt. Da auch die Pädagogik zu den Sozialwissenschaften gehört, sind ihre Kategorien dem Juristen zunächst fremd. Er ist auch nicht darauf vorbereitet, den sozialen und pädagogischen Hintergrund der Jugenddelinquenz realistisch zu beurteilen. So kann „Erziehung" als inhaltlicher Bestandteil im Urteil vorkommen, ohne daß damit etwas über deren Begriff und praktische Durchführung gesagt wird. Doch nicht nur die Denkweise des Richters, sondern auch der Prozeß der Urteilsfindung selbst ist „unpädagogisch". Der Richter kann sich durch seine dominierende Rolle der reversiblen Kommunikation entziehen und als Autorität entscheiden. Dies alles ist Ausdruck einer Paradoxie: Einerseits wird eine Pädagogisierung der Jugendstrafe gewünscht; da aber der Rahmen dafür von Juristen festgelegt wird, hat Erziehung andererseits kaum eine Chance der Entfaltung. Das ist nicht Schuld des Richters, denn pädagogisches Denken müßte aus dem juristischen Rahmen überhaupt heraustreten.

Gerade weil juristisches Denken von der sozialen Realität

abstrahiert, begünstigt es eine metaphysische Anthropologie. Dies zeigt sich darin, daß im Jugendstrafvollzug die „seelsorgerische Betreuung" sichergestellt sein soll. Nun ist unter pädagogischem Gesichtspunkt gegen die Anwesenheit von Geistlichen in Strafanstalten insofern nichts einzuwenden, als auch sie dazu beitragen könnten, die erzieherischen Elemente im Vollzug zu verstärken. An der Art, wie die Seelsorge im Gesetz erwähnt wird, läßt sich jedoch erkennen, daß hier noch ein metaphysisches Denken wirksam ist. Man geht davon aus, daß der Mensch objektive Grundbedürfnisse hat, die auf jeden Fall erfüllt werden müssen. Zu ihnen gehören religiöse Ansprache und Einbettung in die Transzendenz, nicht aber geistige Anregung, Möglichkeit der Weiterbildung, Kontakt zur Außenwelt, Befriedigung der Sexualität. In allen diesen Punkten mindert die Tatsache, daß die Betroffenen unter juristischem Gesichtspunkt Straftäter sind, die Bereitschaft, etwas anderes als Strafmaßnahmen an ihnen zu vollstrecken.

(zu 3) Das metaphysische Menschenbild leitet zur dritten Paradoxie über, die in dem *Widerspruch von Personalisierung und Stereotypisierung* zum Ausdruck kommt. Dieser betrifft das pädagogische und das Strafdenken in gleicher Weise, denn manches spricht dafür, daß der in der Jugendstrafe angewendete Erziehungsbegriff dem Begriff der Straftat selbst entspricht. Was die Straftat angeht, so besteht die Neigung, den jugendlichen Täter als Einzelperson zu verstehen – wie der Kriminelle in unserer Gesellschaft überhaupt nur als Einzelner greifbar wird. Die öffentliche Meinung sieht ihn als Individuum ohne sozialen Rahmen, das sich an einer intakten Ordnung vergangen hat. Hier ist noch immer eine Vorstellung vom Verbrechen wirksam, die aus der vorindustriellen Epoche stammt, denn man setzt eine Gemeinschaft von selbstverantwortlich handelnden und auch wirtschaftlich eigenständigen Personen voraus. Geahndet wird daher oft gar nicht das, was die wirklich existierende Gesellschaft schädigt, sondern eine Beeinträchtigung der idealen Gesellschaft, die es nur im utopischen Entwurf gibt. Hier begegnen sich Erziehung und Kriminalität: Erziehung soll die ideale Gesellschaft gewährleisten, während Kriminalität dieselbe ideale Gesellschaft stört. Wie der Täter nur als einzelner gesehen wird, so gilt auch nur die sichtbare Einzeltat als Verbrechen. Wirtschaftskriminalität oder Schreibtischtätertum sind zu abstrakt, um von jedermann unmittelbar als Unrecht erfaßt und verurteilt zu werden. Es gilt im wesentlichen nur ein einziger Typus der Tat: die handfeste, vom Individuum ausgeführte und zu verantwortende Beschädigung von Personen oder Gütern.

Dieser Personalisierung steht eine Stereotypisierung entgegen. Der Delinquent wird zwar als Individuum behandelt, erscheint aber zugleich als typischer Täter, von dem man aufgrund seiner Herkunft und Anlage nichts anderes erwarten konnte. Obwohl eine vom Einzelnen zu vertretende Tat nicht zugleich typisch sein kann, werden diese beiden einander ausschließenden Konzeptionen immer wieder vermengt. Solche Kurzschlüsse gehören zum „autoritären Syndrom". Die Stereotypisierung betrifft vor allem Angehörige der unteren sozialen Schichten oder Randgruppen. Je unfreier der Delinquent in seiner Tat war, desto mehr wird er auf seine soziale Ausgangsbasis zurückgeworfen und eben dadurch erst in vollem Sinne strafbar gemacht. Er haftet dann praktisch für die ungünstigen Verhältnisse, aus denen er stammt, denn diese widersprchen dem Idealbild der Gesellschaft. Die Öffentlichkeit will den Täter als einzelnen greifen und bestrafen, aber sie greift und bestraft in ihm den gesamten sozialen Hintergrund, den sie als böse disqualifiziert. Erst allmählich verschaffen uns unsere breiteren sozialwissenschaftlichen Kenntnisse ein anderes Bild. Wir befreien uns von der paradoxen Annahme, die Prinzipien der persönlichen Schuld und der typenspezifischen Prädestination könnten zusammen vertreten werden. Das heißt: Wir schließen die individuelle Verantwortung keineswegs aus, sehen aber die Tat auch als Aktualisierung gesellschaftlich bedingter Möglichkeiten.

Die gleiche Paradoxie findet sich in der Erziehung, denn der geschilderte Tatbegriff entspricht dem üblichen Erziehungsbegriff. Auch die Erziehung verfährt individualisierend. Sie wendet sich an den Einzelnen, der das Verwerfliche seiner Tat einsehen soll, als handele es sich um eine Angelegenheit, die nur er allein mit seinem Gewissen klären kann. Zugleich muß er aber das Unrecht wieder gutmachen. Indem er als Individuum auf den „rechten Weg" zurückgebracht wird, sühnt er für die durch ihn verschuldete Schädigung des Ganzen. Er soll sich nicht einfach als Einzelner von seiner Tat distanzieren, sondern darüber hinaus wieder ein rechtschaffenes Leben in der Gemeinschaft führen. So findet sich auch hier die Auffassung, er sei zwar als Individuum schuldig, seine Schuld sei aber ein Fall von allgemeiner Bosheit gegen die als gut gedachte Gesellschaft. Erziehung enthält die gleichen individuellen und allgemeinen Aspekte wie die Tat, auf die sie sich bezieht. Beide finden sich an einen übersichtlichen Unrechtsbegriff gebunden, der für alle Menschen gelten soll. In der sozialen Wirklichkeit ist diese Klarheit aber keineswegs gegeben. Wenn der Unterschied zwischen dem jugendlichen Täter und uns nur darin besteht, daß er gefaßt worden ist, dann läßt sich kaum einsehen, warum er erzogen werden soll.

(zu 4) Personalisierung und Stereotypisierung sollen den Jugendlichen als Delinquenten stilisieren. Die vierte Paradoxie wird nun umgekehrt dadurch offenbar, daß man ihn *auf ein infantiles Stadium* zurückstuft, um ihn vor Strafe zu schützen. Man erklärt, er könne seine Tat nicht voll verantworten, denn er sei zuvor noch gar nicht zu einem selbstverantwortlichen Menschen erzogen worden. Geboten sei daher nicht Strafe, sondern Hilfe. Da aber diese Hilfe „pädagogisch" sein soll, kann sie sich in langwierigen und repressiven Erziehungsmaßnahmen ausdrücken. Der Betroffene wird in solchen Fällen wieder von der Pädagogik vereinnahmt und einer „Nacherziehung" unterzogen. Hierbei gehört die Tendenz, das Gebaren des jugendlichen Delinquenten als Merkmal von Entwicklungsphasen im psycho-sozialen Spannungsfeld zu deuten. Die Probleme der Person drohen dabei auf Fragen der Rollenidentität und Adoleszenz verkürzt zu werden. Wenn der Jugendliche schon nicht voll haftbar gemacht werden und also der Zuständigkeit der Justiz weitgehend entzogen werden kann, dann fällt er wieder in die Zuständigkeit der Erziehung zurück. Obwohl diese Erziehung ihn frei machen soll, kommt der Jugendliche praktisch von einer Unfreiheit in die andere. Die Pädagogik macht sich jene Unfreiheit, die ihm im Hinblick auf die Tat bescheinigt wurde, zunutze und reklamiert ihn nun als unfreies Opfer der Erziehung. Indem er zunächst sozial, dann erzieherisch unfrei ist, bedingen beide Unfreiheiten sich gegenseitig.

Wenn diese Erziehung keinen klaren Begriff hat, dann ist auch ein autoritär konzipiertes Verfahren möglich, das den Jugendlichen in Abhängigkeit und Unmündigkeit hält. Das hierarchische Grundverhältnis von überlegenem Erwachsenen und unterlegenem Jugendlichen, wie es schon den unpädagogischen Strafvollzug auszeichnet, bliebe auch unter erzieherischem Aspekt bestehen. Selbst wo der gute Wille zur pädagogischen Gestaltung des Strafvollzugs vorhanden ist, wird also die Verwirklichung durch einen unklaren Erziehungsbegriff gefährdet. Gleichwohl spricht man von dieser „Erziehung" mit einer Sicherheit, die jede Erläuterung überflüssig erscheinen läßt. Es herrscht kein Zweifel, daß Erziehung längere Dauer beansprucht als Strafe. Was Erziehung im Strafvollzug ist, gilt als so bekannt, daß man sich sogar präzise Aussagen darüber, nach welcher Zeit der „Erziehungszweck" erfüllt ist, ohne weiteres zutraut. In solchen Urteilen kommt zum Ausdruck, welche Position Erwachsene Jugendlichen gegenüber beanspruchen. Es ist die Position des weitblickenden und urteilsfähigen Fachmannes, der sagen kann, was es mit der Erziehung auf sich hat. Die Gefahr der Willkür und des politischen Mißbrauchs dieser frei schaffenden Erziehung wird verschwiegen. Diese Paradoxie zeigt sich auch darin, daß die Institution selbst schon als Strafe wirkt. Alles Streben nach Pädagogisierung des Strafvollzugs geht davon aus, daß es überhaupt möglich ist, Eingesperrte zu „erziehen". Hier ist zu prüfen, ob der Jugendliche nicht durch die Tatsache der Gefangenschaft immer schon in einem Grundverhältnis der Unterworfenheit steht. Der Abstand zwischen freien Erziehern und unfreien Jugendlichen könnte so groß sein, daß die in aller Erziehung notwendige gemeinsame Basis nicht gefunden werden kann. In diesem Fall wäre der Ruf nach „Erziehungsstrafe" nur ein Alibi. In den Gesetzen und Vorschriften finden wir zwar Versuche, pädagogische Elemente in das alte Strafsystem einzufügen. Aber auch hier bleiben die Rollen des Lehrers und Erziehers im Vollzug zwiespältig. Einerseits haben diese Personen den Auftrag, den Delinquenten zu erziehen und einen menschlichen Bezugspunkt für ihn darzustellen. Andererseits können sie aber nur schwer davon absehen, daß sie Vertreter der Obrigkeit sind und den zu Erziehenden als Gewährsleute der heil gebliebenen Gesellschaft gegenüberstehen. Die Gesichtspunkte der Erziehung und der Strafe treten als Ideologie und Praxis auseinander.

(zu 5) Wir sehen, daß die Mechanismen der „totalen Institution" jene Paradoxien vertiefen, in denen sich das ungeklärte Verhältnis von Erziehung und Strafe ausdrückt. Muß nun die Jugendstrafanstalt in jedem Fall eine totale Institution sein, oder kann man sie auch öffnen? Wirkt jede Art von „Erziehung" im Vollzug immer schon als Teil dieses Vollzugs, oder kann Erziehung den Vollzug auch transzendieren? Läßt die Tatsache, daß es sich um Eingesperrte handelt, eine Pädagogisierung des Klimas überhaupt zu, oder bleibt die Praxis auf das gewohnte Lohn-Strafe-Prinzip angewiesen? Solche Fragen sind nicht für sich zu beantworten, denn in dem Versuch, die Jugendstrafe zu pädagogisieren, bildet sich das Verhältnis von Erziehung und Strafe ab, wie es bereits in der „normalen" Welt besteht. Der Strafvollzug ist keine von der Gesellschaft abgetrennte Wirklichkeit, auch wenn er sich im Verborgenen abspielt und nur eine Minderheit direkt betrifft. Die Zwänge, denen der Delinquent dort unterworfen wird, wie auch die Versuche, diesen Komplex pädagogisch aufzubereiten, sind vielmehr nur der extreme Ausdruck der Rolle, die dem Jugendlichen immer schon zufällt. Deswegen ist

das Problem der Jugendstrafe eine Angelegenheit der ganzen Gesellschaft. Es kann seiner Lösung erst näherkommen, *wenn eine Reflexion über die Jugendstrafe auf den allgemeinen Erziehungsbegriff zurückstrahlt.* Dies könnte in zweifacher Weise geschehen.

Erstens muß erkannt werden, daß der jugendliche Gefangene in der Entfremdung lebt. Er ist von Schule und beruflicher Arbeit, vom Kontakt zur Gesellschaft, von seinen Mitmenschen, von sexuellen Beziehungen abgeschnitten und also in jeder Weise verstümmelt. An ihm wird aber nur das vollzogen, was die Gesellschaft auch für jeden anderen bereithält. Eine Pädagogisierung der Jugendstrafe müßte daher auch jene Mechanismen aufhellen, die generell das Schicksal des Jugendlichen bestimmen. Wir wissen heute, von welchen Umständen und Zufällen es mitunter abhängt, ob ein junger Mensch in ein wohlausgestattetes therapeutisches Heim oder in eine Strafanstalt eingewiesen wird. Die Unterbringung von Jugendlichen in verschiedenen Anstalten spiegelt meist nicht deren wirkliches Verhalten, sondern die soziale Schichtung der Gesellschaft und das Kräftespiel auf dem Gebiet der Sozialpolitik.

Zweitens sollte ein neuer Erziehungsbegriff gefunden werden, der die Fremdbestimmung des Jugendlichen durch den Erwachsenen überwindet. Geschieht das nicht, dann bleibt das zurechtweisende, formende, korrigierende Handeln, das der eine am anderen ausführt, sowohl in der Jugendstrafe als auch in der Erziehung erhalten. Es geht nicht um einen Wechsel der Behandlungsmethoden, sondern um einen Wandel des Grundverhältnisses zwischen den Partnern selbst. Erst in dieser Rückwirkung auf das pädagogische Denken in der Gesellschaft könnten die genannten Paradoxien aufgehoben werden. Die heute in verschiedenen Gremien geführte Diskussion um ein neues Jugendhilferecht muß dies berücksichtigen, wenn nicht die alte Unklarheit weiter mitgeschleppt werden soll.

II

Die Theorie der Jugendstrafe steckt voller Paradoxien. Daraus darf jedoch nicht geschlossen werden, der Vollzug an Erwachsenen sei klarer und besser durchdacht. Ein ähnlicher Befund ergäbe sich vielmehr auch aus einer Interpretation der theoretischen Grundlagen des Strafvollzugs insgesamt. Die Diskussion in den letzten Jahren beschäftigt sich eingehend mit „Alternativen" zum Strafvollzug. Daß man die herkömmliche Vollzugspraxis nicht mehr einfach hinnehmen will, sondern über neue Formen nachdenkt, die dem heutigen Bewußtseinsstand wie auch den modernen Erkenntnissen und Behandlungsmethoden entsprechen, ist gut. Man muß sich nur darüber im klaren sein, was mit solchen Alternativen gemeint sein kann. Es nützt nichts, pauschal die Aufhebung der Strafjustiz und die Abschaffung der Gefängnisse zu fordern. Denn würden die Gefängnisse heute abgeschafft, dann träten zweifellos schon morgen mächtige Gruppen auf den Plan, die deren Wiedereinführung – wenn vielleicht auch unter anderem Namen – durchsetzten.

Strafvollzug ist Merkmal einer Gesellschaft in einer bestimmten historischen, sozialen und wirtschaftlichen Situation. Fragt man nach Alternativen, so muß daher die gesellschaftliche Dimension des Strafvollzugs und der Strafe überhaupt untersucht werden. Dazu sind die Probleme der Kriminalität, des Rechts, der Polizeigewalt, der Sozialpolitik, der Anthropologie, der Erziehung, der Weltanschauung und der Religion zu berücksichtigen. Das in unserer Gesellschaft eingespielte Kontrollsystem der Justiz bietet in sich selbst keine Alternativen. Wer etwas verändern will, muß den gesamten theoretischen und praktischen Bezugsrahmen diskutieren. Das Problem der Alternativen zum Strafvollzug ist komplex. Es läßt sich nicht einfach als Sachproblem erörtern, sondern muß, um begreifbar zu werden, in einem sozialwissenschaftlichen Zusammenhang abgehandelt werden. Schon Gustav Radbruch forderte: Wir brauchen nicht einen besseren Strafvollzug, sondern etwas, was besser ist als Strafvollzug. Diese Forderung ist bis heute nicht eingelöst. Sie kann auch nicht eingelöst werden, solange wir fragen müssen: Was ist besser? Nach welchen Kriterien können wir zwischen besser und schlechter unterscheiden? Wer ist mächtig genug, eine Neuerung zu verwirklichen?

Wollen wir hier mehr Klarheit gewinnen und die heute vielleicht möglichen Alternativen herausarbeiten, dann kommt es darauf an, an welcher Stelle des Kriminalisierungsprozesses wir in die Diskussion einsteigen. Da diese Diskussion es mit einem hochkomplexen Gegenstand zu tun hat, muß sie auf mehreren Abstraktionsstufen oder Reflexionsebenen geführt werden. Auf jeder dieser Ebenen ist die Frage nach den Alternativen zum Strafvollzug unter spezifischen Voraussetzungen und in besonderem Sinne zu stellen. Sie lautet jeweils: Alternativen wozu? Es gilt festzustellen, was durch eine angebotene Alternative geleistet werden kann, welche Fragen sie anpackt oder ausklammert. Wir versuchen, die hier möglichen Fragen auf fünf Ebenen zu ordnen.

Die erste Ebene betrifft *alternative Formen des Strafvollzugs*. Die Aussonderung des Delinquenten aus der Gesellschaft bleibt im Prinzip bestehen, wird aber humaner gestaltet, indem Therapie und Erziehung an die Stelle der Strafe treten. Die auf dieser Ebene angebotenen Alternativen werden durch Buchtitel wie „Heilen statt Strafen" ausgedrückt. Da der Delinquent als Kranker oder Erziehungsbedürfitger gesehen wird, kommt es zu einer Bevorzugung medizinischer und pädagogischer Gesichtspunkte. Diese Alternative versteht sich nach dem Modell von Dienstleistungen. Man argumentiert so, als habe der Delinquent Anspruch auf die Dienste der Gesellschaft, die er frei nutzen oder verweigern kann. Diese Freiheit des Delinquenten besteht aber nur scheinbar. Denn selbst wenn die neue Form der Behandlung den Charakter einer Dienstleistung hätte, so käme doch der Betroffene nur wieder in die Hand von Experten. Er geriete von einer Unmündigkeit in die andere, denn die Gängelei durch den konventionellen Knast würde abgelöst durch die neue Gängelung in Form von Betreuung und erzieherischem Zuspruch. Die Möglichkeiten, Ziele und Grenzen von Erziehung und Therapie selbst werden bei diesem Verfahren nicht reflektiert. Auch daß „progressive" Erziehungsmaßnahmen für delinquente Jugendliche (Almhütten- oder Segelboottherapie) im Zweifelsfall doch nur wieder mit Gewalt durchgesetzt werden können, bleibt unerwähnt. Was wie ein vorwärtsweisender Lösungsvorschlag aussieht, ist deswegen praktisch nur ein Verharren in naivem Begriffsrealismus.

Auf der zweiten Ebene geht es um *alternative Bezüge des Strafvollzugs zur Gesellschaft*. Auch hier wird die Aussonderung des Delinquenten aufrechterhalten, aber durch integrierende Maßnahmen (Außenbeziehungen, Berufsarbeit in städtischen Betrieben, Familienkontakte, Bildungsveranstaltungen) gemildert. Der Delinquent erscheint als zu Resozialisierender. Das bedeutet einen Fortschritt, wenn auch der Begriff der Sozialisation selbst nicht problematisiert wird. Man erkennt lediglich, daß der Strafvollzug für das proklamierte Ziel unzweckmäßig ist. Im Zusammenhang mit der Resozialisierung wird gern auf zwei Ebenen operiert, auf einer ideellen und einer materiellen. Man geht davon aus, der Täter habe sich durch seine Tat ideell aus der Gemeinschaft ausgeschlossen. Sein materieller Ausschluß durch den Strafvollzug soll darauf antworten und die ideelle Resozialisierung bringen. Hier unterlaufen dem gutwilligen Reformer mehrere Fehler. Erstens übernimmt er ungeprüft die Vorstellung von der reinen Gesellschaft, in der nichts Böses vorkommt. Zweitens setzt er den guten Menschen voraus, der bei anständiger Behandlung auch selbst (wieder) anständig wird. Drittens bezieht er sich auf die Identität von Verhalten und Gesinnung. Aber ob der Delinquent wirklich resozialisiert ist oder sich nur clever verhält, kann niemand wissen. Diese humanitär wertvollen Ansätze laufen daher Gefahr, die gesellschaftlichen Möglichkeiten der Alternative zu einfach zu sehen und die Lösung des Strafproblems eher zu hindern als zu fördern.

Die dritte Ebene hat es mit *Alternativen zum Schicksal der Auffälligkeit* zu tun. Der Aussonderung des Delinquenten soll durch rechtzeitige Hilfe und Früherkennung vorgebeugt werden. Er gilt als durch bestimmte soziale Ursachen auffällig geworden. Dies ist die Ebene des ätiologischen Ansatzes und, damit verbunden, der Prophylaxe. Im Zentrum steht die Vorstellung, man müsse nur die richtige Gesellschaft einrichten und vorbeugend die Gefahrenherde ausschalten, dann verschwinde auch die Kriminalität. Hier ergeben sich indessen folgende Probleme: Erstens würde durch solche Präventivmaßnahmen die soziale und kriminalistische Kontrolle nicht abgebaut, sondern vorverlegt und zu einem System lückenloser Beobachtung und Überwachung ausgebaut werden. Zweitens ist das in diesem Kontext gebräuchliche Bild der Vorsorgeuntersuchung falsch, denn das Individuum trägt ja die potentielle Delinquenz nicht als Bazillus in seiner Person; medizinische Modelle lassen sich auf den sozialen Bereich nicht übertragen. Damit ist drittens gesagt, daß es bei diesem Verfahren entgegen dem äußeren Anschein gerade nicht um den hilfsbedürftigen Einzelnen geht.

Damit kommen wir auf die vierte Ebene der *Alternativen zur Identifizierung und Abstempelung.* Der Delinquent wird als ein durch gesellschaftliche Mechanismen Stigmatisierter gesehen. Es ist die Ebene des „labeling approach" und der „sekundären Devianz". Nach dem labeling approach handelt es sich um Fragen nicht erst des Vollzugs, sondern bereits der Vorauslese, der Einordnung, Zuschreibung und Abstempelung. Diese Prozesse setzen sich in der sekundären Devianz fort. Die Gesellschaft reagiert zunächst auf die primäre Devianz und sperrt den Delinquenten ein; wenn dieser dann seinerseits auf die daraus folgenden Sanktionen reagiert, verschärfen sich diese repressiven Maßnahmen und stempeln ihn zum unverbesserlichen Querulanten. Was jetzt de facto geahndet wird, ist das reaktive Verhalten des Delinquenten in der Institution, nicht mehr das ursprüngliche Delikt. Dies führt uns theoretisch einen Schritt weiter. Auf den ersten drei Ebenen war die Entgegensetzung „Erziehung oder Strafe" noch undiskutiert hingenommen worden.

Jetzt aber kann gefragt werden, welche soziale Bedeutung es hat, wenn jemand als erziehungs- oder behandlungsbedürftig diagnostiziert wird. Gleichwohl ist die Suche nach dem Schuldigen auch auf dieser Ebene nicht beendet, denn die zuschreibende Instanz kann jetzt selber als „schuldig" bezeichnet werden. Diese Verkürzung hätte eine doppelte Folge: einmal würde der labeling approach noch nachträglich auf einen ätiologischen Ansatz zurückgeschraubt werden; zum anderen bliebe die gesellschaftliche Dimension der Zuschreibung offen, solange nicht untersucht wird, wer in der Regel die abgestempelten Gruppen sind, und in wessen Interesse gerade sie abgestempelt werden.

Die fünfte und höchste Ebene ist *Alternativen zur Aussonderung von Delinquenten überhaupt* vorbehalten. Der Delinquent wird als Angehöriger einer benachteiligten sozialen Gruppe gesehen – also etwa als Obdachloser, Jugendlicher, Randständiger. Wer sozial unten steht, hat demnach nicht nur die größte Chance, kriminell zu werden, sondern wird noch dazu gleichsam stellvertretend für die gesamte Gesellschaft kriminell. Indem sie diejenigen bestraft, deren sie am leichtesten habhaft wird, regelt sie ihr Verbrechensproblem durch Akzentuierung ihrer sozialen Schichtung. Wollte man aus diesem Teufelskreis herauskommen, so müßte man folgerichtig die Gesellschaft verändern. Doch erstens bleibt zweifelhaft, ob ein verändertes gesellschaftliches System auf Aussonderung generell verzichten oder eine neue Aussonderung – etwa nach politischen oder moralischen Kriterien – vornehmen würde. Zweitens ist daran zu erinnern, daß etwa bei der Bestrafung nationalsozialistischer Gewalttäter auch heute nach internationalem Konsens durchaus nicht nach dem Prinzip der „Zweckmäßigkeit", sondern nach dem der Sühne verfahren wird. Drittens wird in der Strafe nicht Gerechtigkeit wiederhergestellt, sondern Herrschaft betont; der Strafakt selbst und die Befugnis, andere zu bestrafen, wiegen in der Praxis schwerer als Erwägungen über den Sinn der Strafe; eine politische Alternative müßte daher die Frage nach Macht und Herrschaft stellen. Viertens wäre zu klären, wie ein neuer Begriff des Verbrechens eingeführt werden soll, denn er kann nicht dekretiert werden, sondern muß sich entwickeln und verbreiten.

Wollten wir noch weiter gehen, dann müßten wir nicht nur über eine Alternative zur Aussonderung sprechen, sondern über eine alternative Gesellschaft, in der Kriminalität überhaupt nicht auftritt. Wir kommen aber durch gedankliche Experimente um den Strafvollzug nicht herum. Das Problem wird durch neue Maßnahmen und auch durch mögliche Alternativen nur von einer Ebene auf die andere verschoben. Dahinter steht das Grundproblem der Kriminalität selbst. Eine Gesellschaft ohne das Böse gibt es nicht. Sie läßt sich allenfalls als überschaubare Kleinstgemeinschaft in einer herausgehobenen Situation kurzfristig herstellen. So gab es sicherlich im Kibbuz der Pionierzeit keine Kriminalität. Aber in großen, organisierten Gesellschaften mit komplizierter Gesetzgebung und differenzierter Sozialstruktur ist sie unausweichlich. Auf diese Weise gliedert sich das Programm „Alternativen zum Strafvollzug" so, daß auf jeder Ebene nach Antworten auf die Frage „Alternative wozu?" gesucht werden kann. Dieses Verfahren bewahrt uns vor naheliegenden Kurzschlüssen. Denn es geht ja nicht darum, wie wir das gleiche Ziel durch alternative Methoden schneller und sicherer erreichen können. Mit der Alternative wandelt sich vielmehr der gesamte Bezugsrahmen und also auch das Ziel selbst. Immer wieder müssen wir prüfen: Welches Problem wollen wir lösen? Auf welcher Ebene sollen politische und gesellschaftliche Entscheidungen herbeigeführt werden? Welche weitergehenden Veränderungen sind zu erwarten, wenn ein Sektor des öffentlichen Lebens verändert wird?

III. Herausforderung der erzieherischen Moral

1. Erziehungsunwertes Leben: Pädagogische Euthanasie schafft Randgruppen

I

Auf den ersten Blick haben Euthanasie und Pädagogik nichts miteinander zu tun. Unter „Euthanasie" versteht man Sterbehilfe aus humanitären Gründen, die in der Regel auf Wunsch eines schwer leidenden oder unheilbar kranken Menschen erfolgt. Eine solche Hilfe ist mit oder ohne Lebensverkürzung möglich, sie kann durch direkten Eingriff oder indirekt als Unterlassung weiterer Hilfsmaßnahmen erfolgen. Ihr Sinn ist es, ein nur noch physisch vorhandenes Leben nicht mehr mit allen Mitteln zu verlängern, so daß dem Hilflosen ein noch einigermaßen menschenwürdiger Tod zuteil wird.

Für den praktischen Vollzug liegen hier erhebliche menschliche Probleme. Sterbehilfe ist nur unter der Voraussetzung legitim, daß ich dem anderen tatsächlich helfen will und zu helfen vermag. Aber erstens ist die Kommunikation in solchen Fällen meist eingeschränkt; und zweitens kann ich auch dann, wenn sie noch funktioniert, nicht sicher wissen, ob wir beide das gleiche meinen. Was liegt im Interesse des Patienten? Erkenne ich als gesunder Helfer sein Interesse? Kann ich ohne Einschränkung diesem Interesse entsprechen? Menschliches Leben gilt heute nicht mehr jenseits aller individuellen Bedürfnisse als absolut wertvoll, wie eine religiös geprägte Welt es interpretierte. Der moderne Mensch hat sich eine früher unbekannte Anspruchshaltung zu eigen gemacht. Er nimmt nicht mehr alles als Schicksal hin; er will kein sinnloses Leiden ertragen und reklamiert die Freiheit, gegebenenfalls auch über das Ende seines Lebens zu bestimmen.

Dieser Standpunkt hat Licht- und Schattenseiten. Es könnte sein, daß der Kranke sich selbst und seine Krankheit nur noch nach den Kategorien der Konsumgesellschaft versteht und dementsprechend rasch bereit ist, sein durch Gebrechen oder Behinderung eingeschränktes Leben als ein verbrauchtes, unnützes und also wegzuwerfendes Gut zu behandeln. Niemand darf ihm das übelnehmen, denn warum sollte der Kranke nicht offen aussprechen, was im Grunde auch die meisten Gesunden denken? Ob das Motiv des Kranken noch legitim oder bereits fragwürdig ist, kann ich als Gesunder schwer beurteilen, denn bei der Euthanasie kommen wir an die Gretchenfrage: Wie hältst Du es mit dem Wert des menschlichen Lebens?

Nicht minder problematisch als die Motive des anderen sind meine eigenen. Will ich wirklich ausschließlich im Sinne des Kranken verfahren, oder kommen dabei auch verborgene egoistische Motive zur Auswirkung? Vielleicht ist der Kranke ein Familienangehöriger oder naher Verwandter, dessen Pflege, die ich pflichtgemäß betreibe, mir Mühe und Ärger bereitet. Vielleicht halte ich im stillen sein Leben wirklich für nicht mehr lebenswert und hoffe auf ein baldiges Ende, das uns beide erlöst. Vielleicht rede ich mir nur ein, daß ich mich in seine Lage hineinversetze und von seinem Standpunkt aus denke und handele, verfolge aber in Wirklichkeit mein eigenes Ziel. Vielleicht stören mich dahinsiechende, behinderte und unheilbar kranke Menschen so sehr, daß ich mich keinesfalls damit belasten will und um meiner Selbsterhaltung willen einen Eingriff befürworte.

An diesem Punkt ist für mich als Gesunden die Grenze des moralisch Erlaubten erreicht: wenn ich nicht mehr im wohlabgewogenen Interesse des anderen tätig werde, sondern in meinem eigenen Interesse; wenn ich etwas eliminieren will, was mich mehr belästigt als ihn; wenn ich so vorgehe, als ginge es um mein Leiden, nicht um seines. Die Motive, Gedanken und Gefühle aller Beteiligten sind komplex und oft kaum durchschaubar. Die Grenze zwischen Selbstinteresse und Sorge für den anderen läßt sich niemals exakt ziehen. Ich kann auch nicht sicher wissen, ob meine Kommunikation mit dem Kranken ihm noch hilft, ob durch meine Hinwendung zu ihm sein Lebensrest doch noch ein bißchen an „Lebenswert" gewinnt. Das alles ist nur von jedem Einzelnen mit seinem Gewissen zu entscheiden.

Die Diskussion um die Euthanasie kommt nur schleppend in Gang, weil der Begriff durch die mißbräuchliche Verwendung im Zusammenhang mit der Vernichtung „unwerten Lebens" im Dritten Reich in Mißkredit geraten ist. Wir wollen uns aus begreiflichen Gründen von der Praxis der Nazis möglichst weit absetzen. Deshalb denken wir darüber nach, ob irgendein Mensch entscheiden darf, was als wertes oder unwertes Leben anzusehen ist. Den brutalen Sozialdarwinismus, der die Eliminierung der weniger tüchtigen oder politisch mißliebigen Elemente gutheißt, lehnen wir entschieden ab. Aber so richtig und vernünftig diese Vorsicht und Zurückhaltung auch ist, so verführerisch ist es für uns, bei ihr stehen zu bleiben und andere Aspekte desselben Problemkomplexes, die uns in weniger günstigem Licht erscheinen lassen könnten, vorsorglich auszublenden. Das nationalsozialistische Denken ist noch nicht verschwunden, sondern hat nur eine andere Gestalt angenommen. Wir könnten auch sagen: jene grundlegende Bereitschaft, die in den damaligen Exzessen ihren schrecklichen Ausdruck gefunden hat, ist auch heute in subtileren Formen noch durchaus lebendig. Sicherlich wollen wir andere Menschen, mit denen wir nichts anfangen können, nicht gleich umbringen; aber wir sind nach wie vor bereit, sie weitgehend aus der Gesellschaft auszuschließen und ihnen eine Randexistenz zuzuweisen.

Die sowohl der Ausschließung wie auch der Rehabilitation dienenden Maßnahmen haben immer auch einen pädagogischen Charakter – sei es, daß die Pädagogik sich um die Ausgeschlossenen kümmern will, sei es, daß sie selbst, etwa in Form von schulischer Selektion, bereits an deren Ausschließung beteiligt ist. Das Problem der sozialen und pädagogischen Euthanasie ist ein Kernproblem unserer Gesellschaft. In früheren Zeiten war beschädigtes Leben nicht erziehungswert. Es erschien unnötig, sich der Betroffenen pädagogisch noch besonders anzunehmen, denn der religiöse Bezug galt für alle Menschen und bot jeder Existenz einen objektiven Sinn. Man nahm das Elend solcher Menschen hin und fand es selbstverständlich, daß sie keine besonderen irdischen Ansprüche hatten. Heute haben nun aber die Menschen solche Ansprüche. Nachdem die religiöse Wertschätzung nicht mehr verfügbar ist, wird die Frage nach der empirischen Wertschätzung um so dringlicher.

Wir sehen heute subtile Mechanismen im Gang, die uns solche Aussonderungen schwächerer Mitmenschen als legitim erscheinen lassen. Von pädagogischem Interesse ist nicht nur die Aussonderung selbst, sondern auch deren Hinnahme durch die Gesellschaft. Man verfährt so, als sei das Ergebnis der Aussonderung zugeteilt. Ist es aber zugeteilt, dann auch fremdbestimmt. Eine fremdbestimmte Vorzugsstellung, die der, dem sie zugute kommt, als „naturgegeben" reklamiert, kann jeden Augenblick verloren gehen. Indem ich also die eigene Willkür, die diese Aussonderung zustandegebracht hat, strikt leugne, erkläre ich praktisch das ganze Verfahren für sinnlos. Vielleicht erkenne ich auch, daß es sich um eine Machtfrage handelt, daß ich den anderen ausschließe, weil ich die Macht dazu habe; dann müßte mir aber klar werden, daß er umgekehrt das gleiche mit mir machen könnte. In beiden Fällen – ob Aussonderung als fremdbestimmter Akt von außen oder als selbstbestimmter Akt der Machtausübung gilt – kann ich mich nicht von dem anderen lösen. Die scheinbare Trennungslinie kettet uns aneinander und hebt die Sonderung auf.

II

In der pädagogischen Euthanasie geht es um die sozialen und zwischenmenschlichen Beziehungen in unserer Gesellschaft, wo „Sterbehilfe" nicht im wörtlichen, sondern im übertragenen Sinne zu verstehen ist. Die Umwidmung des ursprünglich humanitären Sinnes von „Euthanasie" für Zwecke der gewaltsamen Eliminierung ist nicht denkbar, wenn nicht ein tiefsitzender Sauberkeitswahn, ein perfektionistischer Purismus, ein unabweisbares Verlangen nach der heilen Welt vermutet werden können. Die Mobilisierung dieser Potenz vollzieht sich heute in unserem Kulturkreis weniger auf politischem als auf sozialem und pädagogischem Gebiet. Dabei kommen wir sehr bald an die gleiche Grenze wie beim Problem der eigentlichen Sterbehilfe. Wir sehen uns mit der Frage konfrontiert, was der andere wert ist, wie er sein soll, welcher Norm er zu entsprechen hat. Eine Erziehung, die sich nur noch als „Veränderung" versteht, folgt ganz selbstverständlich bereits dem neuen Trend der Euthanasie, denn um ihren durch Erziehungsziele markierten Ehrgeiz zu befriedigen, muß sie eine Strategie der Eliminierung und Reduktion unbrauchbarer Faktoren einschlagen.

Das Erbe des Nationalsozialismus ist für uns eine schwere Bürde, deren wir uns allerdings oft nicht bewußt sind. Wenn wir aus Scheu vor dem mutwilligen Zugriff auf fremdes Leben nicht offen über Fragen der Sterbehilfe sprechen wollen, so ist das relativ harmlos. Schwerer wiegt, daß wir in mancher Hinsicht selber noch in einer Einstellung befangen sind, die einen Mißbrauch der Euthanasie nahelegt. Im Grunde hat sich die tief verankerte Überzeugung, der entbehrliche Mensch müsse aus der Öffentlichkeit verschwinden, bis heute nicht gewandelt. Diese Tendenz zeigt sich überall, in der normalen Schule mit ihrer Auslesefunktion wie in der sozialen Behandlung der Gastarbeiterkinder, im Umgang mit Behinderten wie in der jovialen „Betreuung" der Alten. Überall gibt es Menschen, die überflüssig sind, deren Dasein uns Verlegenheit bereitet und zwiespältige Gefühle in uns weckt. Ihnen geben wir zu verstehen: Bei euch reicht es nicht ganz, ihr entsprecht nicht dem, was der eingespielte Standard in unserer Gesellschaft vorsieht. Indem diese Einstufung die ohnehin vorhandene Randstellung verstärkt, trägt die pädagogische Euthanasie selbst zur Bildung von Randgruppen bei. Wer nicht das volle Quantum leisten kann, dem wird überhaupt keine

Leistung mehr zugetraut. Wenn man mit ihm spricht, dann in einer beschränkten, infantilen Sprache, die ihm seine Existenz als ernstzunehmendem Mitbürger abspricht. In dieser Unterforderung kommt die Auffassung vom lebensunwerten Leben in der weniger auffälligen Gestalt vom Leben, das nicht mehr erziehungswert, sondern bestenfalls noch betreuenswert ist, wieder zum Vorschein. Praktisch heißt dies, sich mit diesen Menschen nicht auseinanderzusetzen und sie ihre Minderwertigkeit dadurch spüren zu lassen, daß man sie auf einen relativ primitiven Status festnagelt. Das Problem besteht nicht darin, daß Marginalexistenzen vorhanden sind, sondern in der Haltung, die wir ihnen gegenüber einnehmen. Wenn die Frage auftaucht, ob es erziehungsunwertes Leben gibt, dann stellt sich damit zugleich die weitere Frage, was der Mensch wert ist, woher wir seinen Wert bestimmen, wer über diesen Wert entscheidet.

Das Auftauchen von Randfiguren wird oft mit moralischer Minderwertigkeit assoziiert. Man argumentiert: wer minderwertig ist, wird deswegen zur Marginalexistenz. In Wirklichkeit ist es eher umgekehrt: Wer als Obdachloser, Fürsorgezögling, Drogensüchtiger, Behinderter zur Marginalexistenz gestempelt wird, gilt eben damit auch als minderwertig. Es handelt sich um eine soziale Einstufung, die nachträglich gerechtfertigt wird. Zum Mitglied von Randgruppen wird man nicht dadurch, daß man ganz anders denkt und handelt als die anderen; sondern deswegen, weil die allen gemeinsamen Grundzüge des Denkens und Handelns unter bestimmten Umständen bei einigen Gruppen anders gebündelt werden und sich daher auch in besonderer Weise darstellen. Nicht die Eigenschaft der Person, sondern die gesellschaftliche Zuordnung befördert das Randgruppenschicksal. Unter dieser Perspektive ist das ein allgemeines gesellschaftliches Problem. Inwieweit fühlen wir uns solchen Menschen verbunden und verpflichtet? Erkennen wir uns selbst in ihnen wieder? Glauben wir, daß etwa einem Behinderten ein Stück Menschentum fehlt? Und wenn es so ist, was verstehen wir dann unter Menschentum?

Falls ein Mensch nur in eingeschränktem Sinne gesund ist und nicht mit Gesunden wetteifern kann, soll er am besten aus dem jeweiligen Sektor der Konkurrenz ganz ausscheiden. Natürlich muß er nicht gleich eliminiert werden: aber er möge doch wenigstens auf den Gebieten, die unmittelbar von seinem Defizit in Mitleidenschaft gezogen sind, keine Ansprüche stellen. So empfiehlt man etwa, Behinderten die Sexualität auszutreiben, nur weil sie da nicht mit Gesunden mithalten können. Wer nicht voll am öffentlichen Leben teilzunehmen vermag, der soll überhaupt nicht teilnehmen. Wer nicht selbständig in einem Haushalt mit anderen leben kann, soll auch keinen Partner haben. Wer nicht regelrecht arbeiten kann, soll gar nicht erst ausgebildet werden. Der Aufwand, den die Sozietät dem Gesunden gegenüber treibt, scheint sich für den Behinderten, Kranken, Zurückgebliebenen nicht zu lohnen, da kein entsprechender Ertrag zu erwarten ist. Man will sich auf ein materielles Engagement à fonds perdu nicht einlassen. Der Wert des Menschen ergibt sich in diesem Falle nicht aus seinem Dasein als Mensch und wird nicht durch sein Menschenrecht verbürgt, sondern bemißt sich an seiner Stellung in der Gesellschaft.

Heute ist dies eine Gesellschaft, die sich mit dem Phänomen auseinandersetzen muß, daß der Lebenssinn knapp ist und nicht für alle reicht. Damit nimmt die Gesellschaft auf dieser grundlegenden Ebene den Charakter eines Versorgungsbetriebes an; denn was knapp ist, muß zugeteilt werden. Nun kann man in der Tat materielle Güter zuteilen, damit jeder wenigstens einen kleinen Teil bekommt. Wo jedoch der Lebenssinn als die Grundlage der gesamten Existenz selber zugeteilt werden muß, dort löst er sich als Sinn auf. In diesem Fall wird eine Instanz notwendig, die den Lebenssinn interpretiert und verwaltet. Lebenssinn als eine Angelegenheit des Einzelnen und seiner Beziehung zur Welt verschwindet. Was übrig bleibt, ist ein um die Dimension der Freiheit und Selbstbestimmung verkürztes Modell von Lebenssinn, das de facto menschliche Existenz als ganze für sinnlos erklärt.

Angesichts einer solchen Sinn-Attrappe ist dann auch die materiell gesicherte Existenz fremdbestimmt und muß sich damit begnügen, daß die materielle Sicherung selbst schon den „Sinn" darstellt. Sie ist also nicht ihrerseits auf einen Sinn bezogen; sie erlegt dem Nutznießer keine gesellschaftliche Verpflichtung auf; sie ist nicht darauf eingestellt, der Gesellschaft zu nützen und die noch verfügbaren materiellen Mittel sozial einzusetzen. Warum sollte sie auch? Lebenssinn ist nicht teilbar. Wird er so bemessen, daß einige leer ausgehen müssen, dann hat auch das Leben aller anderen seinen Sinn verloren. Erkenne ich im Leben des Randständigen keinen Sinn, dann kann ich einen solchen auch in meinem eigenen Leben nicht finden. Ich stehe somit im Begriff, mich selbst als Person wegzurationalisieren.

Diese Haltung ist geprägt durch die Annahme, die Welt sei sowohl räumlich wie zeitlich beliebig teilbar. Die räumliche Teilung trennt mich von dem zugleich mit mir lebenden Mitmenschen. Einige sind sicher, andere unsicher; diese werden gefoltert, jene leben in Freiheit; gewisse Gruppen erleiden Verfolgung, während die Mehrheit in Ruhe gelassen wird; fremde Kinder werden geprügelt, meine eigenen nicht; hier schlägt das „Schicksal" zu, dort bleibt es gnädig. So sind wir Zeugen und Mitwirkende an einer chronischen Selektion, die immer einen Teil als nicht dazugehörig ausschließt. Wir nehmen das hin, denn wir denken gruppenzentrisch und erfahren eine mögliche Solidargemeinschaft nur innerhalb unserer Gruppe. Ob dies Mangel an Moral oder nur an Phantasie ist, sei dahingestellt. Jedenfalls suchen wir stets nach objektiven Unterscheidungskriterien, die eine solche Teilung als unumgänglich ausweisen. Von der Ahnung beschlichen, daß das Menschenrecht eigentlich nicht teilbar sein kann, versuchen wir seine faktisch vollzogene Teilung zu rechtfertigen. Aber darin täuschen wir uns selbst. Ein teilbares Menschenrecht ist kein Menschenrecht mehr. Wenn es überhaupt Menschenrecht gibt, dann ist das ein Recht für alle Menschen, für den Menschen selbst, der sich nicht erst durch Identitäten, Zugehörigkeiten, Mitgliedschaften legitimieren muß. Teilbares Menschenrecht ist nicht Recht, sondern eine als Notwendigkeit verkleidete Ausübung von Macht.

Wie wir laufend räumliche Teilungen vornehmen und die jenseits der Demarkationslinie Angesiedelten stillschweigend der Euthanasie anheimgeben, so verfahren wir auch mit Zeit und Geschichte. Wie wir von einigen jetzt lebenden Menschen nichts wissen wollen, so wollen wir auch einige Epochen unserer Geschichte nicht wahrhaben. „Positive" Faktoren werden aus der Vergangenheit aufbewahrt (Tapferkeit im Kriege, Gemeinschaftserlebnisse, ruhmreiche Leistungen); „negative" dagegen verschwinden (Mitläufertum im Dritten Reich, Beteiligung an Gewaltverbrechen, imperialistische Großmannssucht). Das ist die in die Vergangenheit projizierte Teilung, die Sonderung des Brauchbaren vom Unbrauchbaren. Wir sind ohne weiteres bereit, das Euthanasie-Denken auf die Geschichte auszudehnen und deren weniger erquickliche Abschnitte sterben zu lassen. Die Zaghaftigkeit bei der Aufarbeitung des Nationalsozialismus läßt erkennen, daß es auch „erziehungsunwerte" Geschichtsabschnitte gibt, die entbehrlich sind und daher kaum intensiv behandelt zu werden brauchen. Hier schließt sich der Kreis: denn der nämliche Drang zu säuberlicher Teilung und Ausklammerung hatte bereits die ausgeklammerte Epoche selbst bestimmt; gerade indem wir sie fernhalten, werden wir immer wieder von ihr eingeholt.

Das auch in pädagogische Erwägungen eingedrungene verkappte Euthanasie-Denken zeigt sich an fünf Punkten, für welche die folgenden Stichworte zu nennen sind:

1. die Angst vor der mangelhaften Welt;
2. der Bezug von Marginalexistenz und industrieller Produktion;
3. die soziale Abhängigkeit als Kriterium der Bedürfnisse;
4. die Komplementärexistenz des Behinderten;
5. die Schein-Alternative des Aussteigers.

In diesen fünf Punkten kommen typische Versuchungen zum Ausdruck, die uns immer wieder zum Euthanasie-Denken verlocken. Im ersten Punkt ist es die ästhetische, im zweiten die technische, im dritten die gesellschaftliche, im vierten die moralische, im fünften die ideologische Versuchung. Alle fünf sind konstitutive Bestandteile unseres alltäglichen Lebens und beherrschen uns oft genug so, daß sie uns gar nicht mehr auffallen.

III

(zu 1) Die Angst vor der mangelhaften Welt verfolgt uns auf Schritt und Tritt. Zunächst sind es die kaum noch zu überblickenden Veranstaltungen und Ratschläge zur praktischen Erziehung, die uns diese Angst nicht etwa nehmen, sondern sie gerade verstärken. Immer wieder wird uns eingeschärft, es gebe eine richtige, eine saubere, eine keimfreie Erziehung, die auch wir erfolgreich durchführen können, wenn wir uns an die Weisungen der Fachleute halten. So werden uns immer neue Mängel in unserer gewohnten Lebens- und Erziehungspraxis nachgewiesen. Wir müssen uns in immer kürzer werdenden Abständen sagen lassen, was wir alles falsch gemacht haben und auf alle Fälle vermeiden sollten.

Die Folge ist, daß wir ständig mit einem Komplex belastet sind. Erziehungsfehler werden von besorgten Experten zu unverzeihlichen Sünden aufgepumpt, die niemals wieder gutzumachen sind. Hier setzt sich die psychische Tyrannei religiöser Eiferer in pädagogischen Ratschlägen fort, die keinen Widerspruch dulden. Dem liegt ein Menschenbild zugrunde, das Euthanasie nahelegt: nur das Gesunde, das Normale, das Erfolgreiche, das Natürliche soll gefördert werden. Erziehungsfehler könnten zu Abweichungen von dieser Norm führen und ein Kind hervorbringen, das ein Unglück ist und Ablehnung verdient, weil es den geforderten Standards nicht entspricht. Das schlechte pädagogische Gewissen der Eltern wird mit euthanasieträchtigen Urängsten vor dem durch falsche Erziehung verschuldeten ungeratenen Kind gefüttert. Es ist dann nur konsequent, wenn man gar keine Kinder mehr haben will und damit prophylaktische Euthanasie betreibt.

Was auf dem Erziehungsfeld noch ausgespart worden sein sollte, wird durch die Werbung ergänzt. Auch sie verfährt nach dem Grundgesetz der Euthanasie und der Sehnsucht nach der sauberen Gesellschaft. In der Werbung werden immer neue Mängel aufgespürt, so daß jeder, der etwas auf sich hält, nach dem jüngsten Mittel zur Behebung dieser Mängel greifen muß. Was man schon hat, ist zwar gut, aber nicht gut genug. Das Bessere ist der Feind des Guten, das Gute wird mittelmäßig, das Mittelmäßige wird obsolet. Was nicht erstklassig ist, ist praktisch gar nicht vorhanden; jedenfalls ist es nicht wert, noch vorhanden zu sein, und sollte tunlichst beiseite geschafft werden. Das Gewohnte muß durch das Ungewohnte ersetzt werden und wird laufend zum Schrott.

In dieser Einstellung, die das Menschenbild unserer Zeit mit prägt, wirkt sich die *ästhetische Versuchung* aus. Wir wollen Störungen vermeiden und Unordnung eliminieren, denn alles, was nicht perfekt ist, ist uns ekelhaft – ob Mensch oder Sache. Das heißt nicht, daß jede Marginalexistenz wirklich vernichtet werden muß. Es genügt, den Menschen Stück um Stück zu demontieren, bis nur noch das übrig bleibt, was sich mühelos lenken und einordnen läßt. So sollen vor allem Konflikte, dysfunktionale Phänomene, unaufgeklärte Problemkomplexe ausgeschaltet werden. Konservative und Fortschrittliche sind sich darin einig, daß Klarheit herrschen muß und unübersichtliches menschliches Gebaren nicht erwünscht sein kann.

Wir wollen den Menschen ohne Konflikte, der sich selbst nicht gestört fühlt und keinen anderen stört. Wir wollen den problemlosen, glücklichen, mit sich zufriedenen Menschen. Das alles gilt ebenso für die anderen wie für uns selbst. Die ästhetische Versuchung erfüllt uns mit Angst vor dem Altwerden, vor dem Häßlichwerden, vor dem möglichen Abscheu, den andere vor uns empfinden könnten. Da wir diesen Abscheu schon jetzt empfinden, melden wir unseren Anspruch auf eine ästhetisch akzeptable Welt an, in der auch wir selbst für andere ästhetisch akzeptabel sind. Wir haben Angst vor der mangelhaften, unästhetischen, disharmonischen Welt, weil wir auch Angst vor unseren eigenen Mängeln haben. Die ästhetische Versuchung ist die Versuchung, das Leben zu verneinen: sie ist eine nihilistische Versuchung.

(zu 2) Die Marginalexistenz ist Merkmal einer Gesellschaft mit industrieller Produktion. Die Entwicklung neuer Herstellungsverfahren und der technische Fortschritt führen zwangsläufig dazu, daß vorübergehend oder auf Dauer bestimmte Gruppen von Arbeitnehmern überflüssig werden. Je rascher die technische Innovation

voranschreitet, desto weniger läßt sich die Frage abweisen, was eigentlich die Gesellschaft mit ihren Menschen anfangen will, und was die Menschen in dieser Gesellschaft anfangen wollen. Es geht darum, ob die von der Produktion freigesetzten Menschen auch sozial überflüssig sind.

Solange der Wert des Menschen an seine Funktion im Arbeitsprozeß gekoppelt ist, reproduziert sich hier ein euthanasie-ähnliches Denken. Diesem Übel können auch nicht-kapitalistische Gesellschaften nicht dadurch abhelfen, daß sie krampfhaft alle arbeitsfähigen Menschen beschäftigen, nur damit keine Arbeitslosigkeit herrscht. Die Zuweisung sinnloser und unproduktiver Arbeitsplätze läßt sich zwar als soziale Tat ausgeben; man kann dann sagen: man tue etwas für diese Menschen, weil man ihnen Arbeit gebe und Selbstbestätigung durch Leistung ermögliche. Aber dadurch offenbart man, daß man den Menschen nur dann für wertvoll hält, wenn er beschäftigt ist. Gerade das gehört zu den Kennzeichen verkappter Euthanasie. Es ist die *technische Versuchung*, die uns hier einfängt.

(zu 3) Die soziale Abhängigkeit des Menschen wirkt sich auch als Kriterium seiner Bedürfnisse aus. Anerkannt werden nur die Bedürfnisse des „normalen" Menschen. Bei Behinderten, Kranken oder Geschädigten kommt man entweder gar nicht auf den Gedanken, daß auch sie Bedürfnisse haben könnten, oder man ignoriert dieselben und übergeht sie bewußt. Als Bedürfnis gilt nur das, was sich mit ökonomisch vertretbarem Aufwand und unter den üblichen sozialen Bedingungen befriedigen läßt. Der Gesunde kann seine Interessen geltend machen, er kann auftreten und sich mit anderen auseinandersetzen, er kann seine Bedürfnisse artikulieren. Da er als Partner im sozialen Spannungsfeld erscheint, muß man mit ihm rechnen. Der Behinderte dagegen kann nirgends auftreten und keine lobby bilden. Hier setzt die *gesellschaftliche Versuchung* ein: aus der sozialen Minderstellung dieser Menschen, die wir ihnen doch in Wirklichkeit erst zugewiesen haben, schließen wir darauf, daß sie auch keine Bedürfnisse empfinden. Weil sie nichts in der Form anmelden, auf die wir zu reagieren gewohnt sind, glauben wir, daß sie gar nichts anzumelden haben.

Den sozial Abhängigen und Schwächeren kürzen wir ohne weiteres auch ihre Bedürfnisse. Das ist eine späte Nachwirkung vergangener sozialer Verhältnisse. Früher war es üblich, daß abhängige Landarbeiter und Hörige nicht ohne Erlaubnis heiraten durften. Ob sie ein sexuelles Bedürfnis verspürten, interessierte niemanden. Denn als Bedürfnis galt und gilt in einer Gesellschaft immer nur das sozial anerkannte, im Raster des öffentlichen Lebens aufgefangene und untergebrachte Bedürfnis. Natürlich können sich die Maßstäbe allmählich ändern. Immer mehr Bedürfnisse gelten als legitim, die Ansprüche der Gesunden und Arbeitsfähigen wachsen rasch. Auch die Bedürfnisse der Behinderten und Kranken wachsen mit, aber viel langsamer und mit einer gewissen Phasenverschiebung. Diesen Menschen gegenüber hat man noch immer eine soziale Distanz, aus der heraus man ihre Bedürfnisse bagatellisiert. Bedürfnis ist kein objektiver Tatbestand; nicht das wirklich empfundene, sondern nur das gesellschaftlich in Form gebrachte Bedürfnis gilt als verhandlungsfähig.

(zu 4) Dem Behinderten wird eine Komplementärfunktion zugewiesen. Weil man sich scheut, einen offensichtlich nicht vollständigen Menschen so hinzunehmen, wie er ist, versucht man, die beschädigte Vollständigkeit irgendwie wiederherzustellen. Das scheint möglich zu werden, wenn man den Behinderten als komplementären Bestandteil eines imaginären Ganzen betrachtet. Diese Auffüllung gilt zunächst für ihn selbst. Wenn er etwa nicht imstande ist, seinen sexuellen Trieb in der üblichen Form zu befriedigen, dann soll er diesen Trieb sublimieren und mit Hilfe des sublimierten Triebes den quasi leer gewordenen Platz der Sexualität ausfüllen. Man glaubt, das sexuelle Defizit werde durch geistige oder psychische Mehrleistung kompensiert. Nachdem man ihm zunächst die Sexualität amputiert hat, verweist man ihn auf andere Felder der Selbstbestätigung. Der Zustand des Betroffenen genügt nicht und darf nicht unverändert bleiben, sondern muß ergänzt werden durch sinnhafte Faktoren, so daß schließlich doch noch ein akzeptables Ganzes entsteht.

Das gleiche gilt auch für die Beziehung des Behinderten zu anderen, vor allem zu den Gesunden. Um ihn in ein regelbares Verhältnis zur „normalen" Umwelt zu setzen, erklärt man ihn als zuständig für das, was diese nicht bringt, so vor allem für Werte der Moral, Charakterstärke und Innerlichkeit. Läßt sich schon nicht vermeiden, daß es Behinderte überhaupt gibt, dann sollen sie wenigstens ihre Existenz legitimieren, indem sie einen Beitrag für das Ganze leisten. Erst im Bezug auf einen größeren Kreis, erst in einer komplementären Funktion, erst als Teilfaktor eines umgreifenden Sinnzusammenhangs wird dem Behinderten ein gewisses Lebensrecht zugestanden. Ist diese Bedingung nicht erfüllt, dann kommt das Euthanasie-Denken wieder in voller Schärfe zum Zuge. Wer so denkt, erliegt der *moralischen Versuchung*, indem er ein Leben, das eigentlich nicht sein soll, dadurch aufwertet, daß er ihm eine moralische Funktion zuspricht. So scheint er auch selber etwas für die Moral aller Beteiligten getan zu haben.

(zu 5) Wer aus der Gesellschaft auszusteigen versucht, ergreift eine Schein-Alternative. An diesem Punkt kommt die *ideologische* Versuchung zum Ausdruck. Manche Menschen können das verkappte Euthanasie-Denken der Gesellschaft nicht mehr ertragen und wenden sich deswegen von ihr ab. Sie kehren aber die übliche Argumentation lediglich um, indem sie urteilen: das normale Leben im Betrieb, das Karrierestreben, die zweckhafte Ausrichtung sei lebensunwertes Leben. Dieses Leben geben sie um höhere Werte willen preis. Das Euthanasie-Denken ist aber damit nicht überwunden, sondern hat nur die Fronten gewechselt: die Minorität nimmt ein lebenswertes Leben nur für sich selbst in Anspruch, bezeichnet dagegen das Leben der Majorität als nicht lebenswert.

Was wie eine Alternative aussieht, beruht auf dem gleichen Trugschluß, wie ihn die Minorität bei der Majorität zu entdecken glaubt. Denn wenn ich die andersartige, eingeschränkte Existenzform des anderen als im Grunde nicht lebenswert ablehne, lehne ich zugleich auch mich selber ab. Ich reduziere meine Existenz auf ein rigides Freund-Feind-Schema, das willkürlich Grenzen zieht und nur entweder alles oder nichts will. Der Aussteiger duldet keine Einschränkungen. Das zwingt ihn dazu, die auch in der von ihm gewählten Lebensform fortbestehenden Einschränkungen herunterzuspielen oder zu leugnen.

Deswegen sind Heilslehren jeder Art gefährlich. Auch sie appellieren an das versteckte Euthanasie-Denken ihrer Anhänger, wenn sie eine glückliche, konfliktfreie, eindimensionale Existenz versprechen, wenn sie Leben und Welt insgesamt auf ganz einfache Grundstrukturen zurückstutzen. Wo dem Menschen Angebote gemacht werden, die sich in die Formel „Du brauchst nur ..., dann wird ..." kleiden lassen, dort muß ihm die rigorose Verkürzung aller menschlichen Beziehungen als legitim erscheinen. Er wird dann die unbrauchbaren und hinderlichen Teile seiner Existenz, seine Interessen, Sorgen und Pflichten fröhlich preisgeben, ebenso unbefangen aber auch an der Demontage anderer Personen mitwirken. Euthanasie bezieht sich hier auf bestimmte Sektoren des Menschseins, die ausgeschaltet und als überflüssig weggeworfen werden. Im Extremfall führt das zum Selbstmord Einzelner wie größerer Gruppen, zum Mord an Individuen wie an ganzen Völkern. Wer nicht leben darf, muß sterben; und an dem gemessen, was allein wertvoll ist, verliert jedes empirische Leben an Bedeutung. Dem Opfer der ideologischen Versuchung wird Leben prinzipiell lebensunwertes Leben.

In der pädagogischen Euthanasie drückt sich ein unaufhebbares Dilemma im Lebensgefühl und Identitätsverständnis des modernen Menschen aus. Auf der einen Seite hat er gelernt, daß man nicht nur die Natur, sondern auch die menschlichen Beziehungen durch zweckdienliche Maßnahmen verändern kann. Deswegen wird er aktiv und bemüht sich, meist guten Glaubens, um ein immer sinnvolleres, glücklicheres, erfüllteres Leben. Auf der anderen Seite schlägt diese Erweiterung dialektisch in Verengung um. Denn der gleiche Impuls, aus dem heraus wir das Böse entfernen wollen, läßt uns immer mehr Böses entdecken. Was als Medium zur Wahrung und Sicherung der Menschenwürde gedacht war, wird zum Werkzeug bornierten Euthanasie-Denkens. Je wirkungsvoller wir Leid einschränken, Krankheit bekämpfen, Hindernisse überwinden können, desto kräftiger wächst unser irrsinniger Ekel vor Hindernissen, Krankheit und Leid. Das Leben insgesamt wird uns widerlich, weil wir glauben, daß es ein „schöneres" geben könnte. An diesem Punkt trifft sich der konsequente Pädagoge mit dem radikalen Nihilisten.

2. Erziehung als Ritual: Jugenderinnerungen an eine totale Institution

I

In diesem Beitrag beschreibe ich den Ort, an dem ich meine Schulzeit (1930–1941) verbrachte: das Landerziehungsheim Salem. Was mich interessiert, sind nicht die einzigartigen, sondern die typischen Züge dieser berühmten Schule. Deswegen will ich nur das hervorheben, was mir auch heute pädagogisch bedeutsam zu sein scheint. Mich beschäftigt nicht meine persönliche Erinnerung, sondern die Situation derer, die in totalen pädagogischen Institutionen leben. Ich will am Beispiel Salem die Mechanismen solcher Systeme freilegen und untersuchen, inwieweit es den Betroffenen möglich ist, den Systemdruck zu erkennen und ihm zu widerstehen. Dieses Problem halte ich für exemplarisch; denn daß er unter einem solchen Druck lebt: das betrachte ich als Grundsituation des jungen Menschen, der in der modernen Welt „erzogen" wird.

Beabsichtigt ist ein Beitrag zur „Emanzipation". Ernstgemeinte Emanzipation kann nicht als Erziehungsziel verwirklicht, sondern immer nur gegen ein schon etabliertes Erziehungssystem durchgesetzt werden. Eine Emanzipation ohne die Mühe des Protests, die Unbilden des Widerstands und das Risiko der Benachteiligung wäre zu billig erworben und könnte sich wegen ihrer ungenügenden Qualität nicht lange halten. Zur Emanzipation gehört: daß ein junger Mensch Erfahrungen machen kann, die nicht pädagogisch vorfabriziert sind und aus dem Raster der institutionell fixierten Tugenden und Untugenden herausfallen. Das Internat als totale Institution verbaut ihm diese Chance und zwingt ihn, wenn es ihm mit seiner Emanzipation ernst ist, in eine Abseitsstellung. Die Leitung des Internats (wie jedes anderen größeren Betriebs) fürchtet Überraschungen und betrachtet alles mit Mißtrauen, was nicht bereits in der Konzeption selbst angelegt ist. Für diese Scheu vor der Freiheit spielt es keine Rolle, ob in der Institution eine nach Form und Inhalt „konservative" oder „progressive" Tendenz wirksam wird. Emanzipation verwirklicht sich erst dort, wo sie sich sowohl gegen die repressive als auch gegen die wohlmeinende und aufgeschlossene Bevormundung zur Wehr setzt.

Für das Folgende heißt dies, daß hinter der Beschreibung von Tatsachen immer die Frage steht: Wie sind die Machtverhältnisse in der Institution beschaffen? Welche Möglichkeiten einer Veränderung durch Widerstand gibt es? Was folgt aus dem Verhalten der Betroffenen für die Erziehung der Deutschen in einer Epoche ihrer Geschichte voller Spannungen und Unruhe? Dabei wird sich zeigen, daß solche Heime keineswegs Gefängnisse zu sein brauchen, in denen die Freiheit des Einzelnen offen beschnitten wird. Die Totalität ist subtiler und steht keineswegs im Widerspruch dazu, daß die dort lebenden Menschen sich subjektiv wohl und frei fühlen. Eben dies ist für die moderne Pädagogik insgesamt symptomatisch. Ein mit dem bloßen Auge schon erkennbarer Zwang würde heute von niemandem mehr konsequent vertreten werden. Schwerer zu durchschauen ist indessen diejenige Verkürzung der Existenz, die sich unangefochten den Mantel der Freiheitlichkeit und Humanität umhängen darf und in dieser Trennung das pädagogische Klima in der industriellen Gesellschaft mitbestimmt.

Die Salemer Pädagogik der Epoche zwischen den Weltkriegen ist unter mehreren Aspekten hochaktuell und einer Grundsatzdiskussion wert. Viele Erziehungsprobleme, die uns heute beschäftigen, gab es auch damals, wenn auch unter anderen gesellschaftlichen Bedingungen und in einem noch komplexeren, weniger entfalteten Stadium: so den Bezug von Schule und Sozialpädagogik, die Aufgaben von Schülermitverwaltung und Schülerselbstverwaltung, die Stellung des Individuums zur Gemeinschaft, die Verteilung von Rechten und Pflichten, den Kampf gegen Vermassung und Entfremdung, die Schaffung eines jugendgemäßen Lebensraums, die Überprüfung der Erwachsenenrolle, das Verhältnis von Strenge und Freiheit.

Alle diese Fragen spielten in der Salemer Konzeption eine zentrale Rolle. Salem bemühte sich mit seinen Mitteln und nach seinem Erkenntnisstand darum, sie mustergültig zu beantworten. Um welchen Preis diese Antworten ihre Verbindlichkeit erkauften, bedarf jedoch einer genaueren Untersuchung, deren Ergebnisse für die gegenwärtige Pädagogik äußerst interessant sein müßten. Die Zeiten haben sich zwar geändert, so daß eine unmittelbare Betrachtung der damaligen Erziehungswirklichkeit und ein naiver Vergleich gegenwärtiger und vergangener Zustände nicht möglich sind. Diese Schwierigkeit wird dadurch verstärkt, daß etwa die Fragen der Jugendarbeitslosigkeit, Delinquenz und Drogensucht relativ neu sind und die heutige pädagogische Reflexion besonders belasten. Dennoch wird sich zeigen, daß wir jetzt in einer Situation leben, die an zentralen Punkten der damaligen analog ist. Wir könnten uns daher leicht von scheinbar überzeugenden Lösungsmodellen verführen lassen, die in wechselnder Gestalt immer wieder auftreten und auch früher schon viele pädagogisch interessierte Menschen erfolgreich verführt haben.

II

Mein Eintritt in die Sexta fiel zusammen mit dem Beginn des Dritten Reiches, so daß meine Gymnasialjahre der Ära des Nationalsozialismus angehörten. Salem konnte sich als private Heimschule bis zum Kriegsende halten und blieb vom Ungeist des Regimes mit Ausnahme der allerletzten Phase fast unberührt. Gleichwohl muß unser Leben dort im Kontext des Dritten Reiches wie auch der Weimarer Zeit gesehen werden. Soziale Herkunft und politische Einstellung der Salemer Klientel trugen dazu bei, Schule und Heim gegen das Einwirken brauner Kulturfunktionäre weitgehend abzuschirmen. An aktiven Widerstand wurde jedoch weder von den Eltern noch von den Lehrern oder Schülern gedacht – nicht nur, weil er lebensgefährliche Folgen gehabt hätte, sondern auch, weil das politische Bewußtsein in Salem nicht über das Durchschnittsmaß hinaus entwickelt war. Es gab eine kleine Gruppe von dezidierten Nazi-Gegnern, die sich darum bemühte, das politische Geschehen unter diesem kritischen Gesichtspunkt zu verfolgen. Die Mehrheit der Schüler und Lehrer war dagegen politisch indifferent. Ihr wurden die abgründige Bosheit und der totale Nihilismus des Regimes nicht so bewußt, daß sie darunter gelitten hätten.

Im ganzen wurde über politische Fragen wenig diskutiert. Das entsprach der allgemeinen Entpolitisierung im Dritten Reich, war aber auch schon in der Konzeption Salems selbst angelegt, die auf den „überpolitischen" Menschentypus, nicht auf Einsicht in politische Zusammenhänge gerichtet war. Eine intellektuelle Auseinandersetzung mit dem Nationalsozialismus konnte schon deswegen gar nicht stattfinden, weil das Bemühen um Durchdringung von Strukturen, Machtverhältnissen und Ideologien dem Salemer Stil bis heute fremd geblieben ist. Eine kritische Prüfung hätte auch die Grundlagen der eigenen Pädagogik betreffen müssen, die sich mit manchen Gedankengängen der „Konservativen Revolution" berührten und daher auch dem faschistischen Denken nicht völlig fern standen.

Die Distanzierung vom Nationalsozialismus bewegte sich nicht auf der Ebene politischer Reflexion und erlangte niemals den Charakter einer tiefer dringenden Systemkritik. Vielmehr trug Salem trotz seines Widerstands gegen die Gleichschaltung stets gewisse faschismus-ähnliche Züge. Hierher gehören außer seinem Anti-Intellektualismus die Forderung nach striktem Gehorsam, der Glaube an das konfliktfreie Ganze, die Betonung der Pflicht des Einzelnen der Gemeinschaft gegenüber, die Hochschätzung der Gesinnung – vor allem aber der Mangel an Kommunikation, der unerleuchtete Drang nach Erlebnis und Aktivität, die konformistische Selbstzufriedenheit, die radikale Disqualifizierung Andersdenkender (um nicht zu sagen: Denkender überhaupt). Alle diese Elemente prägten das Salemer Klima. Weil sie aber zu einem Stil gehörten, der auch schon in der Jugendbewegung, in der Reformpädagogik und in anderen Strömungen der zwanziger Jahre lebendig war und die gesamte Epoche beherrschte, liegt in diesem Befund kein Vorwurf.

Salems Stellung zur Außenwelt läßt sich rückblickend als ambivalent erkennen. Einerseits war die innere Eigengesetzlichkeit des kollektiven „Salemer Geistes" sehr stark ausgeprägt. Man wußte zwar, daß es eine Außenwelt gab, aber in der erlebten Praxis galt Salem als Zentrum der Welt. Da zu den Menschen und der Gesellschaft draußen keine Verbindung bestand, war auch die Vorstellung von politischen, ökonomischen und kulturellen Bedingungen der eigenen Existenz kaum entwickelt. Wie andere Jugendliche in öffentlichen Schulen oder Heimen lebten, wußte niemand und wollte auch niemand wissen. Die Frage, welche sozialen Schichten hier vertreten waren, und wie die Funktion eines solchen Heimes im Kontext der zeitgenössischen Gesellschaft und Erziehung einzuschätzen sei, tauchte überhaupt nicht auf.

Andererseits wurde die subjektiv empfundene Sonderstellung objektiv immer wieder aufgehoben. An der Konzeption und Entwicklung Salems wird der innere Zusammenhang zwischen den Zwängen des industriellen Zeitalters und den totalitären Strukturen der pädagogischen Institution deutlich. Die Gründung Salems (1920) lag historisch an der Schwelle zur modernen Massengesellschaft. Seine erzieherische Konzeption zielte darauf, den nivellierenden Einflüssen der heutigen Existenzbedingungen – vor allem der Verlockung zum Konsum, der charakterlichen Profillosigkeit und dem spießbürgerlichen Mittelmaß – ein Lebensmodell entgegenzusetzen, das durch moralische Stärke, genuine persönliche Erfahrung und Einsatzbereitschaft für die Gemeinschaft gekennzeichnet war. Der Salemer Stil sollte zwar im Prinzip für jedermann beispielhaft gültig sein, war aber de facto kein Erziehungsstil, sondern der Lebensstil einer großbürgerlichen Führungsschicht. Zugrunde lag ein aus der angelsächsischen Tradition bezogenes aristokratisches Demokratie-Verständnis.

Dieses Streben nach strukturierter Primär-Existenz konnte sich jedoch nur in Form einer Sekundär-Existenz verwirklichen. Das ist ein Beispiel für die Vergeblichkeit organisierter Elite-Bildung. Man schirmte sich sorgsam gegen die Massengesellschaft ab, holte aber mit den Menschen von draußen unversehens auch die zu bekämpfenden Untugenden des öffentlichen Lebens ins Haus und etablierte damit den massenhaften Charakter in den eigenen Mauern. Die Institution selbst erwies sich als Spielart derjenigen Gesellschaft, von der man sich in kulturkritischem Eifer zu distanzieren hoffte. Der Drang nach Unauffälligkeit, die Moral des mittelständischen Unternehmertums, der unbefangene Gruppenegoismus, die Verwaschenheit der menschlichen Beziehungen, der Mangel an geistiger Auseinandersetzung mit den Strömungen der Zeit, die Sehnsucht danach, auf der richtigen Seite zu stehen, die Bereitschaft, sich dort zu engagieren, wo der Erfolg winkt, die Verbindung von persönlicher Rechtschaffenheit und unkritischer Anpassung an die Erfordernisse des Systems: das alles wurde ungewollt auch zum Kennzeichen des durchschnittlichen Salemers.

Man fühlt sich an die phantastische Geschichte von Münchhausen erinnert, dessen Schlittengespann von Wölfen verfolgt und eingeholt wurde: die Wölfe fraßen sich in die voraneilenden Pferde hinein und zogen schließlich, an deren Stelle ins Zaumzeug eingespannt, selber den Schlitten weiter. Ebenso wurde Salem von der Massengesellschaft, der es zu entgehen hoffte, eingeholt und fortgerissen. Der bekämpfte Spießbürger war zum Funktionär der eigenen Institution geworden. Und das ist vielleicht ein Wesensmerkmal moderner totaler Erziehungsstätten: daß sie sich gerade nicht erfolgreich von der Außenwelt abschotten können, sondern deren latente Strukturelemente in konzentrierter Form bündeln und damit zu Exponenten einer Gesellschaft werden, die sie verachten.

Von ihren Mitgliedern erwartete die Institution bedingungslose Einordnung. Eine zur Schau getragene kritische Haltung konnte im Extremfall zum Ausschluß führen. Solche Sanktionen vollzogen sich exakt nach jenem Mechanismus, der auch heute vor Gericht und in der Sozialbürokratie bei der Fixierung abweichenden Verhaltens wirksam wird. Im Sinne der „sekundären Devianz" steigerten sich Kriminalisierung durch das System und Opposition gegen dasselbe Zug um Zug, wobei jede Runde die Eskalation bis zur nächsthöheren

Stufe vorantrieb. Ein zunächst noch unartikulierter Mangel an Bereitschaft zur Einordnung verhinderte die routinemäßige Integration des Betroffenen in das System und setzte sich darin fort, daß der Opponent in die ihm zugeschriebene Position auch tatsächlich hineinwuchs. Die Prozedur verlief ähnlich wie bei politischen Prozessen, in denen der Delinquent als „gewöhnlicher" Verbrecher abgeurteilt wird, nicht wegen seiner oppositionellen politischen Überzeugung: das System spürte sehr wohl, daß es eine solche gar nicht als denkmöglich hinstellen durfte.

Wie andere totale Institutionen hat Salem die Möglichkeit des Widerspruchs nie in seine Erziehung einbezogen. Die leitenden Pädagogen erfaßten nicht, daß der selbständige, verantwortungsbewußte, charakterfeste Mensch, den sie doch als Erziehungsziel proklamierten, zugleich ein kritischer Mensch sein muß. Indem Salem Spontaneität nur als fremdbestimmt pflegte, konnte dort wirkliche Selbsttätigkeit nicht aufkommen. So wurde auch der Sinn für die Dialektik von Ordnung und Widerstand, von Zwang und Freiheit, von Anpassung und Selbstbestimmung nicht einmal ansatzweise entwickelt. Dies war kein Salemer Mangel, sondern kennzeichnete eine Zeit, in der trotz reformpädagogischer Ansätze dialektisches Denken hinter der Frage nach der „richtigen" Erziehung zurücktrat.

In dieser Zeit leben wir noch heute. Ein Verständnis für dialektisches Denken in der Erziehung hat sich nirgends entfaltet; mit der Möglichkeit, daß alles auch ganz anders sein könnte, rechnet niemand; Jugendliche sind als Mitwirkende bei gemeinsamer Willensbildung und Gestaltung der institutionellen Verhältnisse nicht gefragt. Darüber können auch fortschrittlich klingende Erziehungsziele wie Eigenständigkeit, Ichstärke und Entscheidungskompetenz, an denen heute ein wertloses Überangebot besteht, nicht hinwegtäuschen. Das verpönte kritische Verhalten im Salem der Zeit zwischen den Weltkriegen wurde zwar eine Generation später als wünschenswerter Zug des „gut" erzogenen jungen Menschen proklamiert: sprach man doch vom kritischen Bürger, der sich nicht jeder Autorität unterwirft, sondern die Dinge „hinterfragt"; der Zusammenhänge wahrnimmt und Machtverhältnisse realistisch einschätzt; der sich um einen eigenen Standort bemüht und gegebene Wahrheiten nicht widerspruchslos hinnimmt. Wer jedoch mit dem Versuch ernst macht, das alles in die Tat umzusetzen, scheitert heute ebenso wie früher.

III

Erziehung und Moral in Salem beruhten auf einem nicht ausdrücklich definierten, aber praktisch anerkannten Menschenbild. Der Schüler wurde nicht als junger Mensch gesehen, der sich noch in der Entwicklung befindet. Er hatte sich vielmehr ohne Ansehen seines Urteilsvermögens, seiner Reife und seiner Einsicht der für alle gültigen Heimstruktur einzufügen. Dabei ging es nicht lediglich um die Anerkennung der äußeren Ordnung, sondern darum, das gesamte System von innen heraus zu bejahen. Geschah das nicht, so spielte es keine Rolle, welche Gründe für die Unterlassung maßgebend waren. Sie blieben Sache des Einzelnen, die niemanden interessierte. Was interessierte, war allein der sichtbare Vollzug. Keine der zahlreichen Instanzen innerhalb des Systems kam auf den Gedanken, in bestimmten Fällen könnten kommunikative Hilfen geboten sein, die nicht im System selbst angelegt waren. Nach seinem Selbstverständnis bot das Heim schon durch seine Struktur jede erzieherische Stütze und repräsentierte die gesamte pädagogische Wirklichkeit, ja im Grunde die Wirklichkeit schlechthin.

Dieses System war nicht für „Erziehung" zuständig, sondern setzte Erzogenheit schon voraus. Eine Spontaneität, die weder aus dem System bezogen war noch auf dasselbe zurückwirkte, gab es nicht. Was ein junger Mensch auch immer denken, wollen und tun kann, wurde institutionalisiert, kanalisiert, organisiert, so daß jede mögliche Lebensäußerung nur in einem systemkonformen Zuschnitt auftrat. Das System war von fast allen Beteiligten so verinnerlicht, daß eine dysfunktionale Regung kaum aufkommen konnte. Soweit man dies eine Erziehungskonzeption nennen will, hatte sie einen rein formalen Charakter. Erziehung besaß keinen diskutierbaren Inhalt, sondern bestand im systemadäquaten Verhalten als solchem. Schon der Wille zur Diskussion wäre als nicht systemgerecht aufgefaßt worden. Zwar standen einige Tugenden, zu denen erzogen werden sollte, auf dem Programm: Ehrlichkeit, Anständigkeit, Ritterlichkeit; aber auch sie waren immer schon vom System aus gedacht. So wurde vorausgesetzt, daß das Leben im Heim als Übungs- und Anwendungsfeld für diese Tugenden ausreichte. Soweit gelegentlich erzieherischer Einfluß genommen wurde, erschöpfte er sich darin, einzelne Unzuverlässige, die auszuscheren drohten, in den sicheren Hafen der Gemeinschaft zurückfinden zu lassen. Daß jemand ernstliche Schwierigkeiten dabei haben könnte, sich mit dem System zu identifizieren, erschien absurd. Wer das System nicht voll bejahte, galt als unmoralischer Außenseiter, der sein Unglück in voller

Willensfreiheit selbst verschuldet und sich mutwillig von der Wahrheit ausgeschlossen hatte.

Es handelte sich um eine totale Institution, die jeden verpflichtete. Das Verhalten des Einzelnen wurde nicht individuell, sondern nur im Zusammenhang mit dem Verhalten der anderen gewürdigt. Entscheidend für die moralische Qualität war daher lediglich die Frage, ob man sich im Sinne des Ganzen „richtig" oder „falsch" entschied. Dafür gab es im Alltag des Heimlebens zahlreiche standardisierte Gelegenheiten, so etwa die freiwillige Meldung für gemeinschaftliche Aufgaben. Offiziell galt dieses „positive" Verhalten als freier Entschluß jedes Einzelnen, der im Kampf zwischen Pflicht und Bequemlichkeit moralisch gut gewählt hatte. Von der Motivation her war indessen der Entschluß keineswegs frei. Es ging auch nicht darum, was der Einzelne für richtig hielt, sondern nur um das systemkonforme Verhalten selbst. Wer diesen Mechanismus mitvollzog, ohne ihn zu durchschauen, fand nichts dabei, den ethischen Nimbus der Freiwilligkeit für sich in Anspruch zu nehmen und andere, die nicht mitmachten, zu verachten. In der Unbekümmertheit, mit der man sich eine Tat als charakterlich wertvoll zuschrieb, die man doch tun mußte, weil das System kein Äquivalent zuließ, zeigt sich die Verwandtschaft dieser Erziehungsform mit faschistischem Denken.

Unter pädagogischem Aspekt ähnelte die Institution einem sekundären System. Niemand konnte eine ursprüngliche, selbständige Erfahrung machen, weil die Orientierung ausschließlich durch Zeichen vermittelt wurde. Das System war völlig verfremdet und präsentierte eine hergestellte Wirklichkeit, die nur mit einem zu ihr passenden und aus ihr abgeleiteten stilisierten Empfindungsapparat wahrgenommen werden konnte. Dementsprechend wurde der Schüler auch nicht als „Mensch", sondern als „Salemer" angesprochen. Für ihn gab es keine Alternative: er mußte sein eigenes Leben mit dem Leben des sekundären Systems identifizieren und sich sowohl selbständiges Denken als auch primäre Erfahrung abgewöhnen.

Wie sich alles nur systemimmanent verwirklichen konnte, so auch die geforderten Tugenden. Sie paßten nicht in die soziale Wirklichkeit draußen, denn sie galten praktisch nur im Heimbereich. Daher wurden sie auch als Tugenden nicht verinnerlicht. Was verinnerlicht wurde, war die Orientierung an der eingeführten Ordnung des Systems. So erhielten die anerkannten Tugenden ihren Wert nicht nur ausschließlich innerhalb des Systems, sondern auch hier nur in der vorgeschriebenen Form. Eine anständige Haltung eines Schülers, der keine Charge bekleidete oder sogar dem System kritisch gegenüberstand, zählte nicht und hatte kaum eine Chance, überhaupt wahrgenommen zu werden. Sie war von der Logik des Systems aus gar nicht möglich, denn wäre der Betreffende wirklich tugendhaft, so hätte er ja in der Hierarchie des Systems aufsteigen müssen. Die Position im System bestimmte die moralische Qualität, nicht umgekehrt.

Was wie eine Salemer Besonderheit aussah, war somit nichts weiter als die Fortsetzung einer Begünstigung des modernen Durchschnittsmenschen mit anderen Mitteln. Daß das System so reibungslos arbeitete, beruhte auf der Faszination, die uns immer dort ergreift, wo uns unser eigenes Mittelmaß, als die ganz andere Lebensform verkleidet, unerkannt gegenübertritt. Das System bestach durch seine Geschlossenheit; es übte eine fast unwiderstehliche Anziehung aus, da es jedem das Gefühl vermittelte, an den richtigen Platz gekommen und ein für allemal aufgehoben zu sein; es stabilisierte sich immer von neuem, da es die „eigentliche" Welt, die gültige Alternative, den sinnerfüllten Kosmos zu verkörpern schien. In Wirklichkeit bestand das, was sich wie eine radikale Andersartigkeit ausnahm, aus Elementen der herkömmlichen Meinungen und Gedanken, Sehnsüchten und Empfindungen, die jeder schon mitbrachte. Aber diese Elemente waren in ungewohnter Form geordnet und muteten so fremd an, daß der Eintritt in das System nicht als Heimkehr in gewohnte Gefilde, sondern als Übertritt in eine nie gesehene Welt erfahren wurde.

Wenn das System auch straff organisiert und fest gefügt war, so bot es doch auch einen in bestimmten Formen legitimierten Auslauf. Die Möglichkeit der Abreaktion war vorgesehen und gehörte zur Salemer Erziehung. Nächtliche Prügeleien großer Schülergruppen und „Streiche", die durchaus brutal sein konnten, wurden keineswegs verboten, sondern toleriert, im stillen sogar begünstigt: lieferten sie doch einen Hauch von Abenteuer und repräsentierten damit das von William James bezogene „moralische Äquivalent des Krieges". Da aber der „Sinn" solcher Unternehmungen bis in die scheinbare Spontaneität hinein schon feststand, handelte es sich de facto nicht um das moralische Äquivalent des Krieges, sondern um das pädagogische Äquivalent der Moral.

Selbst die intellektuellen, emotionalen und religiösen Belange waren funktional in das System eingebaut und erfüllten die Aufgabe, diesen Typus von Erziehung zu legitimieren. Natürlich war niemals daran gedacht, daß ein Schüler sich mit solchen Gebieten ernsthaft beschäftigte: wurden sie doch nur insoweit für notwendig gehalten, als sie zum geistigen und seelischen Haushalt des vorausgesetzten

Menschenbildes zu passen schienen. Im Alltagsleben traten sie nicht hervor. Der Lebensstil war, wie in den meisten Landerziehungsheimen, großbürgerlich-liberal-protestantisch, aber nicht weltanschaulich oder konfessionell geprägt. Zwar gehörte „Ehrfurcht" zu denjenigen Tugenden, die gelegentlich in sonntäglichen Ansprachen gepriesen wurden; in der Praxis des Heimlebens mußte jedoch so etwas wie Ehrfurcht aus zwei Gründen eher dysfunktional wirken: erstens hätte ein ehrfürchtiges Gebaren den aktivistischen, diesseitigen, selbstgenügsamen Lebensvollzug behindert; zweitens gab es vom intellektuellen Anspruch dieser Erziehung aus kaum eine Möglichkeit, über die geistige Begründung und die religiöse Voraussetzung von Ehrfurcht nachzudenken. Was sich bei Schülern und Erwachsenen an religiöser Potenz, an Glaube, Hingabefähigkeit und Sehnsucht nach dem „Ganzen" regen mochte, war ja durch die Bindung an das System schon absorbiert. Dieses selbst wirkte als eine pädagogische „Kirche", die Verfehlungen auffangen konnte, sofern nur der Glaube unerschüttert bleib.

IV

Im Zentrum des Salemer Lebens stand das Internat, nicht die Schule. Der Unterricht war nach Organisation und Durchführung herkömmlich, unoriginell, nicht auf Reformen bedacht. Vom öffentlichen Bildungswesen konnte sich Salem also nicht durch schulische Spezialitäten, sondern nur durch das Heimleben unterscheiden. Eine Schlüsselrolle spielte hier die Schülerselbstverwaltung. Da die Kriterien, nach denen Schüler als Nachwuchs für solche Gremien ausgewählt wurden, nicht definiert waren, hatte der gesamte Betrieb den Charakter einer Geheimorganisation mit festgelegten Riten und Weihen. So glich das Salemer Leben einer vorliterarischen Kultur, in der alles Wichtige durch Berufene in mündlicher Überlieferung vermittelt wurde. Gleichwohl blieb der Einzelne nicht ohne Orientierung. Denn wenn auch die Maßstäbe der Qualifikation nicht exakt formuliert werden konnten, so stand doch der Typus des „guten Salemers" mehr oder weniger fest.

Anerkennung im Heim und Betrauung mit kleineren Posten konnten den Drang eines Schülers nach Gruppenzugehörigkeit befriedigen und sein Geltungsstreben kanalisieren. War er erfolgreich, so durfte er die beglückende Gewißheit mitnehmen, sich als Mensch bewährt zu haben und in der Gemeinschaft anerkannt zu sein. Gerade die weniger ich-starken Schüler fanden hier einen Weg, Bestätigung zu erfahren und mit Gleichgesinnten Tritt zu fassen.

Diesen vermeintlichen Wertzuwachs dankten sie dann dem Heim durch unbedingte Loyalität, denn sie waren ja darauf angewiesen, das System, das ihnen zu ihrem ersten Lebenserfolg verholfen hatte und weitere Erfolgserlebnisse versprach, nach Kräften zu erhalten. In dem richtigen Gefühl, hier und nur hier Anerkennung finden zu können, wurden sie gefügige Werkzeuge im Apparat. Alle Beteiligten waren jedoch davon überzeugt, daß der Erfolg im System aus einer Sinnquelle außerhalb des Systems floß. So wurde der Anschein gewahrt, dieser Erfolg honoriere nicht lediglich das Mitmachen bei der Stabilisierung der Institution, sondern eine systemunabhängige charakterliche Leistung.

Durch dieses Klima wurde vielen das menschliche und moralische Rückgrat gebrochen. Der Weg nach oben ging auf Kosten des Nebenmannes, denn alle waren zwar gleich, aber einige waren gleicher als andere. Die Heimstruktur entsprach der Struktur von Diktaturen. In ihr spiegelten sich, ohne daß jemand das bewußt anstrebte, die in der Zwischenkriegszeit herrschenden Verhältnisse wider. Die Salemer konnten sich getrost vom Faschismus distanzieren: sie hatten ihn unerkannt im Hause. Obwohl Salem in Gegnerschaft zum Regime stand, war doch die Gretchenfrage – Wie hältst Du es mit dem politischen System? – auch im System des Heims selbst entscheidend. Hinzu kam, daß jeder Schüler von seinem Zimmer- oder Klassenkameraden, wenn dieser eine Charge in der Hierarchie bekleidete, zurechtgewiesen und sogar bestraft werden konnte. Auch das gehörte zu den Symptomen eines Systems, das unverstellte menschliche Beziehungen und „herrschaftsfreie Kommunikation" nach Kräften verhinderte. Jederzeit spürbar war ein starker Gruppendruck durch die Majorität der Schüler. Ohne dafür präpariert zu sein, wirkte die peer group als verlängerter Arm der Institution. Wir könnten dieses Verfahren heute als eine mit moralischem Anspruch angereicherte Form der Verhaltenstherapie bezeichnen.

Ebenso lückenlos wie das pädagogische System war die praktische Organisation des Heimlebens. Es gab einen umfangreichen und differenzierten Katalog von Regeln, die von der überwiegenden Mehrheit der Schüler auch strikt eingehalten wurden. Äußere Verstöße gegen die Heimregeln wie Zuspätkommen oder Versäumnis von Routine-Pflichten waren meist unbeabsichtigt. Ihnen folgten automatisch Strafen in genau festgelegtem und nach Häufigkeit des Delikts gestaffeltem Umfang. Diese Strafen brauchten der Schülerschaft nicht aufgezwungen zu werden. Sie dienten weniger der äußeren Abstützung des Systems (als ob es ohne sie nicht hätte funktionieren können) als vielmehr dazu, daß der Einzelne sich so etwas wie „Einsicht in Notwendigkeit" angewöhnte. Jedermann nahm solche formalen Bußen als unabänderlich hin, so wie man auch sonst – etwa im Straßenverkehr – für kleinere Unachtsamkeiten eine Gebühr zahlen muß.

Das System ruhte keineswegs nur auf dieser äußeren Ordnung; es lebte davon, daß es einschließlich der Ordnungsregeln von allen Schülern innerlich bejaht wurde. Deswegen hatten solche Disziplinarmaßnahmen keinen disqualifizierenden Charakter.

Weil die möglichen Regelverstöße und die auf sie zugeschnittenen Strafen genau fixiert waren, bestrafte man sich gewissermaßen selbst: man unterzog sich der Strafe, ohne daß sie ausdrücklich von einer Instanz verhängt worden war. Niemand wäre auf den Gedanken gekommen, eine fällige Strafe nicht anzutreten oder das vorgesehene Strafmaß nicht voll zu absolvieren. Es handelte sich also nicht um Strafen im üblichen Sinne, die als Mittel der Reglementierung bei abweichendem Verhalten gezielt angewendet werden, sondern diese automatisch einsetzenden Sanktionen gehörten als wesentlicher Bestandteil zum Leben im System. Daß die unkontrollierte Selbstbestrafung klappte, konnte nur Außenstehende verwundern, sofern sie vom konventionellen Strafbegriff ausgingen. Bemerkenswert waren aber nicht einzelne Bestandteile des Systems, sondern das System im ganzen mit seiner Fähigkeit, den jugendlichen Willen so nachhaltig zu prägen.

Außer diesen „normalen" Strafen, die automatisch auf die im Katalog festgeschriebenen Standard-Delikte folgten, gab es auch eine subtilere, weitergehende Bestrafung in Form von Benachteiligung, Überwachung oder auch durch massive individuelle Sanktionen. Waren die Routine-Strafen weder „entehrend" noch darauf abgestellt, eine tiefergehende persönliche Erschütterung hervorzurufen, so wurde es bei oppositioneller Gesinnung ernst. Wer sich nicht einordnete, hatte nach Auffassung des Systems im Grunde keine Existenzberechtigung mehr. Mangel an Konformität wurde nicht, wie in demokratischen Formen üblich, als wesentliches Element für ein spannungsreiches Leben, sondern ausschließlich als Obstruktion begriffen. Eine Anklage verfuhr nach Art der mittelalterlichen Inquisitionsprozesse so, daß weder der Ankläger in Erscheinung trat, noch dem Angeschuldigten die Möglichkeit zur Verteidigung eingeräumt wurde. Der gesamte Prozeß der Verurteilung und Straffindung spielte sich hinter den Kulissen ab. Das einzige, was der Betroffene am Ende des Verfahrens erfuhr, war die Höhe der ihm zudiktierten Strafe. Er hatte keine Möglichkeit der Revision, konnte sich auch nicht bei der Verhandlung durch Schüler oder

Lehrer verteidigen lassen. Allein die Tatsache, daß er sich eines Verstoßes schuldig gemacht hatte, reichte zu seiner Verurteilung aus. Da in diesen Fällen mit der äußeren Bestrafung immer auch eine moralische Disqualifizierung verbunden war, hatte der Delinquent jedes Recht verwirkt.

Das Prinzip der Operationalisierung von Tugenden und Strafen spiegelte die moralischen Kategorien des Systems. Manche Verfehlungen konnten überhaupt nicht als solche erfaßt werden, da alles, was man erfassen zu können glaubte, lückenlos aufgezeichnet war. Übler Charakter, Denunziation, Unkameradschaftlichkeit, Herrschsucht, Verklemmtheit, Feigheit galten nur insoweit als verwerflich, als sie bei bestimmten Gelegenheiten auftraten, nicht als allgemeine Persönlichkeitsmerkmale. Im Gegenteil: gerade die Operationalisierung gestattete es ja, ausgewählte Aspekte solcher Untugenden dingfest zu machen und dem Strafmechanismus zu unterwerfen, alle anderen Aspekte aber unbehelligt zu lassen und sogar als Tugenden im System selbst einzusetzen.

Wer „an sich" ein anständiger oder unanständiger Mensch war, blieb im Dunkel. Es gab einen starken Druck auf die Gesinnung jedes Einzelnen, aber dieser betraf generell die Loyalität dem System gegenüber, nicht das wirkliche moralische Verhalten. Moralität und Loyalität waren identisch. Der gute Charakter wurde in der ungefährlichen Eingliederung gesehen, nicht etwa in der viel gefährlicheren kritischen Distanzierung; diese blieb das eigentliche Abenteuer, schlug aber in dem System, zu dessen Konzeption doch die Förderung des Abenteuers gehörte, ebensowenig positiv zu Buche, wie die Verweigerung des Abenteuers negativ auffiel. Lieber als den Abenteurer wollte man den Durchschnittsbürger, der keinerlei Risiko eingeht und dort Anschluß findet, wo die Macht ist.

Insgesamt kann Salem, wie jede totale Institution, als eine riesige Beziehungsfalle interpretiert werden. Das Gestänge dieser Falle bestand aus Verboten und Empfehlungen. Dem Schüler wurde zu verstehen gegeben: Sei anständig – aber nur innerhalb des Systems, nicht etwa grundsätzlich, also möglicherweise auch gegen das System; sei ehrlich – aber sag nicht die Wahrheit; sei schlau – aber denk nicht nach; sei charakterfest – aber widersprich nicht; liebe Deinen Nächsten – aber opfere ihn vorsorglich, damit Du vorankommst; sei „sozial" – aber nicht hilfreich; sei gemeinschaftskonform – aber nicht solidarisch; sei Vorbild – aber bleibe Durchschnitt; kontrolliere Dich selbst – aber so, als stündest Du unter Fremdkontrolle.

Scylla und Charybdis funktionieren hier nicht nach der Formel: Du kannst machen, was Du willst, es ist auf jeden Fall falsch! – sondern eher nach dem Prinzip: Tritt an keinem Punkt besonders hervor, das ist auf jeden Fall richtig; Profilierung bringt Mißerfolg, Durchschnittlichkeit bringt Erfolg und erhebt Dich über den Durchschnitt; alles ist möglich, soweit es im System Platz hat; nur wenn Du den Zusammenhang des Systems zerbrichst, mußt Du selbst zerbrechen; dieses Leben in der Falle ist wie ein großes Spiel, dessen ungeschriebene Regeln Du beherrschen mußt; der Verstoß gegen die geschriebenen Regeln ist verzeihlich, der gegen die ungeschriebenen nicht; Du kannst nur innerhalb der Falle überleben; dazu verhilft die Doppelbindung, weil die einander widersprechenden Anforderungen sich gegenseitig neutralisieren; gerade die Nicht-Eindeutigkeit der Anforderungen hält Dich im Gleichgewicht, denn wenn Du auf Eindeutigkeit dringst, müßtest Du die Spielregeln außer Kraft setzen.

Das Spiel kann gespielt werden, wenn die Inhalte der Moral, das der Erziehung zugrundeliegende Menschenbild und der Sinn des gemeinschaftlichen Lebens wie in einer „black box" verschlossen bleiben. So konnte jeder auf diese black box Bezug nehmen, obwohl unbekannt war, ob sie überhaupt etwas enthielt. Die Behauptung, daß Charakter-Erziehung eben hier und genau in dieser Form verwirklicht werde, ließ sich nicht widerlegen. Der Mensch war vom Nichts umstellt und konnte bestenfalls mit sich selber kommunizieren, dabei aber die anderen aus Mangel an Kommunikation für Gleichgesinnte halten. Und so fühlten sich schließlich alle zuhause. Sie begrüßten den Status der totalen Entfremdung als vertrautes Heimatmilieu.

Das ist das Merkwürdige an totalen Institutionen: daß sie die Beziehungsfalle, unter der das Individuum leiden müßte, auch noch als stabilisierende Kraft gebrauchen. Es kommt zu einer Abhängigkeit zweiten Grades. Der erste Grad bedeutet, daß Du in der Falle bist, der zweite besteht in der Notwendigkeit der Falle. Nur beide Abhängigkeiten zusammen ergeben die ausgeglichene Existenz, das subjektive Glück, die Zufriedenheit und Problemlosigkeit des Menschen im System. Gäbe es nur die Abhängigkeit ersten Grades, so müßte das Individuum leiden. Das wäre aber für das System dysfunktional. Erst mit dem zweiten Grad der Abhängigkeit ist das Gleichgewicht des Systems wiederhergestellt: das Individuum leidet nicht mehr, denn es ist als Individuum verschwunden; die personale Dimension der Existenz ist ausgeklammert; *und jetzt geht es wieder.*

3. Der Verrat der Intellektuellen: Zum Selbstverständnis des modernen Pädagogen

I

Mit dem Wort „Verrat" sollte man vorsichtig umgehen. Es diente oft genug als Schimpfwort für Andersdenkende, die man vergebens an die eigene Gruppe hatte binden wollen, und wurde damit zum Reizwort für die Grundkonstellation des kompromißlosen Kampfes zwischen Todfeinden. Heute gibt es Verrat vor allem als Preisgabe militärischer Geheimnisse: eine hinter den Kulissen ablaufende, fast anonyme, kaum nach Kategorien der individuellen Moral zu behandelnde Angelegenheit. In anderen Zusammenhängen ist das Wort „Verrat" ungebräuchlich. Wenn wir es hier aufgreifen, so folgen wir dem Titel „Der Verrat der Intellektuellen" von Julien Benda und denken uns diesen Begriff in Anführungsstrichen. Wir tun das, weil wir meinen, daß das Wort zwar obsolet, die Sache, die es bezeichnet, hingegen aktuell ist. Im Gegensatz zum militärischen oder Geheimnisverrat besteht diese Sache nicht im unbeugsamen Festhalten an einer einmal bezogenen Position, sondern eher umgekehrt darin, daß man die Vielfalt und Freiheit des Denkens zugunsten eines borniertten Interesses aufgibt.

Ein Verräter in dem hier gemeinten Sinn ist nicht nur, wer sich zynisch einem militanten System verschreibt, weil er dort seine Chance wittert, und sich brüsk von den bisherigen Freunden löst; nicht nur, wer um des persönlichen Vorteils willen von einer Machtgruppe zur anderen überläuft; und auch nicht nur, wer sich aus Opportunismus zum Wegbereiter einer politischen Ideologie gebrauchen läßt, indem er sich den Herrschenden andient. Verrat kann auch so aussehen, daß nicht erst das Handeln, sondern schon das Denken korrumpiert wird. Das ist der Verrat derer, bei denen das „Denken" im Zentrum stehen sollte: der Verrat der Intellektuellen. Dieser Verrat findet sich wie auf anderen Gebieten des gesellschaftlichen und kulturellen Lebens auch in der Pädagogik. Sicherlich ist nicht jeder einzelne Pädagoge ein Intellektueller, aber Pädagogen als Berufsgruppe können und sollten als Intellektuelle auftreten. Was als

Verrat der Intellektuellen bezeichnet werden kann, findet sich jedenfalls nicht zuletzt im Erziehungsfeld.

Für den Pädagogen geht es um wichtige Grundprobleme: Beteiligt er sich daran, die Sinnfrage zu stellen und nach Antworten auf sie zu suchen – oder steigt er erst auf einer mittleren Abstraktionsebene in das Erziehungsfeld ein? Versucht er, einen Zusammenhang zu erkennen und eine Position zu verantworten – oder versteht er seine Arbeit nur als ausführende praktische Tätigkeit, für deren Planung und Konzeption andere zuständig sind? Der denkende und bewußt handelnde Pädagoge sieht sich in der gleichen Position wie der Intellektuelle allgemein. Er hat kaum politische Macht, aber er muß seine Stimme erheben. Er muß sagen, was er sieht, damit andere es hören und sich daran orientieren können. Die Gesellschaft tut allerlei, um ihn davon abzubringen und zum Verrat zu bewegen. Mancher Pädagoge begeht dann diesen Verrat guten Glaubens, wenn er etwa vom „Mut zur Erziehung" spricht und damit das komplexe gesellschaftliche Problem der Pädagogik auf ein scheinmoralisches Problem von Individuen und Gruppen verkürzt.

Der Verrat der Intellektuellen wird dadurch eingeleitet, daß sie sich widerstandslos den Horizont verkürzen lassen. Sie gewöhnen sich daran, ihren Intellekt nur noch systemimmanent, nicht mehr systemlogisch einzusetzen. Sie nehmen das System, innerhalb dessen sie operieren sollen, schon als gegeben hin und resignieren hinsichtlich der Möglichkeit, die Strukturen und Funktionen des Systems selbst zu erfassen. Dadurch kommen sie von ihrer genuinen Aufgabe immer weiter ab. Denn das, was sie können (müßten), nämlich denken, ist dann auch nur eine Tätigkeit neben anderen, durch nichts abgehoben von bloßer Sachherstellung oder Aufgabenerfüllung. Denken wird zur Ausübung eines Handwerks, zum bürokratischen Vollzug, zum Tätigkeitsmerkmal einer Berufsgruppe, zum Instrument für die Organisation von Systemzwecken. Auf diese Weise bleibt die kritische und prüfende Potenz unausgeschöpft. Der Intellektuelle findet sich damit ab, daß er Konsequenzen und Zusammenhänge nicht so genau wissen kann. Der nächste Schritt ist, daß er sie schließlich auch gar nicht mehr wissen will und mit seinen Fragen immer früher aufhört.

Hier liegt der kritische Punkt. Der wahre Intellektuelle darf sein Denken nicht an einer willkürlich bestimmten Stelle anhalten. Nur wenn er sich bewußt oder aus Nachlässigkeit selber beschränkt, entsteht die Illusion gradliniger Erkenntnisse, die sich zum geschlossenen System hin fortentwickelt. Besonders gefährlich für den Intellektuellen sind Versuche, die Philosophie von der Wissenschaft logisch abzutrennen. Sicherlich ist es unangebracht, philosophische Betrachtungen mit wissenschaftlichen Forschungen zu verwechseln oder beide gegeneinander auszuspielen. Aber die prinzipielle Verbannung der philosophischen Reflexion aus der wissenschaftlichen Arbeit, wie sie der Positivismus verlangt, amputiert die Wissenschaft um die Dimension ihres Sinnes und ihrer Zuordnung. Die Schaltstelle für Sinnfragen liegt dann außerhalb der Wissenschaft und kann von jedermann besetzt werden. Sich mit diesen Besetzern zu verständigen oder sie zu bekämpfen, ist in diesem Fall Privatsache des Forschers. Die Positivisten haben kein Organ für die kritische Funktion des Intellekts. Ihnen gilt „Denken" als unexakt, global, unverbindlich, solange es nicht instrumentelles Denken im Rahmen einer wissenschaftlichen Spezialaufgabe ist.

II

Bendas These vom Verrat der „clercs" paßt in die erste Hälfte des 20. Jahrhunderts ebenso wie in die zweite; sie gilt für Pädagogen nicht minder als für Schriftsteller und Philosophen. Denn wer ist der clerc? Ursprünglich ist er der Kleriker, der geistliche Lehrer und Theologe, der sich im Mittelalter vom Laien durch seine Bildung abhebt. Später wird auch derjenige Laie so genannt, der lesen und schreiben kann und durch seine Arbeit in weltlichen Berufen als Vorläufer des heutigen Verwaltungsbeamten und kaufmännischen Angestellten gelten kann. Zum clerc im modernen Sinne wird seit der Aufklärung der Intellektuelle, Gelehrte, Gebildete. So sind clercs heute die Philosophen, Schriftsteller, Wissenschaftler, Hochschullehrer, Erzieher – also alle, die auf das Bewußtsein einer Gesellschaft Einfluß nehmen können, welche ihrerseits von ihnen eine gewisse geistige und moralische Orientierung erwarten darf. Insofern paßt der Pädagoge genau in den Begriff des clerc, auch wenn er sich vielleicht gern in die untergeordnete Funktion des Unterrichtsbeamten oder vertraglich gebundenen Ordnungshüters davonstehlen will.

Was Benda den Verrat der Intellektuellen nennt, läßt sich unter fünf Stichworten zusammenfassen:

1. Selbstverständnis;
2. Moral;
3. Gesellschaft;
4. Politik;
5. Wissenschaft.

1. Das *Selbstverständnis* des clerc beruht wesentlich auf den Werten, zu denen er sich bekennt: „Die Werte des *clerc,* deren wichtigste Gerechtigkeit, Wahrheit und Vernunft sind, zeichnen sich durch drei Merkmale aus: Sie sind *statisch.* Sie sind *interessefrei* (vorteilslos, zweckfrei). Sie sind *rational"* (Benda, J.: Der Verrat der Intellektuellen. München 1978, S. 75). Die Werte sind „statisch", d.h. mit sich selbst identisch und nicht dem schwankenden Einfluß jeweiliger Interessen und Modeströmungen unterworfen. Man bekennt sich zu ihnen und steht für sie ein. Nicht die Person, die solche Werte vertritt, ist statisch oder gar immobil und leblos, denn sie kämpft ja mit aller geistigen Kraft und macht sich als höchstlebendig bemerkbar. Es geht vielmehr darum, daß der clerc sich bestimmte Werte wie etwa Gerechtigkeit, Menschenwürde, Barmherzigkeit, Freiheit nicht abhandeln läßt. Er kann darum nur von denen, die ihn fürchten oder nicht begreifen, zum Gegner des Fortschritts gestempelt werden. Richtig ist das Gegenteil: erkennt doch der clerc den „Fortschritt", wenn es überhaupt einen gibt, gerade darin, daß diese Werte sich allmählich herumsprechen und nicht immer wieder zur bloßen Floskel oder zum Spielball zynischer Interessenkämpfe verkümmern.

Die Werte sind „interessefrei". Das heißt nicht, daß sie im luftleeren Raum oberhalb der Gesellschaft schweben; sondern es heißt, daß sie wirklich Werte sind und nicht nur Parolen im Kampf beliebiger partikularer Vorhaben. Frei von Interesse bedeutet, daß der, der sie vertritt, daraus keinen persönlichen Vorteil zieht. Es bedeutet auch, daß sie für alle Menschen gelten, nicht nur für diejenigen, denen man sich ohnehin verbunden weiß. Wer damit ernst macht, müßte sich hüten, eine Theorie vom natürlichen Qualitätsunterschied der Rassen oder vom angeborenen Intelligenzgefälle sozialer Schichten nur deswegen zu unterstützen, weil ihm das aus politischen Gründen und zur Wahrung des eigenen Besitzstandes opportun zu sein scheint.

Wenn diese Werte schließlich „rational" sind, so bleibt alles ausgeschlossen, was sich nicht mit der Vernunft erfassen läßt, vor allem mythische Glaubensformeln oder gallertartige Ideologien. Eine reine Gemütsbewegung ist insofern noch kein Wert, auch nicht die Begeisterung für die Schauspiele der Diktatoren. Bewunderung von reiner Kraft, struktureller Dynamik, selbstgenügsamem Spektakel gehören ebenso wenig dazu wie die ästhetische Weltanschauung des Faschismus, die Verherrlichung von Gewalt, der Personenkult und die Mythen von Vaterland, Größe, Sieg. Denn das alles ist geeignet, die Ratio kaltzustellen und ein vernunftbegründetes Urteil gar nicht erst aufkommen zu lassen. Der Anwalt der Ratio wird vielmehr zum Widerständler gegen solche Systeme, die auf die gläubige Begeisterung der Massen bauen.

Die rationale Basis bedingt auch die Abwehr jeder Art von Romantik. Romantik ist eine Haltung, in die man sich hineinsteigert, ein irrationales Bekenntnis zu Vorstellungen, die das Prinzip der Welt umgreifen und dem Einzelnen eine Identifizierung mit dem Ganzen nahelegen. Benda wehrt solche Vorstellungen ab. Er erkennt, daß Romantik meist nicht harmlos bleibt, sondern sich in wechselnder Gestalt als Romantik des Pessimismus, Romantik der Härte, Romantik der Menschenverachtung wie auch als Kult der Grausamkeit und des Erfolgs ausdrücken und insofern den Verrat der Intellektuellen besiegeln kann.

2. An einem strengen Maßstab mißt Benda die *Moral*. Er beruft sich auf Spinoza: „Menschliches Leben, wie ich es verstehe, zeichnet sich nicht durch den Blutkreislauf und andere allen Tieren gemeinsame Organfunktionen aus, sondern durch Vernunft und vor allem durch Tugend und Wahrhaftigkeit" (S. 64). Eine solche Moral kann rigide sein, aber nicht ungerecht. Wer sich in der jüngsten Vergangenheit als Politiker oder Schriftsteller bewußt gegen Humanität und Freiheit gestellt und den Faschisten in die Arme geworfen hat, verdient keine Nachsicht. Seine Tat darf nicht als „Irrtum" beschönigt, sondern muß als unmoralisch verurteilt werden.

Besonders brisant wird diese Frage für das Verhältnis von Moral und Politik: „Die neuartige Haltung der Intellektuellen gewinnt noch schärfere Konturen, wenn man bedenkt, daß die Menschheit bis in unsere Tage hinein im wesentlichen mit nur zwei verschiedenen Lehren zum Verständnis von Politik und Moral konfrontiert worden ist: mit der platonischen, die erklärte: ,Die Moral bestimmt die Politik', und mit der macchiavellistischen, die besagte: ,Die Politik hat keinen Bezug zur Moral'. Heute gibt es eine dritte – lehrt doch Maurras ,Die Politik bestimmt die Moral'" (S. 157). Gegenüber dieser Verwirrung wahrt Moral nur dann ihren Charakter, wenn sie unabhängig ist. Auch der Politiker, der die Moral als Funktion der Politik handhabt, vertraut ja darauf, daß sie gerade nicht als abhängig, sondern als absolut empfunden wird.

Aufgabe des clerc ist es, sich nicht von Manipulationen der Moral verführen zu lassen. Gerechtigkeit bleibt Gerechtigkeit, Unrecht bleibt Unrecht, wen es auch trifft. Umgekehrt wird Moral aber auch nicht durch abstrakte Gemütstugenden garantiert. Es gilt daher, die Verherrlichung des Heldenmuts, der Ehre, der Härte, des Erfolgs zu entlarven. Tugenden und Haltungen sind nicht an sich moralisch wertvoll, sondern erst im Zusammenhang eines Sinngefüges. Wenn hier Werte im Spiel sind, so liegen sie in der Wertsetzung des Unternehmens selbst, nicht in der Verwirklichung herausgelöster Haltungen. Jeder Lobpreis solcher Tugenden (wie etwa Tapferkeit um ihrer selbst willen, Ausdauer als solche, Unbeugsamkeit schlechthin) verkürzt die moralische Qualität, weil der Intellekt und das Urteil dabei nicht mehr beteiligt sind. Der Mensch wird zum Wesen, das nur noch durchhält, nur noch kämpft, sich nur noch einsetzt, aber nicht mehr darüber nachdenkt, wofür das alles geschieht. Damit verlieren solche Tugenden ihren moralischen Wert.

3. Der Intellektuelle muß seine Stellung und Aufgabe in der *Gesellschaft* bestimmen. Er begeht „Verrat", wenn er sich dabei nicht mehr auf sein eigenes Urteil stützt, sondern sich geschmeidig gesellschaftlichen Gruppen zuordnet und kurzschrittig unterhalb der ihm erreichbaren Reflexionsebene Partei ergreift. Das zeigt sich an verschiedenen Punkten, zuerst am Eintreten für die Ordnung gegen die Freiheit. Der moderne clerc mißtraut der Freiheit wie der Demokratie und neigt autoritären Prinzipien zu: „Ordnung ist essentiell ein praktischer Wert. Der Intellektuelle, der sie vergötzt, verrät damit glattweg seine Aufgabe" (S. 116). Ordnung wird als in sich begründeter, ästhetischer Wert verstanden; wer sich ihr verschreibt, will das harmonische Ganze und die konfliktfreie Gesellschaft. Nicht die moralische Ordnung der Gerechtigkeit ist gemeint, sondern eine organisatorische Ordnung der Instituton.

Dazu paßt die „Verherrlichung dessen, was man den ‚monolithischen' Staat genannt hat, das heißt den Staat, der als ungeteilte Realität verstanden wird: den ‚totalitären' Staat, in dem definitionsgemäß der Begriff der Person und a fortiori der ihrer Rechte verschwindet; der Staat, dessen Seele jene Maxime ausdrückt, die man auf allen nationalsozialistischen Ämtern lesen konnte: *Du bist nichts, dein Volk ist alles"* (S. 29). Auch die „Verherrlichung der Familie als gleichfalls umfassender Organismus und damit als Negation des Individuums" (S. 30) und die „Sympathie für die ständische Organisation der Gesellschaft, für den *Korporatismus,* den die Regierung Petain nach dem Muster des faschistischen Italien und des Hitlerschen Reiches zu etablieren versuchte ..." (S. 31) gehören zu dieser ordnungsfixierten Haltung. Innerhalb des gesellschaftlichen Systems muß alles übersichtlich sein; daher die Vergötzung des Erfolges und der Glaube, was sich durchsetzt, sei auch das Richtige und Gute. Wer sich legitimieren will, muß vorweisen können, daß die Sache, an der er mitwirkt, reibungslos funktioniert, daß seine Verfahrensweise erfolgreich ist und den Erwartungen entspricht.

Wie kommt das? „Eine Hauptursache liegt wohl darin, daß die moderne Welt aus dem *clerc,* dem Intellektuellen, einen *citoyen* gemacht hat, einen ,Staatsbürger wie jeden anderen', der allen mit dieser Standesbezeichnung verbundenen Obliegenheiten unterworfen ist" (S. 191). Der clerc vertraut sich nunmehr Organisationen und Gruppen an, die für seine Interessen kämpfen. Er ist mit seinen intellektuellen Fähigkeiten ein Konkurrent auf dem Markt des öffentlichen Lebens wie alle anderen geworden. Gleich diesen begehrt er den angesehenen Status in der Gesellschaft, die soziale Sicherheit, die Auszeichnung als Bürger. Er ist als Intellektueller nichts „besonderes" mehr.

4. Von der Gesellschaft ist es nur ein weiterer Schritt zur *Politik.* Die gesellschaftliche Zuordnung des Intellektuellen wie jedes anderen Bürgers setzt sich in der politischen Zuordnung fort: „Einer Welt, die sich mehr und mehr und bis hinein in Bereiche, bei denen man es am allerwenigsten erwartet hätte (zum Beispiel bei dem des Denkens), in einer Welt der Verbände, der ,Zusammenschlüsse' und ,Kampfbünde' verwandelt. Muß man darauf hinweisen, daß die Passion des Einzelnen sich an dem Gefühl belebt, mit tausend gleichartigen Passionen engstens benachbart zu sein?" (S. 88). Jedermann muß Anschluß gewinnen und Partei ergreifen, denn jedermann lebt chronisch im Kampf gegen andere. Diese Notwendigkeit, sich durchzusetzen, wird auch für den clerc zum Lebensgesetz. Daher sieht er zu, daß er sich im Einklang mit großen politischen Bewegungen und Gruppen befindet. Er sucht sicheren Unterschlupf, weil er spürt, daß er sich allein nicht behaupten kann. Was er zu sagen hat, muß durch eine Machtbasis verstärkt werden, denn auf die geistige Substanz der Position selbst ist kein Verlaß mehr.

Somit schwenkt der clerc auf die in der Gesellschaft übliche Linie ein. Deren „Passionen lassen sich ... auf zwei grundlegende Strebungen zurückführen: 1. das Bestreben menschlicher Gruppen, *weltliches Gut* zu erlangen (oder daran festzuhalten), z. B. Land, materiellen Wohlstand oder politische Macht mit all ihren weltlichen Genüssen; 2. das Bestreben menschlicher Gruppen, sich als etwas *Besonderes,* von anderen *Verschiedenes* zu empfinden" (S. 105). Auf dieser Basis suspendiert der clerc im Denken den Unterschied zwischen Recht und Unrecht. Er hebt sich von allen anderen nicht mehr dadurch ab, daß er auf die Gerechtigkeit hinweist, sondern er verbarrikadiert sich mit allen anderen zusammen gegen die feindliche politische Gruppe. Ohne Widerstand schlüpft er in ein primitives Freund-Feind-Schema. Die Moral liegt nur noch in der richtigen politischen Zuordnung. Das System, dem man angehört, verkörpert als solches schon die zu vertretenden Werte. Damit legitimiert man die „Worte eines deutschen Bildungsträgers, der im Oktober 1914 nach Verletzung der Neutralität Belgiens und weiteren Übergriffen seiner Nation erklärte: ‚Wir brauchen uns für nichts zu entschuldigen'" (S. 118).

5. Dieses Denken zeigt sich schließlich auch in der *Wissenschaft* als der angestammten Domäne des clerc. Er sieht Denken nicht mehr als eine intellektuelle Leistung, die auf einen bestimmten Punkt gerichtet ist und sich um Erkenntnis bemüht; sondern Denken wird im Sinne einer wohlfeilen Lebensphilosophie zum ungeordneten Ablauf, zur irrationalen Bewegung, zur Bereitschaft, jeden erreichten Erkenntnisstand schnell wieder zu negieren. Das Denken verliert seine Struktur und sein Ethos, es schrumpft zum spontanen Vollzug, zum rhythmischen „Verhalten" zum Ausdruck eines beschwingten Lebensgefühls; „wohingegen die wahren Intellektuellen stets die Meinung vertreten haben, daß die Moralität der Wissenschaftler in ihrer *Methode* liegt, die uns zu ständiger Selbstüberwachung, zu beharrlicher Zurückweisung verführerischer Ansichten und zu unablässigem Widerstand gegen die schnell erlangte Befriedigung zwingt; nicht in dem *Gebrauch, den die Menschen* von der Wissenschaft machen ..." (S. 58).
Worauf es beim Denken ankommt, ist vor allem die Methode. Das Ethos des Wissenschaftlers offenbart sich darin, ob er exakt und sauber zu denken vermag, nicht in den Ergebnissen oder im Parteiergreifen für eine Auffassung. Wer allzu schnell zu brauchbaren Resultaten kommen will, beschneidet das zu erklärende Problem, während der Wissenschaftler gerade darum bemüht sein muß, dieses Problem in seiner ganzen Vielfalt zu sehen. Das gilt besonders für den Historiker, der die Wahrheit herausfinden, nicht aber die Geschichte seines Volkes oder Staates glorifizieren soll. Wer das nicht erfaßt, begeht den Verrat der Intellektuellen und unterwirft sich der Diktatur einer Macht, die vielleicht im Einzelfall ein Forschungsvorhaben fördert, im Prinzip jedoch wissenschaftliches Denken einschränkt.

Prüfen wir nun, ob sich alle diese Befunde auf die Aufgabe des heute wirkenden Pädagogen übertragen lassen. Da wird sich zeigen, daß zwar die Akzente etwas anders zu setzen sind, die erkannte Grundfigur aber aktuell geblieben ist. Es handelt sich für die Sozialwissenschaften in unserer Zeit um die gleichen Probleme, die schon Benda beschäftigt haben. Zur Begriffsbestimmung brauchen wir nicht weiter auszuholen. Benda selbst versteht seine clercs immer auch als „Erzieher des Volkes", weist ihnen also eine eminent pädagogische Aufgabe zu. Insofern ist es durchaus legitim, die Pädagogen als eine Gruppe zu betrachten, in der das Problem, welchen Auftrag die clercs eigentlich in der Gesellschaft haben, auch heute auftritt. Wir folgen den oben genannten fünf Stichworten.

(1) Wie steht es mit dem *Selbstverständnis* des Pädagogen, worin besteht seine Sache, was vertritt er? Damit sind nicht „Erziehungsziele" gemeint, die an allen Ecken wohlfeil zu haben sind, sondern das, wofür er mit seiner Person einsteht, worum es ihm eigentlich geht, welche Vorstellung von Erziehung er in der Gesellschaft zu verwirklichen sucht. Die Versuchung, der Romantik zu erliegen, ist gerade unter deutschen Pädagogen stets besonders groß gewesen. Sie besteht auch heute, obgleich sie andere Formen annimmt und sich mehr auf das technokratische Verändern als auf die Entfaltung eines edlen Menschentums richtet. Stark romantisch eingestellt waren die Reformpädagogen, unter denen Nohl objektive politische und gesellschaftliche Ereignisse pädagogisch-ästhetisch sublimiert hat. Ähnliches gilt für Sprangers Versuch einer Typisierung von Lebensformen wie auch für Kriecks Ersetzung intellektueller Urteile durch politische Parolen.

Hier bestand eine Verbindung zwischen der Reformpädagogik mit ihrer Distanz zum Intellekt, mit ihrer weitausholenden Gebärde, mit ihrem Gemeinschaftspathos, mit ihrem Anspruch, als Prophetin und Wegweiserin des ganzen Volkes aufzutreten, und den Anfängen des Faschismus, des Futurismus, des Expressionismus und der Jugendbewegung. Auf dieser Zwischenebene, wo sich degenerierter Intellekt und angestaute Emotion zu einem explosiven Sprengsatz vermischten, fehlte es nicht an Appellen zur Bewegung, an verbalen Kraftakten, an globalen Zielformeln. Die Pädagogen schwangen sich zu Wortführern einer irrationalistischen Strömung auf, die sie im Volke spürten. Das war in dieser spezifischen Form neu, hatte aber doch in der deutschen Pädagogik auch eine Tradition. Schon Fichtes

Zusammenballung von Romantik und Effektivität, von Allmachts-
phantasie und Repression gab ein Vorbild für die Praxis des
Faschismus.

(2) Der Pädagoge ist nicht mehr Wächter der konventionellen *Moral.*
Die Moral, die er heute zu vertreten hat, betrifft weder das
Wohlverhalten von Kindern noch die Maßnahmen zum Jugend-
schutz. Vielmehr hat er dafür einzutreten, daß Werte, zu denen alle
sich bekennen, theoretisch und praktisch auch tatsächlich gelten. Er
muß dafür sorgen, daß gewisse Dinge im Bewußtsein bleiben:
Unrecht ist nicht deswegen abzulehnen, weil es bestimmten Interessen schadet, sondern weil es Unrecht ist; Menschenrechtsverletzun-
gen sind an sich böse, wo und unter welchem Vorwand sie auch
passieren; der Faschismus verdient nicht erst Abscheu, seit er
politisch und militärisch unterlegen ist.

Der Pädagoge soll Anwalt solcher Werte sein und darauf
hinweisen, daß nicht mit zweierlei Maß gemessen werden darf. Wo
Freiheit und Menschenwürde gefährdet sind, muß er Partei ergreifen
und auch andere dazu auffordern. Er muß versuchen, sich nicht
bestechen zu lassen – weder durch den, der Prinzipien als pure
Sentimentalität wegwischt, noch durch den, der solche Prinzipien nur
vertritt, weil er beschränkt ist und den Zusammenhang nicht
erkennen kann. In beiden Fällen muß der Pädagoge mit Argumenten
aufwarten. Er muß als Intellektueller den Intellekt wirklich ausschöpfen und darf nicht auf halber Strecke stehen bleiben. Vor allem
darf er sich nicht irgendwelchen Heilslehren verschreiben. Ist er nicht
wachsam genug, wird er schnell zum „Verräter". Dieser handelt
unmoralisch, weil er gegnerische Argumente auf intellektueller
Ebene nicht zuläßt, sondern sich solcher Argumente nur bedient, um
sich mit seinem Anspruch durchzusetzen. Sein Intellekt wird ihm zum
Instrument, so daß er nicht mehr selbst an der Wahrheitssuche und
Sinnfindung teilnimmt.

(3) Zur Orientierung des Pädagogen in der *Gesellschaft* gehört, daß
er nicht die Ordnung anbeten darf. Ordnung muß ihm als notwendige
Voraussetzung zum Funktionieren von Institutionen gelten, nicht
aber als abstraktes Prinzip der Erziehung selbst. Insofern kann sich
der Erzieher zwar bestehenden Ordnungssystemen anschließen, aber
er darf nicht Funktionär der Ordnung werden und Ordnung mit
Erziehung verwechseln. Seine Aufgabe ist es, für Vielfalt der
Meinungen und Kommunikation, für Demokratie und Freiheit
einzutreten. Weil er sehen muß, daß alle Beteiligten zu ihrem Recht

kommen, darf er sich nicht von vornherein schon einer Gruppe so anschließen, daß er ganz selbstverständlich deren Standpunkt vertritt. In der Regel ist das der Standpunkt der bürgerlichen Gesellschaft, deren Ordnungsvorstellungen der Pädagoge oft genug als die allein möglichen aufgegriffen hat.

Wenn der Pädagoge so verfährt, gibt er seine besten Argumente aus der Hand. Die noch verbleibenden Argumente lösen dann kein Problem, sondern stützen das System, dem er angehört, und legitimieren nur noch einen gesellschaftlichen Standort. Damit entzieht sich der Pädagoge dem Anspruch, den das Problem an ihn richtet; er kündigt die vernunftgemäße Auseinandersetzung auf und resigniert an der Kraft des Intellekts. Eine neue Spielart dieser Versuchung tritt an den Pädagogen heute in Gestalt des in der Gesellschaft gängigen Trends heran, daß jedermann Ratschläge haben will. Sicherlich darf und muß der Pädagoge auch beraten; aber er darf seine Erkenntnisse nicht so mitteilen, als ob sie für bare Münze genommen werden dürften, sondern muß auf die gesellschaftliche Relativität pädagogischer Befunde hinweisen.

(4) Für den Pädagogen gibt es das Engagement in der *Politik,* aber nicht die blinde Unterwerfung unter eine politische Doktrin. Er soll Partei ergreifen, nachdem er gedacht hat, aber nicht, anstatt zu denken. Es gehört zu seinen Aufgaben, sich mit solchen Mitmenschen auseinanderzusetzen, die zu kurzschlüssigem Parteiergreifen für eine „Bewegung" neigen. Pädagogik hängt nicht in der Weise von Politik ab, daß pädagogische Fragen einfach auf die Struktur politischer und gesellschaftlicher Systeme zurückgeführt werden können. Wo der Pädagoge für die Identität oder automatische Funktionseinheit von Pädagogik und Politik eintritt, kommt er in die Gefahrenzone des Verrats der Intellektuellen.

Die Parteinahme für politische Gruppen und Verbände ist heute nicht minder stark und ausschließlich als der alte Chauvinismus. Gerät ein Politiker wegen einer zweifelhaften Angelegenheit ins Zwielicht, dann fragt man gar nicht mehr, ob er das, was man ihm vorwirft, wirklich getan hat. Seine Anhänger weisen das „Kesseltreiben" entrüstet mit dem Tenor zurück, daß ihr Mann so etwas gar nicht getan haben *kann,* während seine Gegner den erhobenen Vorwurf auch bereits als erwiesen ansehen, weil der Betroffene schuldig sein *muß.* Hier ist für den Intellektuellen Aufmerksamkeit geboten.

(5) Der letzte Aspekt betrifft die Pädagogik als *Wissenschaft.* Hier geht es grundsätzlich darum, welchen Sinn die Wissenschaft hat, und

wie sie ihre Aufgabe in der Gesellschaft begreift. Daß die Pädagogik immer auch Untersuchungen zum laufenden Erziehungs- und Schulbetrieb durchführen muß, um Entscheidungshilfen für weitere Planungen zu gewähren, ist unbestritten. Es fragt sich nur, ob das ausreicht, ob also damit auch entschieden ist, daß Pädagogik nur noch Teilforschung betreibt, nur noch als Mittel zum Zweck gebraucht wird, vielleicht sogar nur noch als Feigenblatt herhalten muß, um kulturpolitische Planungen notdürftig als pädagogisch sinnvoll zu verbrämen. Der Pädagoge, der sich damit begnügt, daß das schon alles ist, tendiert zum Verrat der Intellektuellen; denn er ignoriert die intellektuelle, gesellschaftskritische, aufklärerische Funktion der Pädagogik.

Der Pädagoge wird viel gefragt. Will er so antworten, daß er dem Frager wirklich weiterhilft, so muß er stets eine doppelte Antwort geben. Die eine ist die Antwort auf die Frage, wie es am besten gemacht werden soll. Der Pädagoge kann dazu in der Tat eine Empfehlung geben, aber diese ist nur sinnvoll und glaubwürdig, wenn sie auch die zweite Antwort mitzieht. Sie zielt kritisch auf die Voraussetzungen der Frage selbst; sie macht deutlich, daß Pädagogik als Wissenschaft niemals klare und eindeutige Anweisungen geben kann, weil sie keine exakte Wissenschaft wie die Naturwissenschaften ist; daß folglich pädagogische Befunde überhaupt nicht Aussagen über Sachen sind und daher nicht nach den Kategorien „richtig" oder „falsch" gegeben werden können.

Ein Pädagoge, der noch nicht zum Verrat der Intellektuellen bereit ist, muß sich kritisch mit den Zumutungen der Laien an die Pädagogik auseinandersetzen. Er muß wissen und sagen, daß nur der Laie von der manipulatorischen Kraft erzieherischer Eingriffe fasziniert ist; daß sich solche Faszination nur beim Laien entschuldigen läßt, nicht beim Fachmann. Der Fachmann muß von der Faszination zum Denken, zur Selbsterkenntnis, zur realistischen Einschätzung der Gesellschaft zurückführen. Hier neigen manche Pädagogen zum Verrat an ihrem Beruf. Denn sie gebärden sich gelegentlich bereits so, als ob sie Laien wären, lassen sich also durch die Faszination selbst anstecken. Wer aber so tut, als ob er von seinem eigenen Fach nichts verstünde, oder es dahin kommen läßt, daß er sich die Chance, sein Fach zu verstehen, endgültig verbaut, der „verrät" sich selbst. Eine Folge des Siegeszuges, den Empirie und Positivismus in den Sozialwissenschaften allgemein und in der Pädagogik im besonderen angetreten haben, besteht darin, daß über die gesellschaftliche Stellung der Pädagogik seit langem nicht mehr hinreichend reflektiert worden ist.

Fazit: Der „Verrat der Intellektuellen" bis zur Mitte unseres Jahrhunderts setzt sich in dem teils noch möglichen, teils schon wirklich vollzogenen Verrat solcher Pädagogen fort, die sich allzu reibungslos in das Gefüge der funktionalen modernen Welt einpassen. Dieser Verrat ist anders gelagert als zur Zeit Bendas. Damals ging es mehr um das chauvinistische Einschwenken in fragwürdige Machtbestrebungen, um das Mitmachen bei gängigen politischen und gesellschaftlichen Trends, um die Preisgabe der Moral für den Gruppenvorteil, um die Absage an das objektive Denken zugunsten nächstliegender Interessen. Wenn auch solche Phänomene zum Teil noch immer zu beobachten sind, so stehen doch für den Pädagogen heute andere Versuchungen im Vordergrund. Denn Pädagogen als Berufsgruppe haben es zu tun mit der Verselbständigung der Forschungsmethode gegenüber dem Sinn der Forschung. Einige von ihnen empfinden die naive Freude am Machen-Können, ohne zu begreifen, daß das Ergebnis des Machens immer nur auf derselben Ebene liegen kann wie das Machen selbst.

Ebenso fasziniert wie orientierungslos hantiert der zum „Verrat" disponierte Pädagoge in der trügerischen Erfolgswelt des homo faber. Da die ganze Gesellschaft scheinbar effektiv arbeitet, will auch er nicht zurückstehen. So widmet er sich der glanzlosen, bürokratischen Arbeit, deren Fruchtbarkeit – vorsichtig ausgedrückt – begrenzt ist. Daß sie auch noch die Sinnfrage stellen könnten, haben viele Pädagogen ganz vergessen: sind sie doch daran gewöhnt, ihren Beruf als einen Beruf wie jeden anderen zu sehen – ebenso spezialisiert, weisungsgebunden und tariflich abgesichert. Dies alles kann dazu führen, daß sich pädagogische Aktivität vom Menschen trennt. Was hier geschieht, ähnelt dem, was Benda gesehen hat, wenn es auch nicht durchweg auf derselben Ebene liegt. Das ist allerdings nicht ein Problem der Pädagogik allein, sondern der Gesellschaft: einer Gesellschaft, die dazu neigt, ihre Pädagogik für immanente Zwecke einzuspannen und sie jene unkritische Haltung reproduzieren zu lassen, die seinerzeit den Faschismus begünstigt hat.

4. Eisenstein und Makarenko: Die reelle Kommunikation

I

Die einzige Verbindung zwischen Eisenstein und Makarenko scheint darin zu bestehen, daß das kulturelle Leben in der Sowjetunion in den ersten beiden Jahrzehnten ihrer Geschichte durch diese beiden herausragenden Gestalten mit geprägt wurde. Wir wollen jedoch nicht historische Parallelen ziehen, sondern der Frage nachgehen, ob nicht der eine in der Filmkunst, der andere in der Pädagogik ein analoges Prinzip entdeckt und verwirklicht haben. Es handelt sich also um den Versuch eines Vergleichs zweier Medien. Vielleicht läßt sich zeigen, daß jeder von beiden begriffen hat, was den Kern oder die materielle Funktion seines Mediums ausmacht. Wenn dem so wäre, dann hätte Eisenstein darauf hingewiesen, was Film wirklich „ist", während wir bei Makarenko den Primfaktor der Erziehung erkennen könnten.

Um einem naheliegenden Einwand zu begegnen, sei betont, daß keineswegs eine oberhalb der historischen und politischen Verhältnisse angesiedelte werkimmanente und ästhetisch-selbstgenügsame Betrachtung beabsichtigt ist. Im Gegenteil: Die Überzeugung, eine Revolution mitzuvollziehen und den Sozialismus aufbauen zu helfen, war für beide Gewährsmänner eine unabdingbare Voraussetzung ihres Schaffens. Doch gerade die Einbettung in den politischen Zusammenhang machte die radikale Auseinandersetzung mit dem eigenen Medium notwendig. Denn das revolutionäre Problem bestand für beide eben darin, ob nur ein altes Medium für eine neue Sache eingesetzt werden sollte, oder ob nicht vielmehr die Neuheit der Sache jeden ehrlichen Experten herausforderte, auch sein Medium „neu" zu machen. Trifft die Annahme zu, daß beide dieses Problem einer Lösung näher gebracht haben, dann wäre die Feststellung erlaubt: Das Medium hat nicht lediglich funktional der Sache gedient, sondern ist selbst ein Teil der neuen Sache geworden.

Zunächst wird Eisensteins filmische Ästhetik in sechs Punkten zusammengefaßt.

1. Die eigenen Mittel des Films

Es ging Eisenstein darum, die spezifisch dem Film zu Gebote stehenden Mittel voll zu nutzen. Sein revolutionärer Film durfte weder Spielfilm noch Dokumentarfilm sein, sondern mußte eine dritte Form annehmen, für die es noch keine Vorbilder gab. Eisenstein argumentiert: Der Spielfilm ist an eine Handlung gebunden, unterwirft also sein ästhetisches Potential dem darzustellenden Stoff oder dem „Inhalt" dieser Handlung. Der Dokumentarfilm ist an das vorhandene Material gebunden, unterwirft also sein ästhetisches Potential dem Gewicht und der Aussagekraft der gesammelten Fakten. In beiden Fällen ist das, was dargestellt werden soll, bereits in entfalteter Form vorhanden, so daß das Medium gleichsam erst unterwegs ansetzt und auf dem Gegebenen aufbaut.

Eisenstein sucht etwas anderes. Er will eine materialistische Kunst in dem Sinne, daß die filmischen Mittel aus eigener Kraft eine Idee materialisieren, nicht als nachträgliche Umsetzung von „Material". So stellt er fest: „Aber Fetischismus des Materials ist noch kein Materialismus. Er bleibt eben doch vor allem Fetischismus" und fragt, was überhaupt „in erster Linie kinofizierbar ist" (Eisenstein, S. M.: Schriften 3. Hrsg. H.-J. Schlegel. München 1975, S. 183 ff.). Die Kunst als Filmkunst ist relativ autonom, sie muß das Ihre leisten und eine eigene Sprache entfalten. Es geht um „Visualisierung" und „Materialisierung der Losung", denn der revolutionäre Gedanke selbst muß materiell werden.

Daß damit die herkömmliche Kunstsprache ausgeschlossen ist, zeigt Eisenstein am Beispiel der Darstellung eines Mordes:

„Mord auf der Szene wirkt rein physiologisch. In *einem* Montagestück aufgenommen, wirkt er wie eine *Information,* wie ein Titel. *Emotional* fängt er erst dann zu wirken an, wenn er in Montage-Bruchstücken dargeboten wird. In Montagestücken, von denen jedes eine gewisse Assoziation hervorruft, welche sich dann zu einem Gesamtkomplex des emotionalen Empfindens summieren. Traditionell:

1. Eine Hand erhebt ein Messer.
2. Die Augen des Opfers werden aufgerissen.
3. Seine Hände klammern sich an den Tisch.
4. Das Messer zuckt.
5. Die Augen werden zusammengekniffen.
6. Blut spritzt auf.
7. Ein Mund schreit.
8. Tropfen fallen auf einen Schuh.

– und ähnlicher Kitsch! Jedenfalls ist jedes *einzelne Stück* schon fast *abstrakt* in bezug auf die *Handlung als Ganzes.* Je differenzierter, desto abstrakter, und nur darauf ausspielend, eine gewisse Assoziation zu provozieren. Nun entsteht ganz logisch folgender Gedanke: Könnte man dasselbe nicht produktiver erreichen, indem man sich nicht sklavenhaft an den Sujetstoff gebunden hält, sondern die Idee, den Eindruck *Mord* in freiem Anhäufen von Assoziationsstoff materialisiert? Und da ja das Wichtigste die Mordvorstellung ist – die Mordempfindung als solche beibringen" (S. 222).

Nach dem konventionellen Muster, so kritisiert er, schöpft der Film sein Medium nicht aus. Das geschähe erst dann, wenn es gelänge, den Charakter des Mordes (das „Mordhafte" am Mord) plastisch zu machen. Dazu ist es notwendig, nicht lediglich mit Versatzstücken zu arbeiten, sondern etwas hervorzubringen, was kein anderes Medium hervorbringen kann.

2. Das Prinzip der Kunst

Eisenstein sieht das Prinzip der Kunst darin, den Zusammenhang und gesellschaftlichen Hintergrund für Ereignisse, Gedanken, Erfahrungen zu visualisieren und alles, was geschieht, auf diesen Hintergrund transparent zu machen. Er klärt das, indem er diskutiert, was den Inhalt einer Zeitung ausmacht:

„Niemand würde die Meinung vertreten, der Inhalt einer Zeitung sei die Mitteilung über den Kellog-Pakt, der Skandal um die Zeitung ‚Gazette de France' oder eine Chronik der Tagesereignisse, die verzeichnet, wie ein Mann seine Frau mit einem Hammer auf einem öden Gelände erschlug. Der *Inhalt* der Zeitung ist das Prinzip einer Organisation und Bearbeitung des in der Zeitung *Beinhalteten* mit dem Ziel einer klassenbezogenen Beeinflussung des Lesers. Und hierin liegt die produktiv begründete Untrennbarkeit der Inhalt-Form-Summe von der *Ideologie"* (S. 192).

Will man herausheben, was eine Zeitung bietet, dann muß man von den Stoffen abstrahieren. Es kommt nicht darauf an, welche Einzelfakten in der Zeitung stehen, sondern auf das Formprinzip, das der gesamten Konzeption zugrundeliegt. Interessant ist dabei weniger, welche Fakten erscheinen, als vielmehr die Art, in der diese Fakten gebündelt und beleuchtet werden.

Auch in der Kunst kann es nicht um die Reproduktion von Fakten und Handlungen gehen, sondern nur darum, einen bestimmten Gesichtspunkt herauszuarbeiten, unter dem auch Handlungen und

Fakten erst begriffen werden können: „Der ‚antike' Film drehte *eine Handlung aus mehreren Gesichtspunkten.* Der neue Film montiert *einen Gesichtspunkt aus mehreren Handlungen"* (S. 305). In diese Vorstellung paßt auch das Prinzip der Montage, wie es von Grosz und Heartfield verwendet wurde.

3. Kunst als Konflikt

Kunst ist nach Eisenstein in einem Brennpunkt angesiedelt; sie lebt vom Konflikt und von der Auseinandersetzung: „Denn Kunst ist immer Konflikt: 1. ihrer sozialen Mission nach, 2. ihrem Wesen nach, 3. ihrer Methodik nach" (S. 201). Kunst verwirklicht sich als Spannung, als Widerstreit von Gegensätzen nach dem Prinzip der Dialektik. Eine solche Kunst kann sich keinesfalls damit begnügen, eine schon entschiedene Wahrheit nur noch umzusetzen und als didaktischer Treibriemen politischer Ideologie zu fungieren. Wenn sie wirklich Kunst ist, darf sie weder erbauend belehren noch zielgerichtet indoktrinieren, weil sie als Kunst bereits dort einsetzt, wo die Auseinandersetzung noch im Gange ist:

„*Es gibt keine Kunst ohne Konflikt.* Nehmen wir das Zusammenstoßen des Schwunges gotischer Spitzbogengewölbe mit den unerbittlichen Gesetzen der Schwerkraft, den Zusammenstoß eines Tragödienhelden mit der Schicksalswende, das Zusammenstoßen zwischen der Funktionsbestimmung eines Gebäudes und den Bedingungen von Grund und Baumaterialien oder die Überwindung der überlebten Metrik eines Verskanons durch den Rhythmus. Überall Kampf. Ein im Zusammenprall der Widersprüche geborenes Werden ..." (S. 194).

Erst aus dem Widerspruch ergibt sich dann die neue Zusammenschau, die Überwindung der Gegensätze von „‚der Sprache der Logik' und ‚der Sprache der Bilder'", die „Synthese der Sphären ‚Gefühl' und ‚Vernunft'" (S. 224ff.). Der intellektuelle Film beschränkt sich aber nicht auf das dialektische Prinzip von Konflikt und Integration; er will darüber hinaus auch insofern in eine neue Dimension vordringen, als er das Prinzip der Dialektik selbst visualisiert. So hatte Eisenstein nichts Geringeres vor, als das Marxsche „Kapital" filmisch zu gestalten. Er stellte sich das etwa so vor, daß die Spannungen der kapitalistischen Gesellschaft an den Schlüsselerfahrungen im Tageslauf eines Arbeiters gezeigt werden. Eine ähnliche Methode findet Eisenstein in Joyce's „Ulysses", auf den er sich ausdrücklich beruft.

4. Das Verhältnis von Künstler und Publikum

Eisenstein will zwar mit seiner Kunst dem Publikum etwas beibringen; aber er will dieses Publikum nicht im herkömmlichen Sinne belehren oder ihm gar eine vorgefertigte Einsicht einimpfen und wendet sich daher gegen die „zielbewußte Initiative". Der Betrachter der Kunst nimmt Kunst nicht lediglich auf, er ist kein passiver Konsument, von dem bloße Reaktion erwartet wird, sondern Schaffender und Beteiligter. Erst durch die Mitwirkung des Publikums kommt die mögliche Wirkung der Kunst überhaupt zustande. So ist „eine der wichtigsten Aufgaben der Kulturrevolution: nicht bloße *dialektische Demonstration, sondern Beibringen von dialektischer Methode"* (S. 311).

Diese Dialektik kann aber nicht nur als kognitiver Inhalt vermittelt, sondern muß ihrerseits „dialektisch" durch Auseinandersetzung zwischen Künstler und Publikum rezipiert werden. Eisenstein will sein Publikum nicht verführen; er will es zur Einsicht führen, was allein durch die Kooperation beider Kontrahenten gelingen kann: „Für uns ist der Wissende ein aktiv Teilnehmender. In dieser Hinsicht halten wir es mit dem biblischen Ausdruck ,*Und es erkannte Abraham sein Weib Sarah …*', was keinesfalls etwa bedeutet, daß er sie gerade erst kennenlernte! Der Erkennende ist ein Schaffender! Erkenntnis des Lebens ist unwiderruflich Konstruktion des Lebens, *veränderte Gestaltung des Lebens"* (S. 193). Das Kunstwerk ist demnach nicht auch unabhängig von seinem sozialen Kontext einfach vorhanden, sondern bedarf der Mitwirkung des Aufnehmenden, um sich als Kunstwerk zu vollenden.

5. Kunst und Politik

Dem erläuterten Ansatz entsprechend, kann sich Kunst niemals nur als politische Propaganda verstehen. Beabsichtigt ist nicht die rigorose Proklamation der richtigen Überzeugung oder die Verklärung des politischen Systems, sondern die Emanzipation und Mitwirkung der betroffenen Menschen. Das Publikum aus der Adressatenrolle heraustreten zu lassen und ihm dabei zu helfen, eigenständig denken und handeln zu lernen: das ist für den Künstler eine schwere Aufgabe, zu deren Bewältigung Engagement, Überzeugung und guter Wille allein nicht genügen. Die Kunst muß die politische Idee nicht nur engagiert reproduzieren, sondern qualitativ umsetzen und materialisieren, sie also in einen anderen Aggregatzustand überführen. Das Politische ist als „Politischwerden" des Menschen gemeint, nicht etwa als Darstellung und Erbauung – von

der plumpen ästhetischen Agitation im „Sozialistischen Realismus"
ganz zu schweigen.

6. Übertragung auf die Pädagogik

Eisenstein hat mit seiner Kunst insgesamt eine ausgesprochen
pädagogische Absicht. Aber er versteht Pädagogik nie als Gängelung, Belehrung oder Weitergabe von abgepackter Kultur. Insofern
ist die Frage, ob seine Ästhetik sich auf andere Kulturgebiete, etwa
auf das der Pädagogik, übertragen läßt, durchaus legitim. Wenn
Eisenstein eine höhere Stufe des Kunstwerks anzielt, so müßte für ihn
auch eine höhere Stufe der Pädagogik im Blick sein. Das wäre eine
Pädagogik, die gerade das leistet, was nur die Pädagogik leisten kann;
die weniger belehrt als gestaltet; in der die Konstellation der Partner
nicht durch äußere Faktoren, durch gesellschaftliche Macht, durch
geborgte Autorität bestimmt wird, sondern durch die Bewährung
„vor Ort". Eine solche Pädagogik entspräche dem Prinzip des reellen
Austauschs in den Schriften des jungen Marx. Sie hätte begriffen, daß
man nur das erwarten darf, was man selber gibt, und nur das geben
kann, was man selber auch vertritt. Mit ungedeckten Versprechun-
gen und Ansprüchen ließe sich dort ebenso wenig ausrichten wie in
einer zur Propaganda, zur Erbauung, zum bebilderten Polit-Märchen
degenerierten Kunst.

II

Eine gewisse Unterstützung erfahren Eisensteins Gedanken sowohl
durch die Kulturtheorie Trotzkis als auch durch die konstruktivisti-
sche Richtung in der abstrakten Kunst. Trotzki wendet sich scharf
gegen die in den frühen Jahren der Sowjetunion starken Bestrebungen, eine spezifisch proletarische Kultur (Proletkult) zu etablieren.
Als führender Organisator der politischen Revolution befürchtet er
ein Absinken von Kultur und Kunst, wenn das proletarische Element
zum wesentlichen Gütekriterium wird. Fabrikpoesie ist demnach
nicht allein deswegen schon proletarische Literatur, weil die Fabrik
den Hintergrund bildet oder ein Fabrikarbeiter der Autor ist. Trotzki
sieht keine spezifische Kunst und Kultur bestimmter Klassen,
sondern nur Kultur und Kunst überhaupt. Der Zusammenhang von
Proletariat und Kunst kann dann nur darin bestehen, daß das
Proletariat Anschluß an die Kunst gewinnt und sich allmählich,
indem es sich politisch strukturiert, auch kulturell verwirklicht. Kunst
für den Proletarier darf nie eine Kunst zweiter Güte sein. Der
Arbeiter muß die Revolution durchführen und die Möglichkeit einer

neuen Gesellschaft eröffnen; aber das heißt nicht, daß er sich von heute auf morgen aller Lebensgebiete in der Weise inhaltlich bemächtigt, daß auch Kultur auf einmal nur noch von Arbeitern gestaltet werden darf.

Trotzki hält es für möglich, daß sich mit der Zeit eine neue Kunst herausbildet; das müßte jedoch ein dialektischer Vorgang sein, dessen Verlauf man vorher nicht berechnen kann. Die Partei hat die politische Führung, aber sie darf nicht den Versuch machen, in der Kunst zu kommandieren, denn dann hätte sie mit dieser kommandierten Kunst eben keine richtige Kunst mehr und müßte sich mit einer sekundären, heteronomen Kulturäußerung von minderer Qualität zufriedengeben. Das wäre nicht nur ein Unrecht an der Kultur, sondern vor allem auch eine Schwächung des neuen politischen Systems im ganzen. Trotzki erinnert daran, daß selbst für Marx Literatur Selbstzweck, nicht Mittel zum Zweck war. Er fordert für das intellektuelle Schaffen ein Klima des „Anarchismus", aus dem allein die unabhängige sozialistische Kunst entstehen könne.

Revolutionäre Kunst kann nach Trotzki nur eine Kunst sein, die das, was die Revolution ausmacht, wirklich gestaltet. Sie darf nicht verwechselt werden mit einer künstlerischen Aussage „über" die Revolution. Damit Kunst und Kultur in der künftigen sozialistischen Gesellschaft nicht verarmen, muß man das gesamte Arsenal der Kunst aus der Vergangenheit mit heranziehen, so daß die Menschen ihre eigene Welt auf einer breiten Plattform aufbauen können. Dabei denkt Trotzki u. a. an den Städtebau der Zukunft, in dem die Menschheit sich selber „plastisch erzieht" wird. Es wird dann vielleicht keinen Unterschied von Kunst und Industrie mehr geben, doch wäre dieses Resultat nur sinnvoll und legitim als künstlerische freie Leistung der Menschen in ihrer neuen Gesellschaft, kann also keinesfalls im voraus geplant werden. Diese Sicht hat zugleich auch einen pädagogischen Charakter, so daß Trotzki vom Neubau der Welt durch „Pädagogik" sprechen kann.

Sicherlich bewegt sich Trotzki auf einer anderen Ebene als Eisenstein, aber er vertritt in Fragen der Kunst und Kultur eine ähnliche Grundauffassung. Auch für Trotzki ist Kunst ein relativ eigenständiges Medium: künstlerische Werke gewinnen ihre Qualität nicht durch den Inhalt, nicht durch die ihnen schon vorausliegende Wahrheit, nicht durch die Kraft der politischen Überzeugung, sondern aus der Art, wie sie selber diese Wahrheit materialisieren. Nur wenn Kunst Kunst bleibt und nicht zum Instrument der Propaganda, zum Vehikel kleinbürgerlicher Erbauung, zum leicht verdaulichen Schulungsmaterial herabsinkt, kann sie auch die neue

Gesellschaft stärken und aufbauen helfen. Insofern liegt eine großzügige Kunstpolitik durchaus im Interesse des politischen Systems. Wie Eisenstein vertraut Trotzki auf die Kraft des neuen Menschen; er betrachtet diesen nicht als Partikel einer formbaren Masse, sondern als bewußtes Mitglied einer gewandelten Gesellschaft.

In dieses geistige Klima gehören Malewitsch und der russische Suprematismus ebenso wie die holländische „De Stijl"-Bewegung. Es geht darum, in den eigenen Möglichkeiten der Kunst bis an die Grenze zu gehen. Wer nichts anderes sagt als das, was mit einem Medium jeweils gesagt werden kann, macht das Medium auf die Welt hin transparent und erschließt mit künstlerischen Mitteln den neuen „Raum". Die Kunst wird autonom, legitimiert sich nicht mehr durch Werte außerhalb ihrer selbst und bringt so den Menschen zur Wirklichkeit. Die künstlerische Perspektive weicht einer neuen, nicht vorgegebenen Sichtweise, die Abbildung der Gestaltung, die Reproduktion des Vorhandenen der Neuschöpfung.

Die Verbindung zur Pädagogik bietet sich an. Jede Anthropologie wird als Verdinglichung abgelehnt. Man will den anderen Menschen nicht mehr im Gefüge gegenständlicher Bezüge, sondern als neuen Menschen sehen. Dies zwingt zur Abstraktion von allen vordergründigen Zielsetzungen, Methoden und Leistungen, also zur Überwindung der bloßen „Pädagogik". Wie die Kunst wird auch die Erziehung bemüht sein, das Unsichtbare sichtbar zu machen, die menschlichen Beziehungen als geistige Wirklichkeit neu zu gestalten, sich nicht mehr damit zu begnügen, von außen gesetzte Aufgaben zu erfüllen und dem anderen zur Einsicht in Notwendigkeit zu verhelfen. Der Suprematismus wollte den dialektischen Dreischritt: von der Tiefenillusion (der klassischen Malerei) über die reine Fläche zum neuen Raum. Der gleiche Prozeß läßt sich in der Erziehung, in den menschlichen Beziehungen vollziehen: im ersten Schritt verharre ich in der Tiefenillusion; ich erziehe den anderen in meiner Zukunftsperspektive und stelle ihn in einen illusionären Raum; im zweiten Schritt überwinde ich diese Haltung, so daß wir uns unmittelbar, in der offenen Beziehung begegnen können; daraus folgt im dritten Schritt ein gemeinsames Leben und Handeln, eine neue „Vergegenständlichung" – nicht als Reproduktion von vorgefundenen Ding-Elementen, sondern als Gestaltung dieser Beziehung.

III

Unter manchen Aspekten vertritt Makarenko auf dem Erziehungsfeld eine analoge Konzeption wie Eisenstein auf dem Gebiet des
Film. Es geht um die Struktur einer neuen Pädagogik, die nicht
lediglich Treibriemen eines weltanschaulichen Programms ist, sondern das dialektisch-materialistische Prinzip selbst erzieherisch
verwirklicht. Das kann an drei Punkten gezeigt werden.

1. Konflikt

Erziehung ist wie Kunst ein dialektischer, widersprüchlicher, sich in
Spannungen entfaltender Vorgang. Da sie aus der Auseinandersetzung zwischen Menschen lebt, gehören Konflikte zu ihrem Grundgesetz. Pädagogisches Handeln versteht sich daher nicht als konformistische und affirmative Ergänzung schon feststehender Programme,
sondern als relativ eigenständiger Interaktionsprozeß voller Bewegung, Selbstprüfung und Kritik. Makarenko will keinesfalls die
Perfektion eines statischen, sich selbst regelnden Apparates. Er weiß,
daß Veränderung möglich ist, daß man sich auf nichts verlassen kann,
was man nicht aus eigenem Bemühen laufend gestaltet. Wenn der
junge Mensch sich verändern und zur Selbstbestimmung kommen
soll, so schließt dies die Annahme aus, daß er schon durch seine
Verhältnisse völlig geprägt ist.

Wie Eisenstein begann Makarenko in den zwanziger Jahren, als
noch kein totaler Systemdruck alle Lebensgebiete belastete. Er
vertrat eine Erziehung, die nicht von oben verordnet, sondern
zunächst nur seine eigene Schöpfung war; und er vertrat sie in einer
Zeit, als er noch nicht wissen konnte, daß gerade seine Konzeption
zur offiziellen pädagogischen Linie erklärt werden würde. Er selber
scheute den Konflikt – wo er ihm unumgänglich erschien – weder mit
den Behörden noch mit den Mitarbeitern oder Zöglingen. Diese
Pädagogik hat auch heute eine hohe Aktualität, denn ihr Anspruch
ist bisher keineswegs eingelöst. Sie sieht eine den Menschen
befreiende Erziehung vor, die eine unbekannte Perspektive eröffnet
und das verwirklicht, was ungewöhnlich und nicht „natürlich"
erscheint. Zwei Beispiele, in denen die Methode der „Explosion"
zum Ausdruck kommt, sollen zeigen, was mit dem Prinzip des
Konflikts gemeint ist.

„Zu Hause, nach dem Bad und dem Haareschneiden und in die Kolonisten-
kleidung gesteckt, wurden die rotwangigen Neuen durch die Beachtung, die
man ihnen von allen Seiten schenkte, und die faszinierenden Kleinigkeiten

der Disziplin bis in die tiefsten Tiefen ihrer jugendlichen Seelen erschüttert. Da erwartete sie ein neuer Schock. Auf dem asphaltierten Platz, zwischen den Blumenbeeten, lagen ihre ,Reiseanzüge' zu einem großen Haufen aufgeschichtet. Der ganze Plunder wurde mit Petroleum übergossen und brannte unter gewaltiger Rauchentwicklung lichterloh. Dann kam Mischa Gontar mit Besen und Eimer und fegte die fette, flockige Asche zusammen. Listig blinzelte er einen in seiner Nähe stehenden Neuen an: ,Deine ganze Biographie ist verbrannt!' ... Nach dieser Feuerzeremonie begannen die Werktage mit allem, was man sich nur wünschen konnte. Nur von der berüchtigten Umerziehung war fast nichts zu merken" (Makarenko, A. S.: Werke. 3. Bd. Berlin 1962, S. 149)

Es geht nicht um die allmähliche „Umerziehung" oder „Resozialisierung", sondern um die schlagartige Veränderung der gesamten Umgebung. Der Betroffene wird in ein anderes Bezugsfeld gestellt. Sein Problem ist jetzt die unmittelbare Auseinandersetzung mit Menschen, auf die er angewiesen ist, in einer konkreten Lebenslage, nicht die sukzessive Aufarbeitung seiner Vergangenheit oder seiner persönlichen Schwierigkeiten. An die Stelle des Prinzips der Entwicklung in der Zeit tritt das Prinzip der akuten Spannung und des unausweichlichen Konflikts.

Das zweite Beispiel zeigt eine weitere Seite desselben Gesamtkomplexes:

„Das war der letzte Schlag, und Lewitin sank auf die Bank. Er drückte sich in eine weiche Ecke und weinte leise vor sich hin, ohne auf die weiteren Vorgänge im Zimmer zu achten. Einen Blick noch warfen sie auf den Zusammengesunkenen, dann erklärte Viktor Torski: ,Schluß! Wir können gehen. Die Sitzung ist geschlossen.' Alle strebten zur Tür. Lewitin aber sprang auf und jammerte tränenüberströmt: ,Genossen, bestraft mich doch! So geht es doch nicht, Genossen! Alexej Stepanowitsch, bestrafen Sie mich doch!' Niemand hatte einen Blick für ihn. Nur die Jungen auf dem Korridor drängten ins Zimmer und umringten Lewitin verwundert. Er sank wieder auf die Bank und schluchzte laut und verzweifelt, wobei er vor sich hinsprach. Sacharow fuhr die Jungen an: ,Marsch, hinaus mit euch! Was für ein neugieriges Volk!' Sie verschwanden augenblicklich. Sacharow legte Lewitin die Hand auf die Schulter. ,Komm! Du mußt dich nicht so grämen! Komm mit, du kriegst deine Strafe!' Lewitin hörte auf zu schluchzen und trottete leise weinend hinter Sacharow her ins Arbeitszimmer." (A. a. O., S. 286 f.)

Der Übeltäter wird in einer dramatisch zugespitzten Situation in eine extreme, fast ausweglose Lage gebracht. Er spürt, daß seine Existenz auf dem Spiel steht, so daß er um Strafe bitten muß, wenn er seine Identität nicht verlieren will. Der Erzieher verspricht ihm die Strafe und eröffnet ihm damit eine neue Lebenschance. Diese kann er aber nur wahrnehmen, wenn er sich durch die starke Erschütterung auch wirklich verändert oder doch wenigstens zur Veränderung bereit ist.

2. Bewältigung der einzelnen Situation

Makarenko erkannte, daß die größte Schwierigkeit in der Erziehung darin besteht, die einzelne Situation zu erfassen und in ihr „richtig" zu handeln. Das Einzelne ist komplexer als das Allgemeine und hat auch einen höheren Grad an menschlicher Wirklichkeit. Daher spielt es nur eine Nebenrolle, was der Erzieher sich gedacht hat, wo er die Wahrheit sieht, welche Vorstellung er sich bildet; wichtig ist vor allem, was er unter konkreten Umständen tut. Der sowjetische Pädagoge hat zwar eine politische Gesamtorientierung und weiß, worauf die Erziehung generell hinauslaufen soll. Aber dieses Wissen teilt er mit vielen anderen, die keine Fachleute sind. Was ihn zum Erzieher im Rahmen einer dialektisch-materialistischen Pädagogik macht, ist die Fähigkeit, Erziehung jeweils zu „materialisieren". Dies fordert immer wieder den vollen Einsatz der eigenen Person. Es geht nicht darum, dem Zögling Verhaltensdispositionen anzuerziehen, die sich irgendwann später als nützlich erweisen könnten. In der pädagogischen Situation liegt vielmehr bereits der Ernstfall, sie ist für alle Beteiligten die ganze Wirklichkeit, in der von der Person nur das gilt, was hier und jetzt sichtbar wird. Wiederum sollen zwei Beispiele das erläutern.

„Und da geschah es: ich glitt auf dem hohen pädagogischen Seil aus und stürzte. An einem Wintermorgen hieß ich Sadorow in den Wald gehen und Holz für die Küche hacken. Ich vernahm die übliche frech-fröhliche Antwort: ‚Geh doch selber hacken, ihr seid ja genug Leute hier!' Es war das erstemal, daß mich ein Zögling mit ‚Du' anredete. In einem Anfall von Wut über die erlittene Beleidigung, aufgepeitscht bis an die Grenze der Verzweiflung und Raserei durch all die vorhergehenden Monate, holte ich aus und schlug Sadorow ins Gesicht. Ich traf ihn schwer, er konnte sich nicht halten und fiel gegen den Ofen. Ich schlug zum zweiten Male zu, packte ihn am Kragen, riß ihn hoch und versetzte ihm einen dritten Schlag. Plötzlich sah ich, daß er furchtbar erschrocken war. Kreidebleich setzte er hastig mit zitternden Händen seine Mütze auf, nahm sie wieder ab und setzte sie wieder auf. Wahrscheinlich hätte ich ihn noch weiter geprügelt, aber er flüsterte stöhnend: ‚Verzeihen Sie, Anton Semjonowitsch ...' Meine Wut war so wild und maßlos, daß ich fühlte: Sagt noch einer gegen mich ein Wort, dann stürze ich mich auf sie alle, um sie umzubringen, um dieses Banditenpack zu vernichten ..." (Makarenko, A. S.: Der Weg ins Leben. Berlin 1954, S. 21).

Die Ohrfeige ist kein Erziehungsmittel, das generell empfohlen werden kann, und wird auch von Makarenko selbst ausdrücklich als Entgleisung verworfen. In der gegebenen Situation war sie jedoch die einzige geeignete Form, um eine Beziehung zwischen den beteiligten Personen herzustellen und damit „Erziehung" zu materialisieren. Der Erzieher reagierte nicht „pädagogisch", sondern handelte spontan als Betroffener. Indem er seine Person offenbarte und das volle Risiko einging, überwand er die konventionelle Konstellation zwischen „Zöglingen" und zuständigen „Erwachsenen". Ohne es geplant und in seiner Wirkung vorausgesehen zu haben, verpfändete er sich selbst für das Gelingen einer Lebensform, die ihre Legitimation nicht von außen, sondern nur durch die täglich zu gestaltende Interaktion finden konnte.

Das zeigt sich auch an dem zweiten Beispiel:

„‚Wieder mit dem Messer?' fragte ich müde. ‚Was – Messer? Er hat auf der Chaussee geraubt!' Die Welt stürzte über mir zusammen. Mechanisch fragte ich den schweigenden und zitternden Prichodjko: ‚Ist es wahr?' ‚Ja', flüsterte er kaum hörbar mit gesenktem Kopf. Im Bruchteil einer Sekunde trat die Katastrophe ein; in der Hand hielt ich den Revolver. ‚Zum Teufel! Mit euch leben ...' Aber ich hatte keine Möglichkeit, den Revolver an die Schläfe zu heben. Auf mich stürzte eine Schar schreiender und weinender Jungen." (A. a. O., S. 155.)

Wieder verläßt der Erzieher den Status des professionellen Pädagogen. Er läßt sich zu einer Verzweiflungstat hinreißen, die um Haaresbreite sein Leben beendet hätte. Dadurch hat die Beziehungsstruktur des Kollektivs ihre bereits bestehende Stabilität bewiesen und sich aufs neue gefestigt. Dies war nur um den Preis des vollen persönlichen Einsatzes bis zur Selbstaufgabe möglich. Die beispielhafte Situation zeigt, daß das „Opfer" zwar nicht unbedingt wirklich verlangt wird, aber als denkbarer Faktor zum Erziehungsfeld gehört und dessen Grenze markiert.

3. Die Autonomie des Mediums

Aus diesen Erwägungen folgt, daß Makarenko sein Vorhaben nur durch das Medium der Erziehung selbst verwirklichen konnte. Es geht in einer solchen Erziehung nicht um Indoktrinierung, die Legitimation für die pädagogische Aktion wird nicht von oben bezogen, der Erzieher kann sich auf kein Argument außerhalb seines Mediums berufen, sondern alles muß reell im Erziehungsfeld geleistet werden. Was sich nicht „vor Ort" abspielt, spielt sich überhaupt nicht ab. In den Institutionen kommt es darauf an, wie die Menschen miteinander umgehen, was sie wirklich tun, in welchen Formen ihr gemeinsames Leben abläuft. Die Erziehung versteht sich nicht als Umsetzung von vorgefaßten Gedanken, denn die Grenze der Realisierung ist zugleich die Grenze der Konzeption. Dies gilt auch für die Form der Darstellung in Makarenkos Schriften. Er beschreibt allein das, was vorgeht; und solche Vorgänge werden entweder aus der Beschreibung klar oder bleiben verborgen. Auch für diesen Gesichtspunkt zwei Beispiele.

„An all das dachte Igor Tscherjawin, während er neben dem Milizsoldaten durch die breiten, im Morgenlicht liegenden Straßen ging. Nein, der verflossene Monat war wenig erfreulich gewesen. Langweilig und dumm war es gewesen. Polina Nikolajewna hatte auf ihn eingeredet, ein neues Leben zu beginnen. Die Männer in den Kitteln hatten immer wieder ihre Pappschachteln vor ihn hingestellt. Besonders langweilig war es geworden, nachdem er sich mit seinem Schicksal abgefunden und es gelernt hatte, aus allen Labyrinthen herauszufinden und einen Bindfaden durch die Löcher der Flöte zu ziehen. Bei diesem Treiben hatte er anfangs über sich selbst, über die Ziegenböcke, über die Männer in den Kitteln gespottet. Dann hatte er sich den Übungen mit mürrischer Sachlichkeit gewidmet. Um der Langeweile zu entgehen, hatte er sich ohne große Anstrengungen sogar das Wohlwollen der Kittelträger erworben und ihnen bei der Untersuchung anderer Kinder geholfen. Nur das Notieren und Ausrechnen hatte er nicht gelernt. Seine Lehrmeister weihten niemanden in ihre Geheimnisse ein und verbargen die Bedeutung hinter unverständlichen Wörtern wie ‚Tests‘ oder ‚Korrelation‘ " (Makarenko, A. S.: Werke. 3. Bd. A.a.O., S. 46).

Es handelt sich um die üblichen Maßnahmen der „Pädologen", die hier als Beispiel für eine entfremdete, nicht mit den eigenen Elementen des Mediums operierende Pädagogik erfahren werden. Die pädologische Praxis ist gekennzeichnet durch Appelle, Tests und bürokratische Finessen im Rahmen eines autoritären und weltfremden Gebarens der beamteten Diagnostiker, denen das Wesen der Erziehung verschlossen bleibt. Dem wird die pädagogische Zielsetzung des Kollektivs gegenübergestellt, wo die Entfremdung aufgehoben ist und das wirkliche Leben an die Stelle der bloßen „Pädagogik" tritt. Kern der Erziehung im Kollektiv ist nicht die Prägung des Zöglings nach voraufgegangener Willensbildung des Erziehers, sondern die Kooperation unter verantwortlichen Subjekten:

„Eine solche Disziplin ergibt sich als *bewußt gewordene Notwendigkeit* aus den gesamten Lebensbedingungen des Kollektivs, aus jenem Grundprinzip, daß *das Kinderkollektiv sich nicht auf ein zukünftiges Leben vorbereitet, sondern jetzt schon lebt.* In jedem einzelnen Fall eines Verstoßes gegen die Disziplin schützt das Kollektiv nur die eigenen Interessen. Diese Logik ist dem Verständnis der ‚Olympier' überhaupt nicht zugänglich und ruft den größten Protest hervor. Dabei ist diese Logik mehr als jede andere auf den Schutz der Interessen des Einzelnen gerichtet. Indem das Kollektiv in allen Berührungspunkten mit dem Egoismus des Einzelnen das Kollektiv schützt, *schützt es damit zugleich auch jeden Einzelnen und sichert ihm die günstigsten Entwicklungsbedingungen.* Die Forderungen des Kollektivs wirken vor allem auf denjenigen erzieherisch, *der diese Forderungen mitvertritt.* Hier erscheint der Einzelne in einer neuen Erziehungsposition: Er ist nicht Objekt des erzieherischen Einflusses, sondern dessen Träger-*Subjekt,* doch Subjekt wird er nur, *wenn er die Interessen des ganzen Kollektivs zum Ausdruck bringt."* (Makarenko, A. S.: Gesammelte Werke. Marburger Ausgabe. Bd. 7. Ravensburg 1976, S. 45.)

Soweit Makarenko diese reelle Verwirklichung der Erziehung nicht voll durchgehalten hat, kommt auch er zu Aussagen, die man getrost als „pädagogischen Kitsch" bezeichnen darf. Kitsch ist eine Fehlform der Kunst, die mit unlauteren Mitteln arbeitet und sich nicht an die Gesetze des Mediums hält, sondern Wirkungen durch direkte Appelle an das Gemüt erzielen will. Das ist bei Makarenko dort zu beobachten, wo er den ihm vertrauten Bereich der Erziehungskolonie verläßt und sich auf andere Lebensgebiete wagt, die er weniger gut kennt und kaum aus eigener Erfahrung beurteilen kann. So finden sich in seinen Aussagen zur Familie, zu den Geschlechterbeziehungen, teils auch zu politischen Fragen kitschige Formulierungen. In diesen Fällen wird dann nicht mehr reell ausgetauscht und erfahrungsgerecht gestaltet, sondern proklamiert und missioniert.

IV

Makarenko stand mit seiner Erkenntnis dessen, was das „Erzieherische" an der Erziehung ist, nicht allein, wenn seine Pädagogik auch eng an den unverwechselbaren Charakter seiner Kolonien gebunden bleibt. Zwei führende Vertreter der Reformpädagogik seien in diesem Zusammenhang kurz erwähnt. Im eigenen Lager hatte Krupskaja zum Teil ähnliche Gedanken wie Makarenko, wenn sie auch in vielen Punkten anderer Meinung war und Makarenkos rigorosen Stil sogar ablehnte. Worum es Krupskaja ging, läßt sich an ihrer Ansicht von der „bürgerlichen Erziehung" zeigen, deren Merkmale wie folgt zusammengefaßt werden können:

- Trennung nach Sozialschichten, daher nicht einheitlich und ungerecht;
- Trennung körperlicher und geistiger Arbeit in Schule und Leben;
- kein soziales, sondern nur individuelles Lernen;
- Wettbewerb ohne Solidarität, Ehrgeiz zur Einzelleistung;
- kein kritisches politisches und soziales Bewußtsein;
- Primat der Familienerziehung als pädagogische Ideologie;
- Schülermitverwaltung als Herrschaftsinstument, das nur zum Schein Freiheit gewährt.

Krupskaja meinte, diese bürgerliche Erziehung sei am Ende; in der Sowjetunion werde jetzt die neue Gesellschaft und in ihr auch eine neue Erziehung aufgebaut, die in allen Punkten der bürgerlichen entgegengesetzt sei; gleichwohl müßten die positiven und emanzipatorischen Elemente, die sich auch in der bürgerlichen Erziehung fänden, übernommen und verwertet werden (Pfadfinder, Dalton-Plan). Aber diese Gegenüberstellung von sozialistischer und bürgerlicher Erziehung sollte nicht formal und abstrakt lediglich als idealtypischer Gegensatz bestehen. Es kam Krupskaja vielmehr darauf an, die neue Pädagogik tatsächlich mit pädagogischen Mitteln lebendig zu machen. Sie wollte den Sozialismus nicht mit Hilfe der Erziehung einführen, sondern ihn in der Erziehung selber verwirklichen. Gerade die sozialistische Erziehung sollte in erster Linie Erziehung sein, nicht eine herkömmliche pädagogische Veranstaltung mit neuen politischen Inhalten. Als mit dem Anbruch der Stalin-Ära deutlich wurde, daß Pädagogik nur noch als von außen gesteuertes Instrument der Kaderbildung, Disziplinierung und Wissensvermittlung fungieren sollte, sah sie sich mit ihren Ansichten von sowjetischer Erziehung isoliert.

Der zweite Gewährsmann ist Dewey, obwohl er sich doch in fast allen Punkten von den sowjetischen Pädagogen zu unterscheiden scheint. Gleichwohl bietet die „Erziehungsphilosophie" des Pragmatismus eine gewisse Ergänzung zu einigen Grundauffassungen Makarenkos:

„Eine solche Darstellung wird vielen sowohl sinnwidrig als auch anmaßend erscheinen. Sie würde anmaßend sein, wenn gesagt worden wäre, daß die *Erzieher* die Ziele bestimmen sollten. Aber die Darlegung ging dahin, daß der *Erziehungsvorgang* in seiner Vollständigkeit und Kontinuität sie bestimmen sollte. Die Erzieher haben eine Stelle in diesem Vorgang, sie sind aber nicht er selbst, weit davon entfernt. Die Auffassung, daß sie sinnwidrig sei, entsteht aus der Unfähigkeit, die Situation in ihrer Ganzheit zu sehen.

Denn die Erziehung ist selbst ein Vorgang der Entdeckung, auf was für Werte es ankommt und welche als Ziele zu verfolgen sind. Zu sehen, was vorgeht, und die Resultate des Geschehens zu betrachten, um ihre weiteren Folgen in dem Wachstumsprozeß zu sehen – und so unaufhörlich weiter – ist die einzige Art, in der der Wert des Geschehens beurteilt werden kann. Nach irgendeiner äußeren Quelle zu sehen, die die Ziele liefern soll, heißt die Erkenntnis versäumen, was die Erziehung als ein andauernder Vorgang ist. Was eine Gesellschaft ist, ist sie – alles in allem – als ein Produkt der Erziehung, soweit dies den sie beseelenden Geist und Sinn betrifft. Daher liefert sie nicht ein Maß, nach dem sich die Erziehung richten müßte. Sie liefert Material, mit dem klarer zu beurteilen ist, was die Erziehung in ihrer Durchführung für die ihr Unterworfenen geleistet hat. Es ergibt sich eine weitere Folgerung. Es gibt nichts Derartiges wie eine fest gesetzte und endgültige Reihe von Zielen, gleich für den Augenblick oder vorübergehend. Jeder Tag des Unterrichtens sollte einen Lehrer befähigen, die Ziele, auf die er in seiner bisherigen Arbeit hinstrebte, zu revidieren und zu verbessern." (Dewey, J.: Quellen einer Wissenschaft von der Erziehung. In: Dewey/Kilpatrick: Der Projekt-Plan, Grundlegung und Praxis. Weimar 1935, S. 140.)

Die Grundgedanken dieses Textes sind: Erziehung ist nicht der Gesellschaft gegenüber autonom, aber der Bezug von Erziehung und Gesellschaft läßt sich selber nur pädagogisch materialisieren; Erziehungsziele können nicht außerhalb des Erziehungsfeldes aufgestellt werden, sondern sind nur legitim im Zusammenhang des Erziehungsvorgangs selbst, werden also in einem dialektischen Spannungsfeld erst hervorgebracht; man weiß in der Erziehung nicht schon vorher, worauf es ankommt, denn Erziehung ist in sich selbst ein sinnstiftender gesellschaftlicher Prozeß, der fortwährend durch Reflexion und theoretische Erwägung vorangetrieben wird; Gesellschaft und Erziehung stehen in einem Wechselbezug und bedingen sich gegenseitig in der Gestaltung neuer Existenzformen; der Erzieher lebt aus dem pädagogischen Denken und Tun heraus; er wirkt nicht als Treibriemen gegebener Wahrheiten, sondern ist kritisch und schöpferisch an der Strukturierung des Erziehungsfeldes beteiligt; die Grenze der wirklichen erzieherischen Tätigkeit ist auch die Grenze des Sinnes von Erziehung selbst.

Dies alles hat auch für die heutige Pädagogik eine große, wenn auch vielfach unerkannte Bedeutung. Daß Erziehung nur dort reell und wertvoll sein kann, wo sie sich an ihr Medium hält, klingt fast befremdlich, denn Gesellschaft und Publikum erteilen der Pädagogik laufend völlig unrealistische „Aufträge". Statt deren fremdbestimmten, inhumanen und wirklichkeitsfernen Charakter aufzuhellen und derartige Zumutungen abzuweisen, geht die Pädagogik bereitwillig darauf ein. Das gleiche zeigt sich darin, daß immer mehr Experten auftreten, die sich von der Erziehung vor Ort wegwünschen und nur noch als Berater, Therapeuten oder Supervisoren, auf höherer Ebene, von gesicherter Position aus in Leitungs- und Koordinierungsgremien tätig sein wollen. Erziehung kann sich aber nach wie vor nur in der direkten Begegnung zwischen Menschen verwirklichen. Was sich hier nicht erfüllt, erfüllt sich nirgends; was sich nicht materialisiert, sondern nur als „Erziehungsziel" im Kopf des Experten ein blutleeres Dasein fristet, ist erzieherisch uninteressant. Deswegen wäre eine dialektische „pädagogische Ästhetik" ein Gebot unserer Tage.